La molécu

Paul J. Zak

La molécula de la felicidad

El origen del amor, la confianza y la prosperidad

Traducción de Javier Fernández de Castro

indicios

Argentina – Chile – Colombia – España
Estados Unidos – México – Perú – Uruguay – Venezuela

Título original: *The Moral Molecule – The Source of Love and Prosperity*
Editor original: Dutton, Published by Penguin Group (USA) Inc., New York
Traducción: Javier Fernández de Castro

1.ª edición Octubre 2012

ISBN: 978-84-15732-00-6
E-ISBN: 978-84-9944-314-0
Depósito legal: B-25774-2012

Fotocomposición: Montserrat Gómez Lao
Impreso por: Romanyà-Valls – Verdaguer, 1 – 08786 Capellades (Barcelona)

Impreso en España – *Printed in Spain*

*Para mis hijas Alexandra y Elke quienes, con su amor,
han hecho de mí una persona mejor y más feliz.*

Índice

Introducción

Boda vampírica

Era un día fantástico para una boda, el sol inglés asomando por detrás de nubes inglesas mientras los invitados se agrupaban con sus mejores galas. La ceremonia iba a tener lugar en Huntsham Court, una mansión victoriana de Devon, y estaba previsto que comenzara en diez minutos. Se suponía que yo debía haber llegado hacía una hora.

Aparqué mi Vauxhall alquilado en el patio de grava, dejé el motor en marcha, bajé con mi bata de laboratorio para ser reconocido de inmediato y le pedí a un invitado que me ayudara a transportar la centrifugadora de casi 70 kilos y los 30 kilos de hielo seco que traía en el coche. En un segundo viaje transporté las jeringuillas, los 156 tubos de ensayo ya etiquetados, los torniquetes, toallitas de alcohol y las tiritas que había hecho traer desde California.

El plan que había acordado con Linda Geddes, la novia, consistía en tomar dos muestras de sangre a un grupo de amigos y familiares, una inmediatamente antes de la ceremonia y otra justo después. En el grupo familiar, sólo el padre de Linda se había resistido; la madre del novio acababa de estar enferma, de manera que la excusamos.

Obviamente, tomar muestras de sangre en una boda no es una vieja costumbre en esa parte de Inglaterra, ni en cualquier otro lugar que yo sepa. En este caso, la novia era una colaboradora del *New Scientist* y había estado haciendo un seguimiento de mi investigación. Y era conocida por meterse de lleno en sus historias de estilo gonzo*. Un buen día me invitó a atravesar el Atlántico para

____

* El periodismo gonzo es un estilo de reportaje, sub-género del nuevo perio-

asistir a su boda, pero no porque nos hubiésemos hecho íntimos amigos. Quería que llevase a cabo un experimento para ilustrar una cuestión. Tan sólo por diversión, deseaba ver si el subidón emocional de su boda alteraría en sus invitados el nivel de oxitocina (no confundir con el OxyContin, el analgésico tantas veces objeto de abuso), el mensajero químico que yo llevaba estudiando desde unos años atrás. La oxitocina es conocida fundamentalmente como una hormona reproductora femenina, y por lo general se la relaciona menos con los votos matrimoniales y el champán que con eso que, en otros tiempos, solía ocurrir nueve meses más tarde. La oxitocina controla las contracciones durante el parto y muchas mujeres son tratadas con Pitocin, la versión sintética comercializada y que los médicos inyectan a las madres parturientas para inducir el alumbramiento. La oxitocina es responsable asimismo de la tranquila y concentrada atención que las madres prodigan a sus bebés mientras les dan el pecho. Asimismo la oxitocina está muy presente —esperemos— en la noche de bodas, pues contribuye a crear la cálida sensación de bienestar que experimentan hombres y mujeres durante el sexo, o un masaje, o incluso un abrazo.

Linda no se había dirigido a mí porque yo tuviera algo nuevo que decir acerca de la oxitocina como la «hormona del nacimiento» o la «hormona del abrazo», sino debido a un uso completamente diferente que yo había descubierto. Mi investigación había demostrado que este mensajero químico, ya sea en el cerebro o en la sangre, es en realidad clave en la conducta moral. No sólo en nuestras relaciones íntimas, sino también en nuestros negocios, en la política y en la sociedad en general.

Lo cual es una cuestión a la que, soy consciente, puede costar acostumbrarse.

¿Acaso estoy diciendo que una simple molécula —una sustancia química que científicos como yo, por cierto, podemos manipular en el laboratorio— es responsable de que algunos individuos se entreguen generosamente y otros sean unos bastardos insensibles, que algunas personas engañen y roben y a otras les puedas confiar tu vida,

____

dismo, que plantea un abordaje directo del objeto (la noticia), llegando hasta el punto de influir en ella, y convirtiendo al periodista en parte importante de la historia, como un actor más. *(N. del T.)*

que algunos maridos sean más fieles que otros y que, ya que sale, las mujeres tiendan a ser más generosas —y agradables— que los hombres?

En una palabra, sí.

Desde el comienzo en 2001, mis colegas y yo llevamos a cabo una serie de experimentos demostrando que si a alguien le sube el nivel de oxitocina, responde más generosa y afectuosamente, incluso con extraños. Como referencia para medir el comportamiento nos basábamos en la disposición a compartir dinero real en la vida real por parte de la gente que estaba siendo examinada. Para medir el incremento de oxitocina se les extraía sangre y se analizaba.

El dinero, como todo el mudo sabe, circula en unidades oportunamente medibles —monedas y billetes— lo cual significaba que podíamos cuantificar el incremento en generosidad partiendo de la cantidad que una persona estaba dispuesta a compartir. Entonces sería posible relacionar esos datos con el incremento de oxitocina encontrado en su sangre. Más tarde, y para estar absolutamente seguros de que lo que veíamos no era una mera asociación sino auténtica causa y efecto, inyectamos oxitocina sintética en los conductos nasales de nuestros sujetos de estudio —lo más cercano a inyectársela directamente en sus cerebros—. En lo relativo a la causa y efecto descubrimos que podíamos abrir o cerrar la respuesta conductual como si fuera una manguera de jardín.

Pero lo primero y más importante que demostró nuestro trabajo es que no necesitas inyectar una sustancia química en la nariz de la gente, o mantener relaciones sexuales con ella, o incluso dar un abrazo para suscitar un incremento de oxitocina que dé como resultado una conducta más generosa. Por fortuna, todo lo que se necesita para poner en marcha esta Molécula Moral es dar a una persona una prueba de confianza. Cuando alguien proyecta sobre otro su confianza, quien la recibe experimenta un incremento de oxitocina que reduce la posibilidad de que se retraiga, o de que engañe. Lo cual es otra manera de decir que el sentimiento de ser objeto de confianza hace que la persona sea más… fiable. Con el tiempo ello hace que otras personas se inclinen más a confiar, que a su vez…

Si alguien detecta aquí la formación de un bucle sin fin que se retroalimenta para crear lo que podría llamarse un ciclo virtuoso, moral —y en última instancia una sociedad justa— está captando la idea. Y ello es lo que hace tan increíblemente emocionante esta investigación.

Lógicamente, hay algo más en todo esto porque ninguna sustancia química funciona sola en el cuerpo, y otros factores de la experiencia vital de una persona juegan un gran papel. Pero como veremos en los capítulos a continuación, la oxitocina orquesta la clase de comportamiento generoso y afectivo que toda cultura, en cualquier lugar del mundo, aprueba como la forma correcta de vivir, la benigna, cooperativa y prosocial forma de vida que toda cultura, en cualquier rincón del planeta, describe como «moral».

Lo cual no quiere decir que la oxitocina nos haga siempre buenos, o siempre generosos y dignos de confianza. En un mundo rudo y violento una actitud confiada y una bondadosa amabilidad sería como ir por ahí con un cartel en la espalda de «¡Pegadme!». Lejos de ello, la Molécula Moral actúa como un giroscopio, ayudándonos a mantener el equilibrio entre la conducta basada en la confianza y la conducta basada en el recelo y la sospecha. En ese sentido la oxitocina nos ayuda a navegar entre los beneficios sociales de la franqueza —que son considerables— y la razonable precaución que se necesita para que no nos engañen.

A Linda, la novia, le intrigaba tanto la capacidad de la oxitocina para reconocer y responder a la naturaleza *exacta* de los lazos y las interacciones humanas que me invitó a su boda. Quería comprobar cómo influiría el hecho de presenciar todas las promesas de fidelidad, cuidado mutuo y compromiso ya no en la conducta de sus invitados sino en su sangre.

Huntsham Court está a unas cuatro horas al oeste de Londres, escondida entre pueblos que llevan nombres como Lower Washfield, Stoodleigh y Clayhanger. En la propiedad hay una ruinosa iglesia anglosajona, pero la parte oficial de la ceremonia iba a tener lugar en la propia casa señorial, un antiguo pabellón de caza impregnado del olor a fuego de chimenea, con las paredes forradas de roble y cabezas de animales muertos mucho tiempo atrás.

Después de ir y venir como el típico científico chiflado, me aposenté en el espacio cercano a la estancia principal que había sido reservado para instalar mi laboratorio portátil: la centrifugadora prestada por la Universidad de Exeter y el hielo seco enviado desde Londres. Para indicarle el camino a Helen, una enfermera y amiga de la novia que se había prestado a extraer la sangre, alguien improvisó un cartel en la puerta que decía: Laboratorio científico.

Yo estaba encantado de disponer de una asistente local legalmente cualificada, pero cuando Helen se presentó, en lugar del atuendo médico o la bata de laboratorio que supongo imaginaba yo, llevaba tacones altos y un vestido beige de seda. *No cabe error posible*, me dije.

Repasamos el protocolo para el experimento y me aseguré de que el equipo estaba encendido y listo. Entonces, con mi elegante ayudante a remolque, fui en busca de mi primera víctima.

Por suerte para mí, la propia Linda iba retrasada. La encontré en la habitación de la novia en el piso de arriba mientras recibía los cuidados y mimos de su madre y sus damas de honor, tres jóvenes ataviadas, con bastante acierto para una boda «vampírica», con trajes carmesíes.

En realidad, Linda y yo no nos conocíamos, pero en esta feliz circunstancia me recibió de todas formas con besos y abrazos.

«¿Estás lista?», pregunté.

Sonrió nerviosamente mientras su amiga iba a lo suyo, aplicándole el torniquete en el brazo y desinfectándole la piel.

«En realidad, no soy muy aficionada a las agujas», dijo.

«A buenas horas me lo dices», repuse mientras buscaba las sales aromáticas que me había echado al bolsillo por si acaso.

A lo largo de todo el proceso, no se desmayaron ni la novia, ni invitado alguno, ni un servidor de ustedes (a decir verdad, me encanta la visión de la sangre) y la entrega de Linda a una buena causa no estropeó su gran día. Hasta donde puedo saber, el grupo de amigos y familiares parecieron tomarse todo este asunto de la extracción de sangre como una broma.

Después de los votos y el registro de las firmas dentro de la casa, todo el mundo salió afuera para la ceremonia del ligado de manos, una tradición celta que implica otros votos sumamente elaborados bajo un árbol engalanado (así lo hacen en Inglaterra) con cintas de colores y supervisado en este caso por un compañero periodista que resultó ser hindú. Para no dejar ningún cabo suelto, supongo.

A continuación los invitados regresaron para ser objeto de una nueva extracción de sangre —veinticuatro muestras en apenas diez minutos— y listo. Linda y Nic, su simpático desposado, pudieron pasar al champán, al banquete, y al baile en el césped al son de la orquesta. Pero como buen científico aburrido, me encerré en la mansión para centrifugar las muestras en la máquina y separar el suero y el plasma de los glóbulos rojos a fin de congelar rápidamente las pruebas de sangre que necesitaba para analizar los cambios en la oxitocina. Entonces, con los tubos de ensayo depositados sobre un colchón de hielo seco, salí sin llamar la atención e inicié el largo camino de vuelta a Londres, y desde allí el todavía más largo viaje de vuelta a mi laboratorio en la Universidad de Claremont en California del Sur. Costó dos semanas (y unos 500 dólares) que llegasen las muestras por medio de FedEx, y otros 2.000 dólares que analizásemos la sangre. Pero una vez dicho y hecho todo, los resultados mostraron lo que esperábamos, que era una simple instantánea de la habilidad de la oxitocina para leer y reflejar los matices de una situación social y con ello convertirse en el supervisor y principal regulador de nuestra conducta moral.

Todo el mundo sabe que las ceremonias matrimoniales tienen una gran carga emocional. Ésa es la razón por la cual la gente llora en las bodas. Y por eso los chicos malos de *De boda en boda* se presentaban en tantas de éstas para elegir chicas predispuestas y a punto para ser tiernas y cariñosas. Pero las muestras de sangre de Huntsham Court nos mostraron algo mucho más interesante. Los cambios en los niveles individuales de oxitocina durante la boda de Linda podían ser cartografiados como el sistema solar, con la novia haciendo de sol. Entre las primeras y las segundas muestras de sangre, separadas tan sólo por una hora, el nivel de la propia Linda subió un 28 por ciento. Y en cada una de las otras personas sometidas a control el incremento en oxitocina iba en proporción directa a la intensidad de su previsible compromiso emocional en el acontecimiento. ¿La madre de la novia? Subida del 24 por ciento. ¿El padre del novio? Subida del 19 por ciento. ¿El propio novio? Subida del 13 por ciento… y por debajo de esa línea, hermanos y amigos desempeñando papeles más secundarios.

Pero, cabría preguntar, ¿por qué el incremento del novio debiera ser menor que el de su padre? Por el camino volveremos a este tipo de cuestiones con más profundidad, pero la testosterona es una de las diversas hormonas que pueden interferir en la liberación de oxitocina. Si se piensa bien, no resulta demasiado sorprendente; descubrí también que la testosterona del novio había subido un cien por cien.

Nuestro pequeño estudio en la boda demostró, sobre la marcha, exactamente la clase de sensibilidad ponderada y contingente que permite a la oxitocina guiarnos entre la confianza y el recelo, la generosidad y la autoprotección, no sólo en respuesta a la naturaleza oficial de las relaciones —mi madre, mi yerno, mi horrible compañero de clase, un completo desconocido— sino en respuesta a pautas sociales puntuales. ¿Debería sentirme a salvo y protegido entre esta multitud o debo mantenerme alerta? ¿Es ésta una situación en la que la oxitocina lleva la voz cantante o se trata de una interacción en la que la supervivencia quedará mejor resguardada con un incremento de hormona del estrés que me mantendrá en guardia? O quizás es una situación en la que el mejor resultado tendrá lugar cuando la oxitocina domine una de las partes y haya una saludable dosis de testosterona impulsando a la otra.

La sensibilidad de la oxitocina en su interacción con otra serie de agentes químicos es la que ayuda a explicar por qué el comportamiento humano es tan complejo —y por qué el éxtasis del día (y la noche) de bodas es tan a menudo difícil de mantener—. (Como ese viejo chiste del finlandés que no puede entender por qué su mujer no es feliz. «Te dije que te quería cuando te pedí que te casaras conmigo», dijo. «No veo qué necesidad hay de repetírtelo.»)

Pero aquí está la merecida recompensa a las investigaciones que mi laboratorio ha llevado a cabo: tras siglos de especulación acerca de la naturaleza humana, el comportamiento humano y el cómo decidimos lo que es adecuado, finalmente disponemos de algunos datos que podemos usar. Se trata de sólida evidencia empírica que ilumina el mecanismo central del sistema de guía moral. Como diría cualquier ingeniero, entender el mecanismo básico es el primer paso hacia la mejora del rendimiento de un sistema. Lo cual, cuando el rendimiento es la conducta moral, no es un asunto nimio.

Sólo en los últimos años, nuevas percepciones acerca de por qué la gente se comporta como lo hace, han estado surgiendo de campos como la economía conductista, la neurociencia social, la neuroteología, estudios evolutivos sobre altruismo y cooperación, e incluso investigaciones sobre la felicidad. Toda esa información sugiere que, en tanto que especie, somos mucho menos egoístas y, en general, más amables y cooperativos de lo que el conocimiento imperante haya reconocido nunca.

Pero hasta ahora, esta percepción científicamente reforzada de la naturaleza humana —el bien y el mal— todavía planteaba otra cuestión: dado que los humanos pueden ser racionales e irracionales, despiadadamente depravados e inmensamente amables, desvergonzadamente egoístas así como completamente desinteresados, ¿qué determina *específicamente* qué aspecto de nuestra naturaleza se expresará y cuándo? ¿Cuándo confiamos y cuándo desconfiamos? ¿Cuándo nos entregamos y cuándo nos echamos atrás? La respuesta reside en la producción de oxitocina.

La oxitocina aumenta cuando a la gente se le da una muestra de confianza, y/o cuando algo pone en marcha lo que antaño se llamaba «nuestras simpatías», y que es lo que actualmente llamamos empatía. (Trataré acerca de cómo se comporta la empatía en el capítulo 4.) Cuando aumenta la oxitocina la gente se comporta de forma más amable, generosa, servicial y cariñosa. Pero cuando los científicos denominan esas conductas prosociales es una forma de decir en su jerga que siguen la Regla de Oro: «Trata a tus congéneres igual que tú quisieras ser tratado». Este libro demostrará por qué tiene lugar el efecto oxitocina, cuándo ocurre y cómo podemos hacer que ocurra más a menudo.

El hecho de que la Molécula Moral abra la caja negra de la naturaleza humana no quiere decir que no quede materia que debatir para filósofos y teólogos. Lo que ocurre es que cualquier discusión sobre libre albedrío o virtud parece un poco ociosa si no se toma en consideración todo lo que puede aportar la ciencia. Y hemos aprendido mucho desde que los antiguos profetas trataban de adivinar qué quería Dios de nosotros, y los filósofos trataron de imaginarlo mediante el poder de la razón.

Después de todos los debates teológicos y todo el discurso filosófico y todas las nuevas pruebas, algo que sabemos seguro es que los humanos son criaturas intensamente sociales. El cerebro humano reacciona de forma mucho más intensa frente a un rostro humano que ante cualquier otro objeto del universo. Ello es así porque la supervivencia durante nuestros primeros años de vida depende por entero de la buena voluntad de otros —fundamentalmente nuestros padres— y su disposición a invertir recursos en nosotros. Incluso cuando somos lo bastante mayores como para mirar por nosotros mismos, continuamos dependiendo de una red de cooperación social para seguir sanos y salvos. De hecho, somos lo que los zoólogos llaman una especie obligatoriamente gregaria, refiriéndose a que prosperamos en grupo, y que solos no nos desenvolvemos bien, física ni emocionalmente, durante periodos largos. Todo lo cual ayuda a explicar por qué estamos tan profundamente interesados no sólo en las expresiones y emociones faciales de otras personas sino también en su comportamiento: quién está haciendo qué a quién, quién es un tipo recto y quién es un depravado detrás de una falsa sonrisa. La oxitocina nos pone a punto para reaccionar adecuadamente incluso cuando no sabemos de qué se trata.

En este libro analizaré la influencia de la oxitocina en las personas, su influencia en las relaciones personales íntimas y finalmente su influencia en la sociedad como un todo. Durante el proceso veremos cómo diferentes experiencias vitales y diferentes formas de pensar pueden alterar el efecto de la oxitocina. Examinaremos también la influencia de la religión —uno de los grandes temas cuando se discute de moralidad— así como la influencia de una economía de mercado. A su vez, discutiremos sobre la influencia de la oxitocina en esas sólidas instituciones.

Un tema recurrente será que, a menos que la liberación de oxitocina se vea afectada, la Regla de Oro es una lección que el cuerpo ya conoce, y cuando la recibimos correctamente sentimos de inmediato los beneficios. Y éstos van desde una salud mejor a una vida más feliz y —se crea o no— a una economía más próspera. Y la gran mayoría de la gente no necesita que la golpeen en la cabeza, no necesita escuchar largos sermones y no hay que amenazarla con el fuego del infierno y la condena eterna para que desee tratar bien a los demás. Para provocar esa conducta benigna y que se produzca de forma natural todo lo que necesitamos hacer es crear las circunstancias en las cuales la oxitocina pueda ejercer su influencia, lo cual implica, en gran medida, mantener alejadas las restantes influencias hormonales. Resulta más fácil decirlo que hacerlo, por supuesto, pero se estará de acuerdo en que conocer cómo funciona el sistema es un excelente punto de partida.

Hemos iniciado la historia de la oxitocina en una boda, lo cual es de lo más apropiado porque, como se sabe, es una hormona reproductiva. ¿Un vínculo biológico entre sexo y moralidad? Menuda idea.

Hace centenares de millones de años, cuando el sexo empezó a evolucionar, depender de la gentileza de los extraños era una vía excelente para convertirse en un almuerzo. «El pez grande se come al chico» estaba a la orden del día, todos los días. En cuyo caso, ¿cómo se suponía que debían aproximarse dos criaturas para aparearse? Necesitaban un mensajero químico que hiciese seguro el confiar, facilitando un comportamiento benévolo en respuesta a la confianza. ¿Suena conocido?

El papel de la confianza va a estar entretejido en todo lo que discutamos aquí. Incluso impregna la historia de cómo empecé a hacer este trabajo. Como explicaré más adelante con todo detalle, de hecho, empecé mi carrera académica construyendo modelos económicos acerca de lo que hace prosperar a los países. Mi trabajo inicial demostraba que el factor más importante para determinar cuándo una sociedad va bien o va a permanecer empobrecida no son los recursos naturales, la educación, una sanidad de calidad o incluso la labor ética de sus integrantes. Lo que más importa al determinar los resultados económicos es en realidad la fiabilidad —una consideración moral—. Ésa fue la percepción que me condujo a la Molécula Moral.

Mucho antes de eso, sin embargo, había quedado fascinado por el poder de la confianza, fundamentalmente porque había descubierto los peligros de confiar demasiado. Ello ocurrió cuando todavía era un muchacho demasiado ingenuo y fui víctima del clásico timo de la estampita. Puede decirse que mi carrera de investigador empezó ahí. Este libro es a lo que he llegado de momento.

1

El Juego de la Confianza

Del pequeño timo a la riqueza de las naciones

La escena del crimen fue una gasolinera ARCO situada en un anodino barrio a las afueras de Santa Bárbara en la que yo trabajaba de expendedor de gasolina al salir del instituto.

Un día estaba a la puerta de la oficina disfrutando de la brisa y esperando al siguiente cliente que se acercase al surtidor cuando un sujeto bien vestido pero de aspecto ligeramente alterado apareció por uno de los laterales del edificio.

«Quizá puedas ayudarme», me dijo. «Tengo una entrevista de trabajo en Goleta y no sé qué hacer.»

«¿Qué ocurre?», pregunté.

«Mira…» Sacó una cajita de regalo de una elegante joyería local. La abrió y dentro había un collar de perlas espejeando al sol californiano.

«Acabo de usar vuestro lavabo de caballeros y he encontrado esto en el suelo. Increíble, ¿no? ¿Ha preguntado alguien?»

«Todavía no.»

«Chico, es una joya valiosa. Alguien estará muy afectado por su pérdida. ¿Qué piensas que deberíamos hacer? Yo no me lo puedo quedar, sin más.»

Ambos permanecimos un momento estudiando las perlas, que a mis ojos de chaval de dieciocho años parecían realmente caras.

Entonces, en ese preciso momento sonó el teléfono. Retrocedí hasta el mostrador, contesté y en el otro extremo un hombre dijo: «Acabo de estar en esa gasolinera. Llevaba el collar que le había comprado a mi esposa y creo que se me cayó mientras…»

«Vaya», dije. «No lo puedo creer…un tipo que está aquí acaba de encontrarlo en el lavabo de caballeros.»

«Es increíble», dijo el hombre del teléfono. «Mira. Dile que espere ahí y que lo guarde. Puedo llegar en media hora.»

«Por supuesto.»

«Te voy a dar un número de teléfono», cosa que hizo. «Y oye… dile que le daré doscientos dólares por las molestias. Me ha salvado la vida. ¡O al menos mi matrimonio!»

Colgué el teléfono y le expliqué excitado a mi nuevo amigo que el propietario llegaría en media hora con una recompensa de doscientos dólares.

Pero el tipo que estaba en la gasolinera conmigo no pareció muy entusiasmado.

«Vaya, hombre… no puedo esperar. Tengo que estar en Goleta para entonces, y necesito de verdad ese trabajo.» Se me quedó mirando y preguntó de nuevo: «¿Qué podemos hacer?»

Me quedé pensando mientras él me observaba.

«Yo estaré aquí hasta la hora de cerrar», dije. «Creo que puedo guardárselo hasta que venga.»

«¿Lo harías?» Esbozó una gran sonrisa y lanzó un suspiro. «Sería fantástico. De ese modo podríamos repartirnos la recompensa.»

«¿Lo dice en serio?», dije mostrando sorpresa, pese a que en mi cabeza los engranajes ya estaban maquinando la manera de gastar ese dinero.

«Por supuesto.»

Pero se mordió el labio, mostrándose preocupado otra vez.

«El único problema es que… no voy a regresar por aquí.»

«No importa», dije. «Podemos hacer el reparto por adelantado. Tome… puedo darle su mitad ahora mismo.»

Y es lo que hice, tomando «prestados» 100 dólares de la caja registradora de la gasolinera y entregándoselos al tipo al que había conocido cinco minutos antes.

Estoy seguro de que todo el mundo lo habrá sospechado mucho antes de llegar hasta aquí: el collar de «perlas» era de plástico, una barata sarta de cuentas en una caja de aspecto caro, y por supuesto que el tipo del teléfono estaba conchabado con el que se presentó en la gasolinera.

O sea: ¿cómo puede nadie ser tan lerdo como para caer en esa estafa apoquinando lo que para mí era mucho dinero sobre la base de una historia tan pobre y una coincidencia tan por los pelos?

¿Me vi sencillamente superado por la codicia?

Sin la menor duda, tenía símbolos del dólar en los ojos mientras miraba las joyas y oía la palabra mágica *recompensa*. Pero yo era un chico razonablemente espabilado, con un don para los números y los puzles, por lo que si alguien debiera haber caído en la cuenta durante la estafa…

Tampoco era que nadie me hubiese instruido sobre lo correcto y lo incorrecto. ¿Alguien piensa que sus padres eran estrictos? Los míos me sacaron de un colegio católico porque no era *suficientemente* estricto. Y aunque parezca un chiste, antes de que mi madre fuese mi madre fue monja. Pasó cuatro años en las Hermanas de Loreto al Pie de la Cruz, y mi educación, completada con misas en latín, años de aspirar incienso como monaguillo e inspecciones de mi habitación con un guante blanco en busca de polvo, no me dejó la menor duda acerca de que todos hemos nacido en pecado y somos arrastrados por las bajas pasiones que deben ser estrechamente restringidas y vigiladas sin descanso para evitar un mal comportamiento. La opinión de mi madre era el enfoque clásico para dominar la naturaleza humana, un planteamiento autoritario de arriba abajo repleto de «deberías hacer» y «no deberías hacer» que ha predominado a lo largo de la historia de Occidente. Basaba la educación de los niños en la premisa de que una conducta moral no egoísta era imposible sin la sempiterna presencia del castigo, y cuanto más terrorífico fuese mejor. Ahí están esas imágenes del infierno de Jerónimo Bosch.

Pero cuando rememoro el incidente en la gasolinera ARCO lo que recuerdo no es la codicia ni ningún otro de los pecados mortales que tanto preocupaban a filósofos y teólogos (y a mi madre). Creo que estaba motivado por un genuino deseo de ser útil. Aquel pobre hombre tenía una entrevista importante y parecía aturdido, sin suerte, casi desesperado. Sus primeras palabras fueron para pedirme ayuda y parecía necesitarla de veras. Pero por encima de eso, por todo lo que dijo e hizo pareció depositar una enorme cantidad de confianza en mí, relegando en un chico de instituto el devolver el collar a su legítimo propietario. Varias veces me preguntó: «¿Qué vamos a hacer?» Y después me dejó encargado de hacerlo. Tras semejante demostración de fe ayudarle parecía lo más adecuado.

Cuando fui a la Universidad me gradué en biología matemática y económicas, pero las preguntas acerca de cómo saber el modo correcto de actuar permanecieron dentro de mí. Allí leí mucho sobre filosofía moral e incluso teología, ya puestos, y tras la graduación, las matemáticas, la biología, la economía y las cuestiones morales se juntaron en mis primeros trabajos relacionando la confianza con la prosperidad.

Y ahora pasemos a noviembre de 2001.

A las dos de la madrugada estoy trasladando mi equipo de un extremo a otro de la ciudad hasta un laboratorio que he conseguido prestado en UCLA tras convencer a un posgraduado de esa universidad llamado Rob Kurzban para que colabore conmigo. He logrado que dos estudiantes me hagan de sherpas y también de pasajeros oficiales para tener derecho a utilizar el carril para vehículos de alta ocupación de la autopista. Soy profesor numerario de económicas en la Universidad de Claremont, pero estoy iniciando un programa de investigación realmente atípico, forzando los límites de mi especialidad, lo cual quiere decir que voy a tener que hacer ciencia del mismo modo que los directores de cine independiente hacen sus películas: pidiendo prestado el espacio, solicitando subvenciones y transportando el equipo por Los Ángeles en mi coche. Puede que hoy llevemos ya hechos cuatro viajes entre Claremont y Westwood, y por lo menos se tarda una hora y media en cada trayecto.

Todavía no lo sabía, pero estaba a punto de inventar una nueva especialidad llamada neuroeoconomía, y lo iba a hacer poniendo en práctica la primera versión vampírica de algo llamado el Juego de la Confianza.

CÓMO FUNCIONA EL JUEGO DE LA CONFIANZA

El Juego de la Confianza es una herramienta clásica en la investigación económica, y puesto que vamos a pasar un buen rato con él, así es como funciona. Pongamos por caso un estudiante universitario que necesita algo de dinero extra, por lo que acepta tomar parte en lo que se llama un estudio sobre decisiones monetarias. Entra en una gran sala, similar a la que yo había pedido prestada en UCLA, junto con quince o dieciséis personas más a las que no conoce y toma asiento en un pequeño cubículo con un ordenador. Lee las instrucciones *online* que le confirman que, sólo por haberse presentado, tiene 10 dólares en su cuenta y que depende de él conservarlos. Pero pronto puede recibir más. Esto es porque el ordenador va a preguntar a otro jugador anónimo y elegido al azar —al que llamaremos Fred— si le gustaría transferir todos o una parte de sus 10 dólares a otro jugador anónimo, que resulta ser el estudiante.

Pero, ¿por qué habría de hacerlo? Porque de acuerdo con las reglas que Fred y el estudiante pasan unos minutos leyendo, cualquier cantidad que Fred le dé al estudiante puede *triplicar* su valor cuando llegue a la cuenta de éste. Pero hacerle más rico no es totalmente altruista por parte de Fred. Las reglas dicen asimismo que si él transfiere dinero al estudiante, a éste le será preguntado si desea devolver parte de su fondo multiplicado por tres. La cuestión es: ¿querrá el estudiante? ¿Se puede confiar en que corresponderá?

La belleza del test consiste en que no hay presión social para actuar de la mejor forma porque los ordenadores ocultan quién hace qué. Incluso los investigadores sólo conocen a los participantes por su número de código. De manera que el Amo del Mundo o la Madre Teresa, el modelo moral que uno elige seguir para devolver algo (o nada) depende de cada cual. Incluso cuando al final se le pague, nadie sabrá cuánto ha ganado a menos que lo diga él.

Pongamos que Fred toma 2 dólares de los 10 inicialmente recibidos sólo por participar y que se los entrega al estudiante. Los 2 dólares iniciales se convierten en 6 en cuanto entran en la cuenta de éste, lo cual significa que ahora tiene 16 (10 + 6), mientras que Fred baja a 8 (10 − 2). Luego al estudiante le va muy bien. No sabe exactamente a quién debe dar las gracias, pero sabe que ha obtenido seis dólares adicionales y que un benefactor anónimo en uno u otro cubículo de la sala es el responsable. Sabe también que la decisión de su benefactor estuvo basada en la esperanza de que él se comportará decentemente y que compartirá al menos una parte de sus ganancias. Después de todo, no pasa nada si se devuelven un par de pavos. Es algo decente, como darle una propina a la camarera que ha traído un café. Es lo que hace la gente decente, ¿no?

Pongamos que el estudiante decide devolverle 3 dólares a Fred. Ello le deja con 13 y sube a Fred a 11 dólares, con un incremento de 3 para uno y de 1 dólar para el otro, lo cual no es mucho pero sí más

que al empezar ambos. Ahora bien, el estudiante tiene perfecto derecho, si así lo elige, a marcharse con los 10 dólares originales más el
premio de 6 que Fred le ayudó a conseguir sin ni siquiera un *Gracias,
tío*.

Según aumenta la cantidad transferida, la ganancia potencial se
hace más interesante. Si Fred es realmente confiado (o temerario) y
decide apostar el resto entregando los 10 dólares originales, esa cantidad se triplicará en una ganancia de 30, lo cual sube el capital inicial
a 40 dólares. Si el estudiante es escrupulosamente imparcial, dividirá
el nuevo total con su socio anónimo y ambos se irán a casa con veinte dólares, o sea, el doble de lo que él habría ganado si no hubiese
confiado y no hubiese estado a la altura de esa confianza.

Pero he aquí la pregunta del millón: si uno no tiene la obligación
de ser digno de confianza, y nadie sabe si lo es o no, ¿por qué habría
de recompensar la confianza de un extraño con un gesto recíproco
que te saca dinero real del bolsillo? Si nadie lo ha de saber nunca,
¿qué problema hay en ser un avaricioso egoísta y dejar sin blanca al
otro? Pues bien, según la teoría económica que ha prevalecido durante la mayor parte del siglo xx, eso es exactamente lo que uno debería
hacer.

Los economistas se han enamorado de un concepto llamado
«egoísmo racional», según el cual cada persona toma decisiones de
acuerdo con su ventaja personal, y también de acuerdo con un cálculo racional acerca de dónde reside la ventaja.

Los teóricos de la economía han sido inspirados por ideas de la
física teórica, fundamentalmente en el área de la termodinámica con
sus sistemas de entradas y salidas tendiendo al equilibrio. El atractivo
del egoísmo racional como principio organizativo era que permitía
a los economistas simplificar ampliamente las matemáticas en sus
modelos. Si los humanos siempre toman decisiones (a) racionalmente
y (b) basadas en el egoísmo, los constructores del modelo no necesitan tomar en consideración las emociones, las peculiaridades de la
personalidad o los ataques repentinos de locura. Cada persona —o al
menos la persona teórica que vive dentro de los modelos— calibra
siempre las opciones y toma una opción lógica basada en lo que es
mejor para ella.

Un ciudadano llamado John Nash, el protagonista de la película
de Ron Howard *A Beautiful Mind (Una mente maravillosa)*, ganó de

verdad el premio Nobel de Economía en 1994 por reconvertir el egoísmo racional en una fórmula todavía más elegante y ampliamente influyente llamada el Equilibrio de Nash. De acuerdo con el teorema de Nash, la respuesta del estudiante en el Juego de la Confianza sería quedarse sencillamente con todo lo que le llega, incluso sabiendo que alguna otra persona le ha hecho más rico a él con la esperanza de una reciprocidad. De la misma forma, el Equilibrio de Nash dice que esa otra persona debería tener el suficiente sentido común como para esperar un comportamiento egoísta por parte del estudiante y no entregarle ni un céntimo. Después de todo, no se conocían de nada. Por descontado que la consecuencia no intencionada de tal comportamiento «racional» —es decir, mirando sólo por uno mismo— es que ambos pierden la oportunidad de ganar ampliando el pastel y luego repartiéndoselo.

Durante más de un siglo, la idea de que el comportamiento humano es fundamentalmente racional y egoísta fue presentada como el evangelio ante millones de estudiantes, incluyendo a muchos de los que han estado gestionando nuestras más poderosas empresas e instituciones gubernamentales. Ellos son los que muchas veces establecen los patrones de comportamiento en Wall Street, en el gobierno y en los consejos de administración de las multinacionales. Y sin embargo, con todo el respeto por John Nash y su premio Nobel, el Juego de la Confianza demuestra que el egoísmo racional es irrelevante cuando se trata de personas reales.

En Estados Unidos la apuesta en el juego ha sido incluso de 1.000 dólares, y en países en desarrollo de hasta tres meses de salario medio. Con sumas mayores o menores, en dólares o dinares, los participantes casi siempre se comportan con mayor confianza y fiabilidad de lo que predicen las teorías establecidas. En mis propios experimentos con el juego, el 90 por ciento de los de la posición A (los confiados como Fred) envían algo de dinero al jugador B (los receptores como el estudiante) y cerca del 95 por ciento de los jugadores B devuelven parte del dinero por... ¿qué? ¿Gratitud? ¿Un sentido innato del bien y del mal?

¿O es posible que el comportamiento tenga algo que ver con una hormona reproductiva con curiosas propiedades relativas a la confianza y la fiabilidad recíproca?

¿UNA IDEA DISPARATADA?

Uno de mis colegas me dijo que ésa era «la idea más estúpida del mundo» pero para mí era perfectamente lógica. Al menos me parecía lo suficientemente lógica como para que desease comprobarla antes de descartarla por disparatada.

Nuestros conejillos de indias humanos —los estudiantes de UCLA que aceptaron el test a cambio de calderilla— empezaron a llegar y a tomar asiento hacia las nueve y media de la mañana. A las diez en punto me presenté ante ellos en mi estupenda nueva bata de laboratorio para hacerles unas observaciones iniciales. Les di las gracias por participar y les recordé —les había explicado todo ello en un mail de reclutamiento— que ya habían ganado 10 dólares por el mero hecho de presentarse.

Entonces les ofrecí una sumaria visión de conjunto acerca de lo que iban a hacer —la misma historia acerca del jugador A y el jugador B que he explicado un par de páginas atrás— pero con un elemento añadido. Justo después de la toma de decisiones íbamos a aplicar un torniquete a los brazos de los jugadores y extraerles sangre.

No hubo reacción apreciable. Apenas parecían ser conscientes de mi presencia. Apenas parecían despiertos.

Les dije que se registrasen en los ordenadores de sus cubículos utilizando el código para ocultar su identidad y que leyeran las instrucciones. El protocolo describía con gran detalle cómo sus decisiones podían convertir en más dinero los 10 dólares que ya habían ganado, o cómo sus decisiones podían costarles dinero.

En ese momento empecé a ver alzarse algunas cejas y expresiones ligeramente más animadas. Todo el mundo parecía estar despertando. Era como si estuviesen pensando. ¿De qué va esto? ¿Es un *Quién quiere ser millonario* de bajo presupuesto? ¿O quizás, un cruce de *Quién quiere ser millonario* con *Hospital general*?

Tenía que mantener ocupado a todo el mundo mientras nos centrábamos en las decisiones de cada participante y la extracción de sangre, por lo que pedí al grupo que empezasen a rellenar un estudio de personalidad.

Entonces comencé a nombrar el número de código de varios jugadores seleccionados aleatoriamente. «Número Seis, por favor, tome su decisión. En cuanto lo haya hecho, por favor, levante la mano.»

En este punto la cuestión —una cuestión de la que creíamos conocer la respuesta— era si un jugador A cualquiera elegiría transferir o no una parte o todo su dinero a un jugador B anónimo y elegido aleatoriamente. ¿El jugador A se fiaría lo bastante como para dar dinero, contando con que el jugador B haría lo propio devolviendo algo?

Cuando una de mis ayudantes veía una mano alzada, escoltaba inmediatamente al jugador A, el que había tomado una decisión, a una pequeña habitación situada a un lado y dispuesta para las muestras de sangre. Parecía poco probable que la clase de decisión puesta ante el jugador A, que era un cálculo frío, pudiese afectar a la oxitocina, pero le extraíamos sangre de todas formas porque no lo sabíamos —nadie había hecho antes este experimento—. Lo que sí sabíamos era que el cambio hormonal en cualquier jugador sería transitorio. Los estudios en animales habían demostrado que la oxitocina sube en respuesta al tipo correcto de estímulo y que luego desaparece en cuestión de tres minutos. Lo cual quería decir que la sangre debía ser extraída rápidamente.

Allí cerca, para hacer los honores, estaba un internista de Van Nuys llamado Bill Matzner. A mitad de su carrera Bill había decidido hacer estudios de posgrado conmigo, centrándose en la economía de la asistencia sanitaria. En lugar de ello le hablé de economía vampírica y ahora se había visto obligado a ser mi asistente para tomar muestras de sangre.

En tanto que médico, Bill era de inestimable valor para mi improvisada investigación —en ese momento, recuérdese, yo todavía era un tipo de pizarra y ordenador y no un hombre de laboratorio— y él me facilitaba de todo, desde las tiritas y el algodón hasta la centrifugadora, ese chisme mecánico que hace girar la sangre de forma que el suero y el plasma se separen de los glóbulos rojos. Pero como en su consulta tenía montones de auxiliares, estaba un tanto desentrenado en la extracción de sangre, por lo que le hice practicar conmigo. No quería torturar a la gente innecesariamente, así que ensayamos cada aspecto del protocolo para poder actuar rápidamente y que no se desperdiciase el tiempo (o la sangre) de nadie.

Otro problema era que la centrifugadora que Bill había tenido la amabilidad de aportar no era de las que contaban con refrigeración, que costaban 7.000 dólares. La oxitocina no sólo desaparece pronto del cuerpo sino que también se degrada rápidamente a temperatura ambiente, de manera que hay que atraparla rápido y mantenerla en frío. Afortunadamente, llevaba mucho tiempo planificando esta nueva aventura y mientras vagabundeaba por el campus al final del semestre de primavera había tropezado con algunos alumnos mientras cargaban los trastos en sus coches para irse a casa de veraneo. No me costó mucho trabajo convencerles de que donasen sus minineveras a la causa de la ciencia.

Con nuestra tecnología para nada de vanguardia desarrollamos un protocolo que incluía centrifugar las muestras dentro de los minirrefrigeradores, transferir a microtubos los productos de la sangre separados, congelarlos rápidamente a menos cien grados centígrados usando hielo seco y almacenarlo todo en el ultracongelador de Bill sito a veinte minutos de UCLA hasta que dispusiéramos de un número suficiente de muestras para analizar.

Una vez que todos los participantes A habían tomado su decisión y les habíamos extraído la sangre, permitíamos que los ordenadores desvelasen los resultados a los jugadores B. Unos pocos podían quedar helados, pero basándonos en el historial del Juego de la Confianza sabíamos que la mayoría tendría la agradable sorpresa de unos cuantos pavos extra añadidos a sus fondos.

Entonces tocaba saber cuántos estarían dispuestos a dividir la diferencia y *devolver* una parte de su recién adquirida riqueza.

«Número Nueve, por favor, tome su decisión. En cuanto lo haya hecho, por favor, levante la mano.»

De nuevo, si el recibir la confianza de un A estimulaba la oxitocina en un B, disponíamos sólo de unos minutos para captar el incremento.

El participante Nueve tomó asiento y se levantó la manga de la camisa; Bill aplicó el torniquete y clavó la aguja. Nueve gritó de dolor. Bill la clavó otra vez y otra y de nuevo nuestro participante gritó. Eché un vistazo a la sala principal y pude ver a todos nuestros sujetos de ensayo volviendo la cabeza en dirección al escándalo. Al parecer, a Bill no le hubiera venido mal algo más de práctica de la que hicimos juntos.

Otro participante se desmayó, lo cual nos planteó un dilema. No sabíamos cuántas muestras buenas íbamos a conseguir, y con cada persona debíamos movernos rápido antes de que el tenue rastro de oxitocina regresase al valor de referencia.

Nos inclinamos sobre el pobre chico. Bill con su jeringuilla y un estudiante sujetando a nuestro conejillo de indias inconsciente y derrumbado sobre la silla de extraer sangre.

«¿Qué quieres que haga?», me preguntó Bill.

Yo estaba desesperado por obtener datos. «Extraigámosle la sangre», dije. «Después le reanimaremos.»

Pero ni siquiera con zumo de naranja y galletas logramos que se levantara y se pusiera en marcha de nuevo. Les dije a los demás participantes que habíamos tenido un fallo y que podían navegar por la Red mientras esperaban a que resolviéramos aquello. Nos costó un cuarto de hora, pero finalmente logramos poner en pie a nuestro caído camarada.

De regreso a la sala para reanudar el experimento observé que uno de los participantes tenía una imagen subida de tono en la pantalla de su ordenador —no pornografía, exactamente, sino una web musical en la que los vídeos eran muy eróticos. Temiendo las influencias sobre él ajenas al experimento, apunté su número de código cuando tomamos su muestra de sangre, y cuando lo consulté más tarde, por descontado que sus niveles de oxitocina —es una hormona reproductiva, ¿no?— andaban por el techo. Dado el «estímulo externo» que había estado recibiendo, tuvimos que descartar sus datos.

Durante el siguiente año y medio repetimos catorce veces esta versión vampírica del Juego de la Confianza. Una vez más fue una ciencia hecha a salto de mata porque cada experimento debía aguardar hasta que yo reuniese unos miles de dólares en subvenciones, trasladar todo nuestro equipo hasta UCLA por el carril rápido de la autopista, llevar a cabo tantas sesiones de experimentos como pudiera pagar y de camino a casa almacenar los componentes de la sangre en el frigorífico del consultorio de Bill en Van Nuys. Finalmente, reunimos las suficientes muestras para llevar a cabo un análisis estadístico significativo.

Y esto es lo que encontramos.

En primer lugar, observamos los altos niveles de confianza y fiabilidad que anticipábamos, el comportamiento moralmente benevolente que contradice el egoísmo racional y el Equilibrio de Nash. Encontramos asimismo significativas retribuciones económicas a la virtud; lo cual no fue una sorpresa dados mis trabajos sobre los factores que hacen prósperas a las sociedades. Los jugadores A que decidieron otorgar confianza a sus anónimos compañeros terminaron con una media de 14 dólares, lo cual representaba un 40 por ciento sobre los 10 dólares iniciales. Los jugadores B que recibieron dinero de un compañero que confió en ellos salieron del laboratorio con una media de 17 dólares, que suponía un incremento del 70 por ciento. O sea, que el comportamiento social positivo incrementaba la prosperidad de nuestra pequeña población de estudiantes, incluso si los beneficios no se distribuían con perfecta equidad.

Pero ¿qué estaba ocurriendo a nivel sanguíneo y cerebral? Ese primer test vampírico del Juego de la Confianza era improvisado, por lo que debíamos ser cautos sobre la excesiva interpretación y la extracción de conclusiones injustificadas. (Además, ¡yo era economista! ¿Qué podía saber sobre los valores en sangre?) Por eso repetimos el experimento una y ora vez hasta obtener una muestra ridículamente amplia sobre la cual basar nuestras conclusiones. Y lo que encontramos fue una espectacular y directa correlación entre el nivel de oxitocina de una persona y su disposición a corresponder a un signo de confianza devolviendo dinero tangible.

Una vez más, múltiples factores pueden influir en cualquier respuesta biológica o de comportamiento. Luego para determinar qué estaba —o no estaba— causando el comportamiento virtuoso, justo, medimos nueve hormonas diferentes que interactúan con la oxitocina para ver si estaban teniendo alguna influencia. Entre ellas estaba la hormona testosterona masculina, así como las hormonas femeninas estradiol y progesterona. Entonces correlacionamos todos los datos fisiológicos con cuestiones acerca de la personalidad tales como: «¿Curioseas entre las cosas de tu compañero de habitación cuando no está?» O «¿Cuánto bebes?» y «¿Con qué frecuencia asistes a la iglesia?»

Después de suficientes análisis como para que la cabeza echara humo, no encontramos ningún vínculo entre esos factores y la generosidad correlativa que estábamos observando. El único factor que podía explicar el comportamiento era el incremento de oxitocina. Pero ¿cómo saber que era la *confianza* lo que provocaba la respuesta de la oxitocina? ¿Cómo podíamos estar seguros de que no era la simple recepción de dinero?

Para comprobarlo, llevamos a cabo un experimento de control en el que todas las circunstancias eran iguales excepto por el elemento de la fe de un ser humano en otro ser humano. En lugar de hacer que el jugador A decidiera por sí mismo si le entregaba o no dinero al jugador B, lo hicimos de forma que la asignación fuese aleatoria. Para ajustarme a mi escaso presupuesto, o a mi ejercicio de la ciencia al modo indie de hacer cine, fui a los almacenes Walmart y adquirí un recipiente de plástico claro, tapé el exterior con cinta adhesiva y lo llené con pelotas de *ping-pong* numeradas de 0 a 10. Para esta versión aleatoria del juego, no basada en la confianza, elegía un número de identificación, y uno de nuestros participantes A extraería pública y aleatoriamente una pelota numerada. El valor de ésta le sería restado de su cuenta y se multiplicaría por tres en la cuenta de un participante B elegido aleatoriamente. La transferencia de dinero seguía teniendo lugar, pero no había vínculo humano en la base.

Cuando los participantes recibían transferencias de dinero basadas en la decisión de alguien de confiar en ellos, sus niveles de oxitocina eran el 50 por ciento más elevados que los niveles de aquellos que recibían dinero basado en el recipiente Walmart y la suerte aleatoria del sorteo. Aquellos para quienes el dinero caído del cielo estaba basado en la fe en ellos de otro jugador, también devolvían casi el doble —el 41 por ciento de su nuevo total— en comparación con la cantidad devuelta —25 por ciento— por aquellos cuya buena suerte era aleatoria.

La guinda del pastel, cuando la transferencia original estaba basada en la confianza, había asimismo una correspondencia directamente calibrada entre el volumen de la transferencia y el volumen de la respuesta del receptor. Cuanto más dinero mandaban, mayor nivel de oxitocina; cuanto más alto era el nivel de oxitocina, más dinero devolvían al jugador A. Cuando el dinero procedía de una transferencia aleatoria, no había ninguna correspondencia entre el nivel de oxitocina y lo generoso —o no— que elegía ser el jugador B.

Acabábamos de descubrir el primer estímulo no reproductivo de liberación de oxitocina en humanos. Lo cual me hizo muy feliz por una serie de razones, algunas de las cuales estaban relacionadas con mis propias frustraciones con la profesión en la que había estado trabajando.

EL VÍNCULO OLVIDADO

En su «envidia de los físicos», la corriente principal de la economía había abrazado las matemáticas hasta el punto de rechazar todo interés real en la naturaleza humana. Ello a pesar de que la economía surgió en realidad como una rama de la filosofía moral. Y la cuestión central en la filosofía moral —dilucidar si los seres humanos son fundamentalmente buenos o malos— es el debate más antiguo en activo desde que se iniciaron los debates.

Poco después de que Moisés recogiese los Diez Mandamientos en el monte Sinaí, los Salmos describían al ser humano como «ligeramente inferior a los ángeles». Argumentando en el extremo opuesto, el autor de comedias romano Plauto declaró que «el hombre es un lobo para el hombre». Filósofos, predicadores y políticos han estado insistiendo en ello desde entonces, ofreciendo teorías para definir el núcleo de nuestra moral que van desde la idea medieval del pecado original y la creencia del siglo XVII de que nuestro estado natural es el de «guerra de todos contra todos», hasta la idea romántica de que nacemos como una página en blanco en la cual se podría escribir toda clase de bondades con sólo tener el entorno adecuado desde la niñez.

Y esto no es sólo una disputa académica. Es un debate con consecuencias porque cada teoría en liza compite por influir en nuestras leyes, nuestras normas culturales y nuestras políticas sociales.

Hace doscientos cincuenta años un desconocido profesor de la desconocida Universidad de Glasgow publicó un libro titulado *La teoría de los sentimientos morales* en el que sostenía que el comportamiento benévolo y generoso surge de nuestros sentimientos de vinculación con los demás. Decía que ver a otros en aflicción creaba un vínculo que llamó «simpatía mutua».

En retrospectiva, esto parece casi obvio. Sabemos que ver a otros en aflicción puede tener tal fuerza instantánea como para inducir a soldados a arrojarse sobre una granada para proteger de la explosión a sus compañeros. A veces impulsa a gente normal a saltar a las vías de metro para salvar a un completo desconocido de ser atropellado por un tren que llega.

A pesar de todo, *La teoría de los sentimientos morales* suscitó tal revuelo que estudiantes de toda Europa acudieron en tropel a Glasgow para estudiar con su autor. De la noche a la mañana el desconocido profesor se convirtió en una de las estrellas intelectuales del siglo XVIII pese a que con sus ojos saltones y sus muecas neuróticas difícilmente daba la talla. Vivía con su madre y era tan despistado que muchas veces se perdía en los bosques hablando consigo mismo y vestido únicamente en paños menores. Sin embargo, el concepto de simpatía mutua era tan inesperado, y su libro fue un éxito tal que pudo viajar a lo grande y dar conferencias y codearse con gente como Voltaire y Benjamin Franklin durante el resto de sus días.

Pero, ¿a qué venía todo ese revuelo? Durante siglos la mayor parte del pensamiento moral estaba como el de mi madre, atrapado por el pecado original y la caída de Adán. Pero he aquí una teoría para explicar el comportamiento moral que no consistía únicamente en domeñar nuestra depravación «natural». Esta teoría no asumía, como el filósofo del siglo XVII Thomas Hobbes, que nuestro estado natural era el de «la guerra de todos contra todos»; tampoco se apoyaba en una autoridad más elevada, o en un sexto sentido místico, o en el cálculo racional y la contención para ayudarnos a sobrepasar nuestras inclinaciones animales. En lugar de ello, *La teoría de los sentimientos morales* sugería que la consciencia y la buena conducta son parte integral de nuestra estructura psicológica y que surgen de forma natural de nuestras relaciones sociales. Discernir el bien del mal es, en otras palabras, una capacidad humana innata, y una respuesta que surge desde nuestro más profundo interior.

Muchos filósofos seculares habían sostenido algo muy semejante a la sombría visión de la Iglesia sobre nuestras inclinaciones naturales así como una especie de autoridad que nos obligaba a enmendarlas. La única diferencia estribaba en que en lugar de la Ira de Dios conminándonos a la sumisión, la fuerza autoritaria que los filósofos veían luchar para imponer el control era la razón humana. Platón describía la mente como el auriga tratando de domeñar los impulsos salvajes y animales, a los que describía como caballos fogosos. Un par de miles de años después, la Razón Pura consiguió un abogado aún más vehemente en la persona del filósofo alemán Immanuel Kant.

En opinión de Kant, lo único que nos hace humanos y libres es actuar de acuerdo con las normas que nos damos nosotros mismos, ideadas a través de la razón. La más fundamental de esas normas, lo que llamamos el Imperativo Categórico, dice que para llegar al bien uno debe actuar como si su acto fuera a convertirse en una ley universal. Pero donde la pureza de la Razón pura de Kant pudo haber descarrilado fue al decir que si un acto debe ser realmente moral necesita ser realizado *enteramente* en beneficio de la ley moral. Si actuamos moralmente porque uno *se siente bien* al ser virtuoso, justo, eso no cuenta. Y no hay excepciones, con independencia del resultado. Si mentir viola la ley universal, en ese caso no se debe mentir nunca, incluso si un asesino psicópata persigue a tu amigo y decirle la verdad acerca de su paradero puede causarle la muerte.

Si esta línea de razonamiento puro puede parecer un tanto fría y poco práctica, es sólo uno de los muchos problemas que en general implican los enfoques autoritarios de arriba abajo en general. Esos que, como el de mi madre, se apoyan en enseñanzas religiosas chocan contra el hecho obvio de que hay en el mundo unas cuatro mil religiones diferentes, cada una con sus propias directrices especiales para una conducta prosocial. A lo largo de la historia nada ha provocado más sangre y despiadada brutalidad que los conflictos entre esos diferentes acercamientos a Dios. Justamente por ello los filósofos seculares trataron de solventar antes que nada esa discordia y encontrar respuestas universales mediante la razón. Pero en ese esfuerzo los filósofos transmitieron casi el mismo desprecio por nuestra biología que a menudo caracteriza a la religión. El esfuerzo por sobrepasar la «mera carne» está relacionado con la noción de que la mente —y la voluntad, y el alma, y el indomable espíritu humano— en cierto modo está separada del cuerpo. Lo cual es un punto de vista que la ciencia moderna ha demostrado —lo siento señor Kant— ser totalmente erróneo.

Somos criaturas biológicas, luego todo lo que somos surge de un proceso biológico. La biología, mediante la selección natural, prima y estimula comportamientos que sean adaptativos, en el sentido de que contribuyen a la salud y la supervivencia de tal forma que consigue que salga adelante el mayor número de descendientes en el futuro. Curiosamente, al seguir esta directriz de la supervivencia de los más aptos, la naturaleza llega a muchas de las mismas conclusiones morales ofrecidas por la religión, fundamentalmente, que muchas veces es mejor comportarse de forma cooperadora y, a falta de una palabra mejor, moral. La naturaleza sencillamente llega al mismo punto siguiendo un camino diferente, y quizá más universal.

La noción de la simpatía mutua era mucho más antropocéntrica que nada de lo que se había dicho hasta entonces, exactamente la clase de filosofía moral que el incipiente movimiento romántico, dispuesto a dar al mundo el mito del buen salvaje y los *Derechos del Hombre*, estaba preparado para apoyar con entusiasmo. Si gran parte de la historia de la humanidad parece guiada por la crueldad que obsesionaba a pensadores como Hobbes, quizá sea debido a las influencias específicas del sistema. Alterar la naturaleza y el alcance de esas influencias puede alterar la respuesta moral.

El siglo XVIII estaba todavía muy lejos del momento en que la ciencia podría contribuir al debate sobre la conducta, luego nuestro timorato profesor de Glasgow era comprensiblemente un poco impreciso acerca de cómo funcionaba su sistema de simpatía mutua. Aun así, vemos cada día algo muy parecido a eso —lo llamamos empatía— dirigiendo la conducta moral en millares de pequeñas gentilezas. Todos los días, en todo el mundo, ello impulsa a millones de personas a compartir lo que tienen con la gente que les importa.

Y sin embargo, tras el incremento inicial de entusiasmo, la simpatía mutua perdió la batalla de las grandes ideas en la filosofía moral. En parte fue eclipsada por las ideas acerca de la Razón Pura que Kant divulgó aproximadamente en la misma época. Pero estaba a punto de entrar en escena otro gran martillo intelectual de mayor impacto todavía.

Puede que el Romanticismo conquistase las artes y, hasta cierto punto, la política de finales del siglo XIX, pero en el día a día, el auténtico espíritu de la época fue una idea nueva llamada capitalismo. La iniciativa empresarial estaba en alza y la tradición iba en declive. Hombres de fortuna y poder estaban creando compañías comerciales y construyendo factorías dejando a un lado ideas medievales tales como el precio justo o *noblesse oblige*. Una vez que sus enormes maquinarias estuvieron a punto para ponerse en marcha, cerraron las grandes tierras de pastoreo comunal de forma que los campesinos arrendatarios no tuvieron más remedio que ir a trabajar a las fábricas.

El hombre al que se dirigió el capitalismo en busca de una guía moral realista y sin sentimentalismos para esa nueva era de la empresa fue Adam Smith, autor de *Ensayo sobre la riqueza de las naciones*. La ironía es que Adam Smith es el mismo profesor despistado cuyo primer libro había situado los sentimientos humanos en el centro del discurso moral. De hecho fue el tiempo libre que ganó gracias al éxito de su teoría de los sentimientos morales lo que le permitió escribir el *Ensayo sobre la riqueza de las naciones* cuyo impacto, en comparación, hizo que *La teoría de los sentimientos morales* pareciese una nimiedad.

Son muchos los factores que justifican su efecto electrizante, pero una frase citada una y otra vez a lo largo de los dos últimos siglos transmite la idea básica:

> No es de la benevolencia del carnicero, cervecero o panadero de donde obtendremos nuestra cena, sino de su preocupación por sus propios intereses...

En un momento en que Occidente se estaba liberando de las ideas acerca del pecado y los límites que tales ideas imponían, he aquí un auténtico modificador de las reglas del juego. En el mundo medieval, buscar el beneficio personal caía bajo la rúbrica del orgullo, la envidia o la avaricia. Pero ahora, gracias a Adam Smith, que ya había alcanzado la fama que en la actualidad tiene una estrella de rock, las ganancias personales podían ser presentadas bajo una nueva categoría lingüística llamada «interés propio» y no era en absoluto un vicio sino una virtud. Tomar la delantera ya no era visto como el resultado de pasiones desordenadas. Ahora, en la Edad de la Razón, tomar la delantera sólo era hacer algo *razonable*. Y, lo mejor de todo, la racional y razonable búsqueda del beneficio personal hacía girar el engranaje para poner más comida en la mesa de todo el mundo.

Desde la aparición de aquellas proféticas palabras de Smith, lo que se ha perdido es cómo encajan el carnicero y el panadero egoístas, y esa línea de pensamiento, en el contexto de la idea más amplia de empresa de Smith, que tenía mucho más que ver con la virtud de la iniciativa individual que con ningún respaldo a la conducta egoísta. Sea como sea, Smith fue aceptado y venerado como el creador de una nueva ciencia llamada economía. Al mismo tiempo empezó a decaer su estatus como pensador moral.

Para los economistas, la idea de Smith sobre «su propio interés» representaba no sólo un cambio de valores sino la posibilidad de una vía nueva y exhaustiva para explicar el comportamiento. Y así fue cómo nació el Hombre Económico (también conocido como *Homo economicus*), el tan racional y egoísta ser humano que habita en los libros de texto y en los patrones económicos y que —al menos a efectos teóricos— está guiado por cualquier cosa salvo por la simpatía mutua.

En tanto que economista dedicado al estudio de la conducta moral, siempre he sentido debilidad por Smith, el moralista incomprendido que descubrió la economía. Como él, siempre he preferido estudiar el *Homo sapiens* real que el teórico *Homo economicus*. Siempre he prestado atención al mundo real que subyace a las razones económicas —cosas tales como índices de natalidad, datos demográficos generacionales o la cantidad de recursos que los padres invierten en cada hijo—. ¿No aman todos los padres a sus hijos? Si es así, ¿por qué no expresan todos los padres ese amor tratando de ofrecer a sus hijos la mejor preparación posible para la vida? Normalmente es porque carecen del tiempo y los recursos, y esto suele ser debido a que tienen más hijos de los que se pueden permitir. Resulta que la fertilidad y las inversiones paternas —cuestiones biológicas— afectan profundamente a los resultados económicos.

Fue ese tipo de trabajo sobre fertilidad y datos demográficos el que me impulsó a investigar otros factores interpersonales relativos a la prosperidad, el más apasionante de los cuales fue la confianza. Pasé más de un año desarrollando un modelo que demostraba que el nivel de confianza en una sociedad es el determinante individual más poderoso para que esa sociedad prospere o se quede atascada en la pobreza. Poder hacer que se respeten los contratos, poder confiar en que los demás cumplan lo que prometen y no engañar o robar es un factor más poderoso en el desarrollo de la economía de un país que la educación, el acceso a los recursos o cualquier otra cosa.

APARECE LA OXITOCINA

En el año 2000 asistí a una conferencia sobre economía y derecho ofrecida por el Instituto Gruter de Investigación del Derecho y del Comportamiento. Fue durante la temporada de verano en una estación de esquí de Sierra Nevada, y en el largo viaje desde el aeropuerto de Reno me encontraba sentado junto al único pasajero que no iba equipado para hacer bicicleta de montaña. Nos pusimos a hablar —ese pasajero se dirigía en realidad a la misma conferencia— y fue así como conocí a la antropóloga Helen Fisher, autora de libros como *Anato-*

mía del amor y *Por qué amamos*. Empezamos a comparar notas de nuestras investigaciones y yo mencioné mis estudios sobre la inversión parental, y al cabo de un rato me preguntó: «¿Se le ha ocurrido estudiar la oxitocina como agente en todo esto?»

¿Oxitocina? Nunca había oído hablar de ella. Pero cuando la describió como una sustancia química que produce vinculación afectiva mordí el anzuelo.

Más tarde, en la habitación del hotel, busqué en PubMed y no tardé en descubrir que la oxitocina es una pequeña molécula, o «péptido», que sirve como un neurotransmisor que envía señales en el cerebro, y como una hormona que transporta mensajes en el torrente sanguíneo. En 1906, cuando sir Henry Dale la identificó por primera vez en la glándula pituitaria, le asignó un nombre combinando las palabras griegas para «rápido» y «parto». Los tocólogos y ginecólogos la llegaron a conocer bien porque controlaba el principio del alumbramiento y el flujo de leche en el amamantamiento. Pero más allá del campo de la reproducción, los investigadores médicos aparentemente no le dieron importancia.

Quedé intrigado, no obstante, especialmente cuando encontré una abundante cantidad de investigación realizada por el tipo de biólogos que estudian animales pequeños y peludos. Inyectada directamente en el cerebro de determinadas especies (algo no permitido en seres humanos, por cierto) la oxitocina actuaba cual mítica pócima amorosa, creando un instantáneo y poderoso lazo monógamo. En el universo altamente social de topos, ratones de campo y perros de la pradera, se demostró que regulaba toda forma de unión, incluyendo la vinculación afectiva con un compañero sexual. La tolerancia hacia los vecinos en una jaula o colonia e incluso la tolerancia hacia la propia descendencia. Al inhibir la oxitocina los investigadores habían inducido a madres a rechazar sus camadas; cuando otros científicos indujeron la producción de oxitocina, ello provocó que algunas madres alimentasen a crías que no eran suyas, de la misma forma que perras en periodo de amamantamiento en ocasiones han adoptado gatitos huérfanos.

Lo que me intrigaba aún más era la cualidad de aparecer y desaparecer de la hormona. En la naturaleza la oxitocina aparece cuando las señales del entorno indican que es seguro relajarse y acariciarse. Cuando esas señales desaparecen o son contrarrestadas por alguna otra señal —como un peligro— ha llegado el momento de rechinar los dientes y competir por los recursos.

Leyendo sobre todos estos estudios publicados en las revistas de biología, no pude evitar pensar que la señal de la oxitocina —un sentimiento tranquilo pero pasajero, muy dependiente de la valoración de seguridad del momento— se parecía mucho a la confianza. Y fue entonces cuando las posibilidades realmente interesantes empezaron a aflorar. Vinculación…, confianza…, inversión parental… Parecían conceptos totalmente diferentes, hasta que pensabas en el mecanismo subyacente.

¿Qué pasaría si los vínculos en los ratones de campo y la confianza en los humanos estuvieran basados en realidad en la misma química? ¿Qué pasaría si la oxitocina fuese, de hecho, la firma química para ese inaprensible vínculo que Smith llamó simpatía mutua? Entonces, pensando de nuevo en mi investigación sobre el poder de la confianza como estímulo de la prosperidad, me eché a reír. ¿Qué pasaría si esa «Molécula Moral» —si eso es lo que era la oxitocina— fuese también un elemento esencial en lo que Smith llamó la riqueza de las naciones?

Ése fue un momento de euforia para mí, aunque la llegada de tantas ideas juntas me mareó un poco. Si pudiera demostrar un vínculo directo en los seres humanos entre la oxitocina y la preocupación por los demás, ello significaría que esa noción de simpatía mutua no era tan sólo una abstracción o una metáfora precientífica como la de los «cuatro humores». Podía imaginar que, con el añadido de unos cuantos millones de años de refinamiento evolutivo, el mismo sistema básico que permitía a los seres primitivos bajar la guardia y socializarse, y luego recuperar la cautela cuando convenía, podía ayudar a los humanos modernos a atravesar la línea entre cooperación y competencia, benevolencia y hostilidad, quizás incluso entre lo que llamamos el bien y el mal. Y dado que la confianza era el factor número uno, que ayudaba a las sociedades a avanzar hacia una mayor prosperidad…

Bueno, era toda una señora teoría, pero una teoría no te lleva a ninguna parte a menos que puedas demostrarlo. Y fue entonces cuando empecé la reorganización para añadir sangre y trabajo intelectual a mi carpeta de técnicas de investigación. Cuando de niño pasaba tiempo en el laboratorio de ingeniería de mi padre aprendí el valor de enredar y explorar más allá de los límites habituales. De manera que regresé al Hospital General de Massachussetts para recibir formación en neurociencia. Empecé por dejarme caer en el departamento de neurología de la cercana facultad de medicina, asistiendo a conferencias y mesas redondas. Yo ya era profesor titular, pero en economía y no en neurociencia. Luego este nuevo interés por mi parte implicaba empezar de cero.

Fue más o menos entonces cuando le mencioné mi nuevo programa de investigación a un colega tocólogo y ginecólogo. «Es la idea más tonta del mundo», me dijo. «Es una hormona *femenina*.»

«¿Y qué? Además… los hombres también la producen.»

«Pero eso es insignificante. Parto. Lactancia. Eso es todo lo que hace.»

Debía confiar en mi instinto. Si estaba equivocado, al fin y al cabo sabía que estaba equivocado mediante comprobación, lo cual quería decir que obtendría una respuesta, sí o no.

Finalmente, regresé a mi oficina en el departamento de economía con un gran refrigerador repleto de sangre. Ello inspiró al decano del departamento para referirse a lo que estaba haciendo como «economía vampírica», pero no me importó que me tomaran un poco el pelo. Estaba decidido a encontrar si esa idea de la mutua simpatía tenía alguna base científica y la única forma de hacerlo era llegar al fondo. Y es lo que hicimos, empezando con aquellos Juegos de la Confianza en UCLA.

Lo que al principio parecía una idea estúpida —que un comportamiento benévolo y prosocial fuera provocado por una hormona reproductora en respuesta a la confianza— ahora parecía demasiado bueno para ser verdad, casi como una versión científica de una parábola aprendida en la escuela dominical. Aun así, si la oxitocina permitía a los ratones de campo convivir mejor en sus colonias, ¿por qué no a los seres humanos? Si para las especies sociales la conducta moral es más adaptativa que un comportamiento despiadado, ello sólo tendría sentido si hubiese una base biológica. ¿Y, dónde sería más lógico que se originase que en la reproducción, donde comienzan todos los lazos y vínculos?

Pensaba en este imperativo biológico mientras veía a nuestros voluntarios abandonar la sala aquella primera mañana en UCLA. Tenían que pasar por un cajero para recoger el dinero que habían obtenido y —siendo un grupo de jóvenes estudiantes solteros— se producía un considerable jaleo mientras se topaban unos con otros.

Yo escuchaba sus conversaciones, que incluían muchos «¿Cuál eras tú? ¿Cuánto has dado? ¿Cuánto has ganado?.»

No fue sorprendente que no oyera a un solo chico decir: *He sido un capullo total. Me he quedado cuanto he podido y no he dado absolutamente nada a cambio.*

Tampoco escuché a una sola chica decir: *Sí, tiendo a ser fría y tacaña, y en realidad no confío en nadie. Así que me limité a quedarme con mis 10 dólares. Que les den.*

Basándome en los comentarios personales que escuché podría pensarse que todo el mundo en la sala iba a solicitar un puesto en Teach For America, a ayudar en comedores sociales y a leer para los ciegos. Todos los estudiantes a los que escuché aseguraban haber sido un resplandeciente ejemplo de probidad moral, ya fuera confiando magnánimamente o siendo generosamente fiables.

Lo cual me sugirió dos observaciones adicionales.

La primera es que la conducta prosocial es una triquiñuela sexual. De hecho, el ofrecer regalos —la muestra de generosidad— es la regla número uno para el cortejo en todas las sociedades humanas, y en muchas otras animales. ¿Quién desea un compañero que sea egoísta y que actúe por interés?

La segunda observación es que la gente mentirá como loca para impresionar a una pareja potencial. Pero, por otra parte, los seres humanos son extraordinariamente buenos identificando a mentirosos. Al contrario de lo que ocurre, digamos, durante un breve encuentro con un timador, la única forma de hacer que sea creíble durante mucho tiempo la impresión de ser una persona de fiar es ser una persona de fiar.

Luego tiene sentido que la naturaleza esté de acuerdo con ese viejo dicho ruso: «Confía pero verifica». La oxitocina es esa molécula fugaz que permite atravesar esta fina línea: confía y crea un vínculo con alguien mientras existan los estímulos adecuados, pero debes estar dispuesto a desconfiar una vez que los estímulos se desvanezcan. Cómo la oxitocina llegó a ser ese regulador cuidadosamente modulado del comportamiento confiado, y cómo la confianza dio paso a comportamientos sociales más complejos, tales como la empatía, es una historia mucho más rica, una historia que nos retrotrae en el tiempo y nos sumerge en el profundo océano.

2

Langostas enamoradas

La evolución de la confianza

Prestemos un poco de atención a la humilde langosta.

El crustáceo de aspecto amenazante *Homarus americanus* nunca ha sido considerado especialmente moral ni particularmente romántico (a menos, claro está, que añadamos al contexto salsa de mantequilla y un buen vino blanco). Fuertemente protegidos por pinzas y caparazón, estos animales son muy agresivos, altamente territoriales y, al menos en cautividad, se sabe que se meriendan los unos a los otros.

Pero cuando están de humor y las luces se apagan, las langostas pueden ser bastante cariñosas y desplegar un ritual de cortejo que recuerda a una escena acaramelada de una película francesa antigua. Todo comienza cuando la hembra rocía con un seductor perfume la cueva del macho y luego se cuela dentro para quitarse el caparazón. Al igual que sucede en muchos guiones cinematográficos, para encontrar la pareja adecuada hay que desembarazarse de esa dura coraza protectora que nos envuelve. Pero para una langosta, dejar atrás el caparazón significa volverse tremendamente vulnerable hasta que le crezca uno nuevo. Y ello implica un gran acto de fe. La hembra pone enteramente su vida en manos del macho que ha elegido, una criatura a la que normalmente trataría como a un competidor, o incluso como a una declarada amenaza. La señal química que le permite interrumpir su recelo el tiempo suficiente para que tenga lugar el cortejo y le crezca un nuevo caparazón, es un antiguo precursor de la oxitocina. Una sustancia química que aparecerá más adelante impulsa al macho a velar por ella, a protegerla y a tratarla con delicadeza.

¿Podemos llamar «confianza» a lo que vemos en el cortejo de la langosta y conducta moral a la respuesta a esa confianza? Eso sería adelantarnos a nosotros mismos en cien millones de años. Lo que podemos decir, en cambio, es que el mecanismo fisiológico más básico de todos nuestros impulsos morales se remonta a un tiempo en que los animales todavía no se habían aventurado a poner el pie en tierra firme. Y todo comenzó con el sexo.

El hecho de que los precursores de la confianza y la reciprocidad sean tan primitivos, de que el ADN ancestral de nuestra conducta moral esté grabado en las células de todo el cuerpo, y de que todo ello esté enraizado en la reproducción, permite suponer con bastante claridad que lo que ahora llamamos moralidad no es ninguna ocurrencia de la civilización, ni un adorno que se oponga a la naturaleza, sino, de hecho, algo profundamente conectado con la supervivencia básica.

Si la biología de la reproducción parece un punto de partida humilde e improbable para las nobles cuestiones que más tarde preocuparían a profetas, sacerdotes y filósofos, preguntémonos qué nos molestaría más: ¿que nuestro cónyuge maquillara un poco la cuenta de gastos de la semana pasada o que tuviera una aventura extramarital durante un viaje inesperado a Dallas? El deseo de dirigir la energía sexual hacia los resultados que sean más constructivos socialmente está en la esencia de todo sistema moral de cada cultura del planeta.

Este capítulo presenta una especie de visión del Canal de Documentales de Naturaleza de cómo se creó y evolucionó este sistema de guía moral, enraizado en la química de la reproducción. En primer lugar, establece vínculos entre macho y hembra, luego entre la pareja reproductora y su descendencia, y más tarde entre los miembros de ese núcleo familiar y sus parientes cercanos y compañeros. Cómo hemos llegado a saber lo que sabemos sobre cómo funciona todo esto es una asombrosa historia de detectives.

Pero la trama de esta novela policíaca nos conduce a la cuestión más importante que nos queda por resolver como especie. Bajo la influencia de la oxitocina no nos resulta demasiado difícil comportarnos con generosidad, cuidado y mimo con aquellos con quienes compartimos un profundo vínculo personal. Lo problemático es lo siguiente: ¿cómo extendemos esa conducta virtuosa, moral, a aquellos con quienes no tenemos casi nada en común, y con quienes nunca tendremos un encuentro cara a cara?

Para comenzar a responder a esa pregunta, tenemos que echar la vista atrás, hasta la historia de la evolución y remontarnos unos setecientos millones de años en el tiempo. Los primeros personajes a los que encontramos en esta narración son criaturas marinas tan primitivas que su sistema nervioso funciona más como un código informático que como lo que consideraríamos un cerebro. En los ordenadores, la elección es siempre binaria, lo cual significa que sólo hay dos opciones. En estos vetustos animales, la elección binaria no era entre cero y uno sino entre sí y no, parar o avanzar, aproximarse o retirarse. Un impulso de hambre provocaría un avance. Un estímulo violento o doloroso provocaría una retirada. Una amenaza estimularía hormonas del estrés que motivarían o bien una retirada o bien una demostración de hostilidad; la famosa respuesta de lucha o huida. El dilema angustia mental o ambigüedad moral sencillamente no formaba parte del paquete: ¿Debería engañar a mi marido, quien me ha estado engañando a mí? ¿Debería robar a la empresa, para la que trabajo, porque evade impuestos? ¿Debería matar a una persona para salvar a cinco? ¿Contemporizar con Hitler para evitar una guerra?

Los grupos de sustancias químicas que orquestaron estas respuestas de parada y arranque operaban como los propulsores de cohetes que dirigen una nave espacial. En situaciones opuestas, se encendían y se apagaban, impulsando a nuestros más antiguos antepasados en direcciones contrarias según cada momento. Si el animal estaba correctamente programado, avanzaba y retrocedía cuando debía y se mantenía con vida el tiempo suficiente para reproducirse. Así es como mide siempre el éxito la naturaleza: en términos de sobrevivir lo suficiente como para transmitir nuestros genes a la siguiente generación, y luego a la siguiente, y así sucesivamente.

En el segundo acto de esta historia, sin embargo, surgió la necesidad de adoptar una conducta que fuera más sutil y acomodaticia que el todo o nada del aproximarse/retirarse. Animales más complejos, como la langosta, tienen que estar juntos para aparearse, pero la respuesta ansiosa de lucha o huida que hacía que los animales desconfiaran unos de otros era demasiado valiosa como para restarle importancia. Después de todo, el recelo también permite que los animales sobrevivan. Lo que se necesitaba, entonces, era una suspensión *temporal* desencadenada por las circunstancias adecuadas, una especie de tregua que durara lo suficiente para el cortejo y el apareamiento y que luego desapareciera cuando la cita hubiera concluido.

Siempre que se produce una innovación en la naturaleza, se produce por accidente y en los más ínfimos incrementos a lo largo de periodos de tiempo increíblemente largos. El mecanismo básico de cambio en los sistemas vivos se encuentra en los errores genéticos conocidos como mutaciones. Cuando una de esas innovaciones accidentales funciona mejor que lo que existía antes, el nuevo gen persiste y se difunde. Es «seleccionado naturalmente» por su propio éxito, lo cual significa que mantiene vivo a un tipo concreto de especie durante más tiempo, en mayor número y produciendo una mayor cantidad de descendientes viables. Pero dado que todo el proceso es prueba y error, los nuevos sistemas se construyen sobre los antiguos y las nuevas instrucciones se escriben encima de las antiguas en forma de actualizaciones más que de sustituciones.

Volviendo a los antiguos mares a los que nos referíamos, en un momento en que toda la vida animal era vida marina, la primera hormona del estrés era una sustancia química de huida o lucha llamada vasotocina, que se compone de nueve aminoácidos. Un buen día, por pura casualidad, algún pez olvidado hace mucho tiempo, apareció en el mundo con dos de estos nueve aminoácidos cambiados. Esta nueva proteína con dos ácidos diferentes —a la que ahora llamamos isotocina— produjo un efecto que fue exactamente lo contrario del estrés, o del efecto lucha o huida. En su lugar, esta nueva molécula reducía temporalmente la ansiedad, lo cual permitía a un animal relajarse, lo cual reducía el miedo de un encuentro, lo cual facilitaba el sexo, lo cual lo convertía en algo positivo. Tal es la razón de que esta proteína mutante se quedara y proliferara, convirtiéndose, con el tiempo, en una característica estándar de la química corporal del pez. Con la isotocina, el viejo repertorio del acercamiento/retirada se amplió para incluir la aproximación mutua. La isotocina también aportó una opción más importante para la vida que la lucha o la huida, es decir, el «jolgorio».

Durante millones de nuevas mutaciones a lo largo de cientos de millones de años, la isotocina y la vasotocina siguieron evolucionando a medida que la naturaleza iba realizando su evolución fortuita hacia formas de vida más evolucionadas y por último, hasta nosotros. Con el tiempo, una variante de la isotocina se transformó en oxitocina. La vasotocina se convirtió en arginina vasopresina, y hoy en día, trabajando juntas, siguen actuando como dos de los «cohetes propulsores» que dirigen nuestra conducta reproductiva y moral.

Todavía nos queda un largo camino hasta llegar a la escena en la que unos tipos con túnicas blancas hablan sobre la virtud bajo la brillante luz del sol de Atenas, pero a pesar de eso la propiedad moral de la familia molécular de la oxitocina había comenzado a surgir mucho tiempo atrás. El punto de inflexión tuvo lugar cuando la trama de la reproducción se complicó con la llegada de otro elemento que desde entonces ha vuelto locos a hombres y mujeres: la elección.

El pez millón prefiere a las hembras grandes porque éstas tienen más descendencia, una predisposición que se perpetúa a sí misma simplemente porque nacen más peces millón con la preferencia genética por las hembras grandes heredada de sus papás. Las hembras de la mayoría de las especies prefieren machos que sean fuertes, fieros y dominantes. Esto también se autoperpetúa porque los genes masculinos de estos machotes permiten a la descendencia de la madre tener a su vez más éxito reproductivo.

Cuando este elemento opcional, llamado selección sexual, se añadió a la disputa por la supervivencia llamada selección natural, el ritmo de la evolución se puso en «modo rápido». Las hembras son las que llevan la batuta en este juego de aceleración y, como bien sabe cualquier hombre, la elección de la hembra hace que ellos se esfuercen por demostrar su valía. Las conductas para ganar la atención de la dama pueden ser simples demostraciones de un buen estado físico: pensemos en los topetazos del alce o en las ranas compitiendo para ver quien croa más alto y durante más tiempo. Pero en las especies en las que los machos participan en la educación de los jóvenes, la competencia comenzó a incorporar consideraciones más prácticas. En estas especies, el macho tiene que dar no sólo muestra de poseer capacidades para proteger y traer alimentos sino también tiene que demostrar compromiso. Y aquí es donde la cuestión de la virtud aparece en escena.

De los *Homo sapiens* macho actuales se espera que den a su futura compañera un brillante trozo de piedra que no sirve para gran cosa, salvo para representar que la intención es seria, demostrada por la capacidad (y la voluntad) de fundirse tres meses de sueldo en un detalle. Podemos encontrar el mismo patrón entre los pájaros o en los escarabajos africanos que se alimentan de las deyecciones de los elefantes. Aquí el macho demuestra que es un tipo de fiar dispuesto a comprometerse no dirigiéndose a la joyería sino construyendo una «bola nupcial» de caca de elefante que presenta a su bienamada y en la que ella pone sus huevos.

En el cortejo humano, la generosidad ha sido un señuelo desde los días en que significaba compartir los gusanos o la carne de mastodonte. A la mujer de hoy le sigue gustando que un tipo sea amable con su abuela o esté dispuesto a jugar a la videoconsola con su hermanito porque ello hace suponer que será un marido amable y generoso.

Pero la generosidad también desempeña un papel en una más profunda todavía tradición evolucionista, en la que las hembras se sienten atraídas por rasgos del macho que son en realidad un estorbo, pero que constituyen, de una forma ambigua, demostraciones de aptitud física. El extravagante plumaje de algunos pájaros dice: *Si puedo sobrevivir en la naturaleza con estas absurdas matas de plumas rojas que sobresalen de mi cabeza y de mi cola, tengo que ser un tipo tremendo.*

La generosidad puede ser considerada como un estorbo porque limita lo despiadada que será una persona para conseguir lo que desea. En el cortejo, sin embargo, dice: *No tengo que ser un bastardo codicioso, acaparándolo todo para mí. Estoy tan en forma y soy tan competente que puedo permitirme dejar algo para los demás. Y desde luego, ¡me portaré bien contigo!*

Evidentemente, hay una gran diferencia entre pasar unas cuantas horas dando forma a una bonita bola de estiércol de elefante y que alguien cuente con que pasarás los próximos cuarenta años trabajando en una fábrica de dentífrico, entrenando en la Liga Menor, sacando la basura y siendo amable con la familia política. El gran salto adelante en esta progresión se produjo cuando la naturaleza apareció con una nueva forma de vida, una nueva categoría: la de esas criaturas peludas conocidas como mamíferos sociales.

EL RATÓN DE CAMPO SOLTERO Y EL SEXO

Antes de comenzar nuestros estudios sobre el Juego de la Confianza con humanos, la investigación más sofisticada sobre oxitocina y, lo que puede denominarse de forma poco precisa, conducta moral, fue realizada con ratones de campo —esos rechonchos roedores de ojos pequeños y grandes orejas que les hacen parecer personajes de Disney—. En la década de 1980 una joven científica llamada Sue Carter quería investigar cómo difería la química cerebral en dos clases de criaturas sociales que estuvieran estrechamente relacionadas pero que se comportaran de forma muy diferente. Cuando le mencionó lo que estaba buscando a Lowell Getz, un biólogo de campo de su departamento de la Universidad de Illinois en Urbana-Champaign, éste sacó la mano por la ventana y le dijo que lo tenía ante sí. Las praderas que se extendían más allá del campus estaban abarrotadas de las criaturas que necesitaba.

El ratón de campo y su primo el ratón de las praderas son un ejemplo de disparidad aunque vivan en madrigueras subterráneas similares, coman alimentos parecidos —fundamentalmente hierbas—, se enfrenten a depredadores similares y compartan un ancestro genético común. En realidad, las hembras de ambas especies se comportan de forma muy parecida. Es entre los machos donde las diferencias de comportamiento los separan como la noche y el día.

Los ratones macho de las praderas *(Microtus ochrogaster)* son individuos responsables. Viven pacíficamente en grupos sociales, permanecen con sus parejas de por vida y dedican un tiempo considerable a ocuparse de los pequeños.

En cambio, los ratones de campo *(M. pennsylvanicus)* son solitarios y promiscuos. No se llevan bien con sus vecinos, seducen a todas las hembras que pueden y pasan a la siguiente relación lo más rápidamente posible sin importarles que pronto habrá niños en casa.

Un psiquiatra llamado Cort Pedersen ya había demostrado que lo que explicaba la conducta maternal en los animales de laboratorio era la liberación de oxitocina. Las hembras vírgenes de la especie de los ratones blancos, que normalmente utilizan en sus estudios, atacarán o ignorarán a las crías que se encuentren porque no existe nada parecido al instinto maternal sin la sustancia química adecuada. Pero apliquemos estrógenos a estas recelosas vírgenes y démosles luego inyecciones de oxitocina y adoptarán a cualquier retoño que se les ponga a tiro —instinto maternal desbocado—. Estas quejumbrosas mamás de rata blanca tratarán de amamantar a los bebés, los lamerán y limpiarán e incluso los defenderán de sus auténticas madres.

Cuando estos mismos animales se convierten en madres y adquieren las sustancias químicas de forma natural, pasan horas interminables criando a sus hijos. Bajo el hechizo de la oxitocina, sienten menos dolor y están menos sujetas a distracciones, llevando a cabo sus deberes maternales incluso cuando los investigadores tratan de volverlas locas con ruido y luces. Pero démosles a estas mamás de laboratorio una droga que bloquee la acción de la oxitocina y descuidará de tal modo a sus crías que éstas morirán. Es triste decirlo, pero es el mismo efecto que observamos en las madres humanas bajo el crack o en las mujeres que han sufrido tantos maltratos que sus hormonas del estrés bloquean el efecto de la oxitocina.

El trabajo de Sue Carter fue especialmente provocativo porque creó un vínculo entre oxitocina y la conducta reproductiva y lo trasladó a la conducta social en general. Demostró que es el número de receptores de oxitocina que revisten las áreas de «recompensa» del cerebro lo que explica cómo se comporta el monógamo y gregario ratón de las praderas durante toda su vida y cómo lo hace su antisocial y poco de fiar primo, el ratón de campo.

Las áreas de recompensa se activan cuando un individuo se encuentra con algo agradable, ya sea comida, sexo, cocaína o (en el caso de los humanos) escuchar a alguien en la radio proclamar ideas con las que se está de acuerdo. Para el ratón macho de las praderas, vivir con una hembra a la que está vinculado familiarmente dispara la liberación de oxitocina que se registra en estas áreas, lo cual a su vez refuerza esa conducta al liberar otras sustancias químicas de bienestar, que inducen a estos ratones a establecerse. Esta misma cascada de sustancias químicas del bienestar se produce cuando los ratones macho de las praderas se encuentran con sus retoños, lo cual significa que el cerebro recompensa y refuerza el paquete completo de domesticidad y paternidad.

Al igual que un buen papá humano apretujado en el sofá con la esposa y los hijos, el ratón macho de las praderas se siente bien sencillamente pasando el tiempo con su pareja y sus crías. Y al igual que el tipo que se lleva bien con todo el mundo en cualquier sitio, este mismo ratón macho de las praderas siente el bienestar de la compañía, en lugar de sentirse amenazado, cada vez que llega a la madriguera. Todo lo cual proporciona a la comunidad de ratones de las praderas un ambiente sosegado y, en términos humanos, una gran abundancia de civismo.

Los ratones de campo, por su parte, carecen de los receptores de oxitocina necesarios para captar las señales placenteras emitidas por esos estímulos sociales. Ello les convierte en algo parecido al joven semental que conduce un coche tuneado, con una larga ristra de ex amigas pero sin ningún auténtico amigo; o el cascarrabias del barrio que vive solo y amenaza con disparar a todo aquél que pise su césped.

Pero la oxitocina también activa sistemas cerebrales que suprimen el dolor y el miedo. El sexo en los mamíferos puede resultar bastante frenético y brusco, de manera que la capacidad de la oxitocina de reducir la sensibilidad de una criatura al dolor —especialmente la sensibilidad femenina— contribuye a *la dolce vita*. Ésa es la razón por la que los genes de la oxitocina resultaron ganadores en el sorteo de la selección natural, ese gran concurso que mide cuántos descendientes produces que vivan lo suficiente como para reproducirse a su vez.

El sexo también exige asumir riesgos y la oxitocina aporta más ventajas al reducir la sensibilidad a las tensiones psicológicas, incluyendo el miedo a lo desconocido. Los animales a los que se les inyecta oxitocina en el laboratorio son mucho menos cautelosos y más curiosos que animales similares que no han sido inyectados. Tomemos un grupo de ratones de las praderas macho, o hembras de cualquier especie de mamíferos, atiborrémosles de oxitocina y los tendremos dispuestos a socializarse y a explorar el entorno. Las agresiones se reducen mientras que aumentan las conductas de aproximación y cooperación, como compartir los alimentos.

En las especies socialmente monógamas, la oxitocina liberada durante las relaciones sexuales crea un vínculo para toda la vida. En lo que concierne al macho, sin embargo, la monogamia implica algo más que simplemente desear estar junto al ser amado. Mantener el vínculo de pareja significa estar dispuesto a ahuyentar a otros machos que encuentren irresistible a tu pareja. De manera que cuando los mamíferos macho tienen relaciones sexuales, el cerebro no sólo libera la molécula de los mimos, la oxitocina, sino también a su prima la vasopresina, la sustancia química que descendía de la hormona del estrés en los peces. El aspecto proteger-y-defender de la actitud «huida o lucha» se convirtió en parte de «divertimento», centrándose la conducta protectora no sólo en las parejas sino también en la descendencia.

De manera que ya estemos hablando de contoneos en la noche, de encuentros en la madriguera o de los saltos del pequeño sobre las rodillas de papá, estamos hablando de la oxitocina y de sus socios químicos capaces de hacer que todo el mundo sea más proclive a la interacción social.

En los humanos, las regiones cerebrales asociadas a las emociones y las conductas sociales —la amígdala, el hipotálamo, la corteza subgenual y el bulbo olfatorio— están densamente bordeadas de receptores de oxitocina. Pero el efecto de la oxitocina se registra en todo el cuerpo, especialmente cuando la hormona se fija a los receptores del corazón y del nervio vago, el cual inerva el corazón y el intestino, reduciendo la ansiedad y la presión sanguínea y coloreando las mejillas con ese rubor que asociamos con el sexo.

Pero todavía existe una cascada de sustancias químicas aún mayor. Cuando un estímulo social positivo favorece la liberación de oxitocina, la Molécula Moral provoca a su vez la liberación de otros dos neurotransmisores de bienestar: la dopamina y la serotonina. La serotonina reduce la ansiedad y tiene un efecto positivo sobre el humor. La dopamina está asociada a las conductas dirigidas a objetivos, el dinamismo y el aprendizaje por refuerzo. Motiva a las criaturas a buscar cosas que sean gratificantes y hace que resulte placentero seguir haciéndolas.

Esta cascada de refuerzo se vuelve más complicada e interesante, pero sigamos ahora con la biología básica así como con la historia de cómo llegamos a comprenderla aún mejor.

MANIPULAR LA MORALIDAD

La historia natural es como el Canal de Documentales de Naturaleza: algo que contemplas. Observas atentamente y tomas algunas notas, y tras un periodo de tiempo comienzas a ver cómo funcionan las cosas. Pero al cabo de un rato, necesitas dirigirte al laboratorio para realizar eso que se denominan experimentos controlados, en los que puedes aislar y manipular diversas partes del rompecabezas para poner a prueba tus supuestos y obtener pruebas concretas.

En el año 2000 el inteligente y creativo neurocientífico Larry Young de la Universidad Emory de Atlanta realizó una serie de manipulaciones que demostraron el funcionamiento de la oxitocina con asombrosa precisión. Creó un «ratón *knockout*» o modificado (en cuanto a oxitocina se refiere), el cual no era un tipo pequeño con bigotes y guantes de boxeo, sino un animal de laboratorio cuyo gen de la Molécula Moral había sido dejado fuera de combate. Después de que la oxitocina fuera retirada de su programa genético, el ratón modificado desarrolló amnesia social. La pérdida de este único gen y de la única hormona que producía borró la capacidad de reconocer a otros ratones que habían sido sus compañeros durante largo tiempo. Ratones que antes toleraban a sus compañeros de jaula e incluso se reunían en grupos se convirtieron en seres solitarios y cascarrabias.

Eliminar la conducta eliminando un único gen era una demostración bastante convincente de causa y efecto. Pero para asegurar de verdad el experimento, Young y sus colegas fueron un paso más allá e invirtieron el cambio. Inyectaron oxitocina en los cerebros de sus mutantes, los ratones *knockout*, reponiendo el único ingrediente que habían eliminado con anterioridad. Y así, sin más, la amnesia social desapareció. Los ratones reconocieron a sus antiguos compadres y comenzaron a socializar una vez más.

A continuación, Young cogió ratones de campo machos vírgenes —esos que para empezar, son solitarios y promiscuos— y utilizando un virus inocuo como vector en sus cerebros, introdujo el gen que codifica el receptor de la vasopresina. Luego seleccionó un par de preciosas ratonas de campo y las hizo desfilar ante los chicos que habían sido modificados. Como era de suponer, esos pícaros ratones de campo se convirtieron en ardorosos amantes. Pero después de copular, esos animales que deberían comportarse como desvergonzados casanovas querían ahora mimar, anidar y aparearse una y otra vez con la misma compañera. Incluso en presencia de otras hembras igual de atractivas, estos machos modificados ignoraron los cantos de sirena y permanecieron perfectamente fieles. La introducción de receptores de vasopresina convirtió a estos tarambanas en solícitos maridos.

Algunas mujeres que conozco se entusiasman cuando menciono que las manipulaciones genéticas pueden transformar a gamberros en compañeros monógamos. Pero cada especie es diferente en lo que concierne a sus receptores de oxitocina y vasopresina. (Y meterse con los genes de alguien no encajaría con el código ético de mi universidad.)

Con todo, yo quería probar algo similar con mis conejillos de indias humanos. Quería ver si podíamos ir más allá de la asociación entre oxitocina y generosidad que ya habíamos demostrado en el Juego de la Confianza y utilizar las manipulaciones para suprimir cualquier duda sobre qué estaba realmente causando qué. Todo lo que necesitaba era una forma de suministrar oxitocina directamente en el cerebro humano. Entonces podría tener sujetos de prueba que jugaran al Juego de la Confianza y si todo salía bien podría cambiar la oxitocina como si utilizara un interruptor de la luz. Si era también capaz de comprobar que el resto de variables que podrían afectar a la conducta permanecían sin cambios, ello supondría una comparación absolutamente clara entre «un cerebro con oxitocina» y un cerebro sin ese incremento de actividad prosocial.

Hace años, los médicos crearon inhaladores que podían administrar una dosis previamente mesurada de oxitocina sintética a las madres primerizas que necesitaban un poco de ayuda para dar el pecho. Pero esto no es como tomar un descongestionante para la sinusitis. Hay que hacer cuatro inhalaciones en cada orificio nasal para recibir una pequeña porción de ingrediente activo en el sistema, y todos esos resoplidos y goteos no son una experiencia agradable. Pero cuando me dispuse a adaptar esta técnica a nuestro estudio, el mayor problema con el que me encontré fue el papeleo.

En la década de 1980 la Dirección de Alimentos y Medicamentos (FDA en sus siglas en inglés) había autorizado un inhalador de oxitocina para uso de las madres en Estados Unidos, pero fue un fracaso comercial, así que esta versión autorizada por la FDA dejó de fabricarse. Parecía que esto sería un obstáculo bastante importante para mi estudio, pero entonces, un psicólogo suizo llamado Markus Heinrichs me envió una copia de su tesis doctoral. Había administrado oxitocina a sujetos humanos para estudiar sus efectos sobre el estrés. Por lo tanto, era evidente que en Europa todavía había inhaladores de oxitocina disponibles.

Llamé a Markus y él me remitió a una farmacia de Suiza en la que, con la receta adecuada, yo podía encargar un inhalador de oxitocina para que, embalado en hielo, me fuera enviado a California. De repente, volvía a ponerme en marcha, pero entonces comencé a rellenar los papeles. Para que la FDA autorizara que estos inhaladores importados, de nombre Syntocinon, fueran utilizados en Estados Unidos, yo tenía que demostrar que la fórmula era idéntica a la fórmula de oxitocina que la FDA había autorizado en origen.

Así que ahora me tocaba localizar a los fabricantes europeos del Syntocinon. Este producto tan particular había estado pululando por diferentes empresas, pero gracias a una sagaz labor de investigación descubrí que el inhalador de Syntocinon estaba siendo fabricado por Novartis. Me llevó unos cuantos meses más, pero al final encontré a la persona de la empresa que podía decirme exactamente qué había, aparte de oxitocina, en el líquido que estaban introduciendo en las narices de las mamás. Por desgracia, aunque el ingrediente activo, la oxitocina, era el mismo, había diferencias en las soluciones amortiguadoras y en las fragancias.

Todo parecía bastante trivial pero ahí está la FDA para complicar las cosas con la letra pequeña. Ella hace las reglas y los investigadores tienen que seguirlas explícitamente cuando trabajan con sujetos humanos. Así que reuní toda la información y la envié a la FDA. Y luego la volví a enviar. Y así una y otra vez.

Estuve enviando mi solicitud durante casi dos años. Por fin contacté con un empleado federal que pudo realizar conmigo una estricta comparación de todos los ingredientes del Syntocinon y del inhalador norteamericano que había sido previamente autorizado.

Pero yo no quería que la investigación se detuviera por completo mientras todo esto sucedía. Según las directrices éticas, seguía habiendo una persona con la que podía experimentar: yo mismo.

La oxitocina se descompone rápidamente en el estómago, sin efectos biológicos, así que la cuestión que debía resolver era la velocidad a la que podía introducirla en los senos nasales para que fuera absorbida por el cerebro en lugar de fluir garganta abajo. También quería ver si la absorción de la sustancia irritaba los conductos nasales, los ojos o alguna otra cosa. Así que probé de todo a excepción de un taladro para que mi cerebro recibiera oxitocina: inhaladores de varios tipos, cuentagotas para inyectarla en mi nariz e incluso la inhalé desde una cuchara.

La autoexperimentación es un asunto complicado, de modo que cada vez que probaba un nuevo método, me sentaba en el despacho de mi mujer en el centro médico. Ella es neuróloga y me observaba mientras seguía haciendo su trabajo. Uno de los efectos secundarios más comunes de la oxitocina en las mujeres es que los pechos produzcan leche, pero a mí eso no me preocupaba demasiado. Como hormona reproductiva, sin embargo, la oxitocina tiene receptores en *todas* las partes del cuerpo relacionadas, incluyendo el corazón. En el peor de los casos, mi corazón funcionaría tan lento que llegaría a desmayarme, razón por la que era una ventaja estar justo al lado de la sala de urgencias.

Por supuesto, estaba dispuesto a tomar toda la hormona que fuera capaz de soportar; luego me sentaría tranquilamente en el despacho de mi mujer a revisar mi correo electrónico, a la espera de lo que sucediera. Cada media hora aproximadamente, ella aparecería, me tocaría en el hombro para ver si estaba consciente, y diría: «¿Cómo estás, cariño?» Y cada vez, cierta parte de mi anatomía se pondría firmes y saludaría. «Nota: alertar a los participantes masculinos en futuros estudios de ciertos efectos secundarios no peligrosos aunque potencialmente embarazosos».

Después de dos años de espera, mi contacto de la FDA me informó de que las versiones americana y europea de la fórmula de la oxitocina no coincidían.

«Entonces, ¿qué puedo hacer a partir de ahora?», le pregunté.

«Ensayos clínicos —respondió—. Desde la primera fase hasta la última. No hay otra manera de demostrar que es seguro.»

Era absurdo y yo ya me estaba desesperando. Los ensayos clínicos son lo que hacen las empresas farmacéuticas cuando van a lanzar un nuevo medicamento del que pondrán miles de millones de unidades en el mercado. Llevan años y son enormemente caros.

Afortunadamente, como se vio después, estaba a punto de aparecer una crónica en el *New Scientist,* escrita por Linda Geddes (la de la boda vampírica), describiendo mis primeros experimentos con la oxitocina en el Juego de la Confianza. El editor me preguntó si podía enviar las pruebas del artículo a un economista experimental de Suiza llamado Ernst Fehr, que acababa de publicar un estudio sobre el altruismo. Le dije al editor que Fehr era un potencial competidor y que prefería no pasarle el artículo por el momento, pero no pude impedirlo. Fehr es un investigador muy inteligente y agresivo, y sospechaba que descubriría enseguida que, una vez medida la oxitocina en la sangre, la siguiente etapa lógica era manipularla en el cerebro.

Bajo esta presión, llamé a Markus Heinrichs a Suiza.

«Aquí no puedo obtener la autorización —le dije—. Trabajemos juntos en esto. Prepararé el protocolo y haremos el experimento en tu laboratorio de Zúrich.»

«Es curioso lo que me pides. Hace dos días un economista llamado Fehr me llamó para lo mismo», respondió Heinrichs.

Hablamos los tres por teléfono y llegamos a un trato para colaborar en la Universidad de Zúrich, fuera del ámbito de la FDA.

En Zúrich aplicamos a cien sujetos de prueba, Syntocinon, el spray nasal de alta concentración capaz de suministrar oxitocina directamente al cerebro. Para crear un grupo de control para comparar, administramos una solución inerte a un número similar de sujetos. Ninguna de estas sustancias provoca una sensación identificable, de modo que nadie sabía lo que le acababan de administrar.

Luego hicimos que nuestros atiborrados (o no) sujetos jugaran al Juego de la Confianza. Afortunadamente no hubo ataques cardíacos ni incidentes provocados por erecciones involuntarias. Los resultados eran satisfactorios, los jugadores que habían ingerido oxitocina por la nariz dieron un 17 por ciento más de dinero a sus compañeros que quienes sólo habían recibido placebo. Y de forma aún más espectacular, la mitad de los jugadores A que habían recibido oxitocina se volvieron repentinamente tan confiados que transfirieron *todo* su dinero a su jugador B duplicando en número a quienes habían sido así de confiados sólo con placebo.

Esto corroboraba la clara demostración de causa y efecto que yo andaba buscando. Conseguir que el cerebro liberara oxitocina mediante un estímulo natural —el trabajo que yo había realizado en UCLA— era el auténtico avance. Esto no era más que su confirmación. Pero debido a peculiaridades del proceso de revisión académico, la investigación de Zúrich fue publicada antes y causó sensación. Poco después me encontraba en Nueva York hablando de la oxitocina a toda Norteamérica en la televisión, y desde entonces, esa actividad se ha convertido en una parte importante de mi trabajo. Hubo un importante beneficio en toda esta publicidad y dejé de tener que seguir el modelo indie de mendigar y pedir prestado para sacar adelante la «idea más tonta del mundo». La fundación John Templeton fue especialmente generosa al aportar millón y medio de dólares para que siguiéramos investigando.

Lo que me permitieron hacer a continuación estos fondos de Templeton fue investigar la cuestión de si el efecto de la oxitocina se limitaba a situaciones en las que todo el mundo gana como el Juego de la Confianza, o si incrementaría la generosidad también en situaciones de suma cero, es decir aquellas en las que la ganancia de una persona supone necesariamente la pérdida de otra. Mientras tanto, encontré una forma de suavizar mis problemas con la FDA fabricando mis propios inhaladores de oxitocina con su aprobación. De manera que no había abandonado del todo mi estatus de científico indie.

Utilizando estos chismes artesanales hice otro experimento en la UCLA en el que di a un participante 10 dólares, le administré oxitocina y luego le pedí que diera algo de este dinero a otro participante anónimo. Era lo único que tenía que hacer, un regalo. No se trataba de un caso en el que el jugador A al que se le pide que done dinero tenga que pensar en cómo reaccionará el jugador B; se trataba de una simple medida de altruismo. Cómo reaccionaría la otra persona no tenía importancia para los resultados.

¿Cuáles fueron? Si recuerdan nuestra boda vampírica, demostramos que la oxitocina era sensible a la naturaleza exacta de las relaciones humanas. La Molécula Moral responde a los vínculos humanos y en esta sencilla prueba no había vínculo ante el que reaccionar, anticipar, o incluir como factor a la hora de decidir qué hacer. Así que la dosis de oxitocina no hizo nada.

Pero entonces volvimos a administrar la oxitocina mientras los sujetos jugaban a lo que se llama el Juego del Ultimátum. En este juego hay alguien que ofrece y alguien que responde a la oferta y los resultados económicos de ambos están estrechamente unidos. El que ofrece obtiene 10 dólares al principio, pero la trampa es que para quedarse con algo de ese dinero, tiene que ofrecer una parte al que responde. Pero aún hay más, el que responde tiene que *estar de acuerdo* con la división; si no, nadie obtiene nada.

En el Juego del Ultimátum la gente casi siempre rechaza por principios una distribución de nueve para mí y uno para ti. Se podría pensar que 1 dólar o incluso 2, es mejor que nada, pero al parecer eso no es así cuando el otro se comporta como un avaricioso. Ante un caso de flagrante injusticia, la gente parece obtener más placer (recordemos aquellas zonas de recompensa del cerebro) de ser fiel a un principio que de ganar dinero. De hecho, en Estados Unidos y en la mayoría de países desarrollados, las ofertas de menos del 30 por cien del pastel suelen ser casi siempre rechazadas.

Cuando hice este estudio en el que ganar dinero dependía de la inteligencia social (presentar una solución ganador-ganador aceptable para ambas partes), la administración de oxitocina provocó que la generosidad aumentara un 80 por ciento.

¿De modo que la clave para una mejor sociedad es simplemente hacer que todo el mundo esnife oxitocina cada pocos minutos? Aparte de una serie de dificultades prácticas, esnifar oxitocina no es realmente necesario, especialmente desde que descubrí que la naturaleza proporciona muchas técnicas para liberarla durante la vida cotidiana. Los perros acarician con el hocico y los gatos se frotan contra nosotros para elevar su nivel de oxitocina. Los delfines de nariz de botella se frotan y se tocan unos a otros. Todas estas conductas que nos hacen sentir bien tienen como objetivo estrechar los lazos. En los humanos, las costumbres no son tan distintas.

TOQUETEOS

Comencé a estudiar la oxitocina por el vector de la confianza. El siguiente paso era ver lo que podía aprender sobre la oxitocina y el tacto.

Hace unos años, cuando llevé a mi hija a su primer día de colegio, me encantó ver que cuando los niños entraban en la clase en fila india, la profesora les daba un abrazo a cada uno. Cuando se acabó la fila se encontró con un papá de metro noventa *(c'est moi)* allí plantado y diciendo: ¿Podemos recibir un abrazo también los mayores?

Nunca he tenido miedo al contacto físico, pero después de emplear una década estudiando la oxitocina, ahora alerto a todo aquél que entra en mi laboratorio de que antes de que finalice nuestro encuentro, le daré un abrazo. Es sorprendente cómo simplemente esa declaración de intenciones rompe el hielo y permite a la gente conectar de forma más abierta.

Lamentablemente, el abrazo ha adquirido mala reputación. Tal vez hubo un exceso de ellos en los años sesenta, pero en cierto modo la cultura pop lo ha reducido a un cliché del toqueteo, a una versión táctil de cantar *Kumbayá*. Por otro lado, el movimiento «Abrazos gratis» tuvo mucha repercusión en YouTube hace unos pocos años. Esta guerrilla inductora a la oxitocina se puso en marcha cuando un australiano con el pseudónimo Juan Mann voló a casa desde Londres y descubrió que no había nadie allí para recibirle. Decidió que el calor humano es lo que más necesitamos todos, dibujó un cartel que decía ABRAZOS GRATIS y se fue a una de las calles peatonales más concurridas de Sidney. Le llevó un tiempo romper el hielo, pero al final la gente comenzó a hacer cola. El movimiento se convirtió en todo un fenómeno, fue imitado en países de todo el mundo, y los vídeos de Abrazos Gratis recibieron millones de visitas en la web; Juan Mann fue incluso invitado al programa de Oprah Winfrey.

Puede que más gente aún se haya visto influida por una mujer llamada Amma, conocida como «la santa de los abrazos», de la que se dice que ha abrazado a más de veintinueve millones de devotos. Llevado por un impulso momentáneo, traté de verla una vez en un centro de convenciones de Los Ángeles donde estaba ofreciendo su característico método de liberación de oxitocina. Llegué tarde, entregué mi vehículo a un aparcacoches y entré en la sala, pero para ponerse en la cola de los abrazos había que tener un tique que yo no había sacado. Con todo, resultó una experiencia impactante ver a la gente conmovida por un sencillo y amoroso abrazo. Estuve mirando durante una media hora pero me tuve que ir porque tenía una cita. Cuando fui a recuperar el coche el aparcacoches me dijo que no le debía nada; le di 20 dólares de propina.

Desde la perspectiva de mi primer estudio, una de las cosas interesantes de los abrazos es el papel que desempeña la confianza. Sin duda, un abrazo puede ser relajante y estimular la generosidad, pero también puede ser una intrusión no deseada y una violación del espacio íntimo de alguien. (Ver el vídeo de George W. Bush tratando de dar un espontáneo masaje en el cuello a la canciller Angela Merkel.) La diferencia está en el contexto y la confianza sociales.

Los abrazos son una forma de saludo y los saludos se emplean siempre para establecer, demostrar o reforzar los lazos sociales. Los perros se huelen mutuamente el trasero. Los humanos se estrechan la mano, costumbre que se dice proviene de cuando los hombres presentaban el brazo derecho de forma clara para demostrar que no llevaban un arma. Pero también apretamos el hombro o el codo y practicamos todo tipo de modalidades del beso: en una mejilla, en ambas, y el triple besuqueo izquierda/derecha/izquierda. (Existen, evidentemente, otras demostraciones bucales más refinadas reservadas para los momentos románticos.)

Cada uno de los gestos de un saludo está concebido para transmitir cierta información, gran parte de la cual tiene que ver con la confianza, que en su mayor parte no procesamos de forma consciente. Pero nuestro subconsciente suele funcionar bastante bien. Nada resulta tan frío como un abrazo inoportuno (ni más falso que un beso entre enemigos). Y nada resulta más reconfortante como un abrazo que transmite la carga necesaria de calidez y confianza que acompaña a la liberación de oxitocina.

En el laboratorio a veces acaricio el vientre de una rata cuando quiero que libere oxitocina y conseguir así que el animalito se tranquilice. Se puede hacer lo mismo con seres humanos frotando con las puntas de los dedos justo entre las costillas para estimular el nervio vago que es rico en receptores de oxitocina; esta acción inerva el intestino y hace que la gente se relaje y se sienta segura (a mis hijas les encanta). Pero llevar humanos al laboratorio para acariciarles la tripita resultaba problemático.

Lo que se me ocurrió para aumentar el nivel de oxitocina fue llevar a la gente al laboratorio simplemente para abrazarla, pero eso también, podía sonar raro. Alguien podría pasarse de la raya y a mí me podrían demandar o echarme de la universidad por instigar al acoso sexual. Necesitábamos una forma de contacto físico que pudiera estimular la Molécula Moral pero que permitiera a todos los participantes permanecer clínicamente imparciales. Necesitábamos a alguien con bata blanca. Necesitábamos un terapeuta masajista profesional. Así que me dirigí a una escuela de terapeutas de Los Ángeles y contraté a tres de sus instructores para que nos ayudaran. Así es como gasté 8.000 dólares en masajes sin que nadie frotara mi espalda ni una sola vez.

En realidad, fue uno de los estudios más difíciles que he hecho nunca. Utilizábamos de ocho a doce sujetos de prueba cada vez, les tomábamos muestras de sangre, les dábamos un masaje de quince minutos, y luego les hacíamos jugar al Juego de la Confianza para, a continuación, volver a extraerles sangre. La rutina de los sujetos de control era la misma, excepto en que simplemente les hacíamos descansar tranquilamente durante quince minutos en lugar de recibir los tocamientos que hacen sentirse a uno bien. También venían en días diferentes a los del grupo de masaje para que no se sintieran mal por no recibirlo ellos. Pero andar trajinando de aquí para allá tratando de seguir la pista de todas esas personas en actitudes tan diferentes de placer y reposo me hacía sentir como si fuera un personaje de la vieja serie *Apartamento para tres*.

Afortunadamente, los datos que obtuvimos se correspondían en gran medida con lo que habíamos visto cuando la liberación de oxitocina era producida por la confianza. En general, aquellos que recibieron masajes tuvieron un incremento del 9 por ciento de sus niveles de oxitocina. Pero la auténtica bonanza se producía en los jugadores B que habían recibido un masaje y luego obtenían una transferencia de dinero de un jugador A que se registraba como un gesto de confianza. Para este grupo (masaje más confianza), la voluntad de corresponder devolviendo dinero aumentó en un 243 por ciento.

El contacto físico cordial (cuando es bien recibido y adecuado) combinado con un vínculo social demostró ser la clave a la hora de promover una conducta generosa y prosocial. Esto parecía algo que podía sernos de utilidad.

Pero como dije al comienzo de este capítulo, la línea de interacción más importante para mi estudio es el movimiento desde el centro a los anillos exteriores de ese «sistema solar» social que nos encontramos por primera vez en la boda vampírica.

Hemos visto cómo facilita la oxitocina el contacto en la pareja, algo que luego se traslada a los descendientes. En los mamíferos sociales, el vínculo se puede ampliar para dar cabida a un grupo de parentesco mucho más grande e incluso a vecinos no emparentados. Pero para los mamíferos sociales que conviven juntos en una madriguera, la confianza es elevada, el contacto físico algo que sucede cada día y las perspectivas de supervivencia mayores si permanecen juntos. De manera que todas las respuestas que había obtenido hasta la fecha todavía planteaban una pregunta: ¿cómo podemos generar y mantener este tipo de sentimiento de familia entre el número mucho mayor de individuos que componen las sociedades humanas, la mayor parte de los cuales no se ven nunca cara a cara?

Estaba dándole vueltas a esta pregunta hace unos años, cuando regresaba a casa en avión después de estar lejos de mi mujer y mis hijas casi una semana. Estaba bastante cansado, así que apagué mi ordenador, me quité los zapatos y miré la película. Lo siguiente que recuerdo es que estaba llorando como una magdalena. La película que estaba viendo era *Million Dollar Baby*, de Clint Eastwood, sobre una mujer boxeadora que tiene una lesión cerebral y no quiere seguir viviendo. Por alguna razón me afectó profundamente, las lágrimas salían a chorro hasta el punto que la azafata me preguntó si me encontraba bien.

«Sí —dije—. Muchas gracias.»

Ella sonrió y yo le devolví la sonrisa. Y luego dije:

«Creo que he encontrado el siguiente mecanismo que quiero investigar para estimular la oxitocina.»

3

Sentir la oxitocina

*El circuito HOME**

El primer año que estuve en la facultad en Claremont, mi esposa estaba haciendo las prácticas en Las Vegas, de manera que una o dos veces al mes me dirigía a Sin City para pasar un tiempo con ella. El apartamento en el que se alojaba tenía una piscina y mientras ella estaba en el hospital yo me iba fuera con el ordenador para disfrutar del sol mientras trabajaba.

Una mañana —era un martes, creo— en cuanto me había instalado en una mesa junto a la parte más profunda de la piscina, apareció una madre con dos niños revoltosos. *Maldición… se acabó la paz y la tranquilidad*, pensé. *¿Por qué demonios tiene que traerlos a nadar a las diez de la mañana?*

Efectivamente, el niño de cinco años era un auténtico azote. Andaba todo el tiempo de un lado para otro saltando y gritando al tiempo que ella no dejaba de chillarle que se estuviera quieto y se sentara a su lado mientras le ponía el flotador al de dos años. Pero en lugar de hacerlo, se dirigió corriendo al extremo más profundo de la piscina y con sus cinco años se tiró de un salto, salpicando mis piernas con un buen chorro de agua clorada.

Y con sus cinco años también, se hundió como un saco. Podía verle mientras se revolvía bajo dos metros y medio de agua, aunque no podía decirse que estuviera nadando. Era algo más parecido a ahogarse. Miré a la madre y pude apreciar la expresión de angustia en

---

su rostro. Como en *La decisión de Sophie*, no podía dejar en el agua al de dos años para ir a rescatar al de cinco, por lo tanto, ¿qué se suponía que tenía que hacer?

Por fortuna, no tuvo que hacer nada. Me tiré a la piscina y saqué al niño del fondo. Cuando se lo entregué, tosiendo y llorando, ella estaba todavía tan histérica que no podía hablarme. Ni una palabra de agradecimiento —ni siquiera me miró—. Lo único que hizo fue gritarle al niño mayor mientras cogía a ambos de la mano y se los llevaba a rastras al apartamento.

Casi todo animal social tiene algún tipo de llamada de socorro. Lo interesante acerca de los humanos es que no necesitamos gritar para pedir ayuda. Con frecuencia otros humanos pueden comprender lo que requerimos simplemente por inferencia, ayudados por el gesto de nuestro rostro, o a veces por nuestra mirada.

Yo adivinaba que el tipo de compromiso que permitía esta forma casi telepática de comunicación se basaba en la oxitocina, pero quería comprender más acerca de cómo se transmitían esta clase de mensajes y qué tipo de mecanismos estaban implicados. Fundamentalmente, yo deseaba comprender exactamente *cómo se siente* (cómo es) ese incremento de oxitocina que nos impulsa a comportarnos moralmente.

Uno de mis alumnos de posgrado, Jorge Barraza, sugirió una forma de investigar estas cuestiones utilizando un vídeo de cinco minutos realizado por el St. Jude Children's Research Hospital de Memphis, Tennessee para recaudar fondos. El primer paso fue editarlo en dos partes muy diferentes de cien segundos cada una.

En el vídeo A, se ve a un papá y a un niño pequeño disfrutando de un día en el zoo. Van cogidos de la mano y mientras el niño avanza con pasos inseguros, miran las jirafas, se ríen y hablan. Se puede observar que el niño no tiene pelo, pero aparte de eso, todo son cielos azules y felicidad infantil.

La versión B impresiona por su dureza. La habré visto cientos de veces y todavía es el día en que me sigue dejando desgarrado cuando la muestro en mis conferencias. Empieza con un rótulo en primer plano, LA HISTORIA DE BEN. El sonido es música de guardería infantil y luego la cámara se traslada desde las letras a un retrato enmarcado de un niño pequeño muy mono que no tiene pelo. Luego se escucha la voz del padre hablando con un suave acento sureño: «Mi hijo tiene un tumor cerebral…»

Durante cien segundos compartes el dolor del padre un plano tras otro, rodados en pasillos de hospital y salas de curas, con charlas sobre quimioterapia e índices de supervivencia, y al pequeño Ben recibiendo terapia para ayudarle a recuperarse después de cuatro operaciones de cirugía cerebral. La parte más desoladora es cuando el papá mira de frente a la cámara y explica qué se siente al saber que un hijo se está muriendo de cáncer. A los compases de una agradable música describe su relación con su hijo, se ahoga por el llanto y luego dice: «Tú no sabes lo que se siente cuando te queda tan poco tiempo».

Para analizar los sentimientos que este metraje de alto contenido emocional puede provocar, reunimos a 145 voluntarios, les extrajimos una muestra de sangre para establecer el valor de referencia y luego los dividimos en dos grupos. Un grupo veía la versión A del vídeo con su contenido emocional neutro. Los otros veían la versión B concebida para inundar los ojos de lágrimas. Inmediatamente después, tomábamos muestras de sangre a todos ellos.

En los que vieron la versión neutra observamos un 20 por cien de *caída* de la oxitocina. Nota para aspirantes a guionistas: ver a un padre y a un hijo en el zoo durante un minuto y medio sin drama humano de por medio puede resultar bastante, digamos, aburrido, y los espectadores no se implicaron en absoluto. Pero en quienes visionaron el vídeo con todos los detalles médicos desgarradores, la oxitocina experimentó un increíble aumento del 47 por ciento sobre el valor de referencia. Ello me hizo desear haber podido tomar muestras de mi sangre antes y después de la experiencia en la piscina cuando creí que el niño de cinco años podría haberse ahogado.

Evidentemente, habíamos encontrado un estímulo muy emocionante para liberar oxitocina. Pero ¿cuál era exactamente la fuerza que habíamos desatado? No había hilos ni cables conectados… no había Wi-Fi… no había existido contacto físico que conectara la fisiología de una persona con las demás. Entonces, ¿qué había pasado que provocara ese incremento de oxitocina?

Para averiguar más sobre esa misteriosa acción remota, dimos a cada persona que había visto los vídeos una lista de siete palabras con las que podrían calificar su experiencia y luego les pedimos que clasificaran estos términos descriptivos. Entre quienes habían visto la versión desgarradora sobre el cáncer, dos palabras ocupaban el primer lugar de la lista: *Dolor* y *Empatía*. Cuando comparamos el cambio en los valores sanguíneos de cada individuo con la descripción que cada uno había elegido sobre lo que la película le había provocado, la elección de *Dolor* estaba directamente relacionada con un incremento del cortisol, la hormona del estrés. La elección de *Empatía* estaba directamente relacionada con un aumento de la oxitocina.

Interesante, pero todavía suscita una pregunta: ¿cómo pasamos de la empatía a la acción?

Cuando vi la cara de la madre en la piscina de Las Vegas, supe lo que tenía que hacer y lo hice sin pensar. Pero para mí no había riesgo, ni siquiera un pequeño coste. La situación fue muy diferente, sin embargo, en enero de 2007, cuando un obrero de la construcción llamado Wesley Autrey estaba en Manhattan con sus dos hijas. Mientras esperaban el metro, un joven tuvo un ataque y se cayó a las vías. Mientras llegaba el tren, el señor Autrey dejó a sus hijas con un extraño, saltó a las vías y sujetó al hombre contra el suelo mientras los vagones pasaban a unos centímetros de sus cabezas.

Dolor y empatía no son opuestos —de hecho, a menudo van de la mano—. Un dolor moderado, en realidad, incrementa la liberación de oxitocina, que nos motiva para que nos involucremos. Cuando los periodistas preguntaron a Autrey por qué hizo lo que hizo, dijo que saltó a las vías porque no quería que sus hijas vieran a un hombre aplastado y hecho trizas por un tren.

Wesley Autrey se convirtió en el «héroe del metro» en todos los medios de comunicación nacionales, calificativo que tiene bien merecido, pero lo cierto es que la gente arriesga sus vidas para salvar a otros de esa manera con bastante frecuencia y espontaneidad. Sabemos por la evolución que para que el impulso de ayudar esté tan presente en nosotros —tanto que llegamos a arriesgar la propia vida— la ayuda mutua debe de ser un rasgo altamente adaptativo.

Después de visionar el vídeo de la historia de Ben, no pedimos a nuestros sujetos de estudio que hicieran nada heroico, pero después de tomar las muestras de sangre y buscar la palabra correcta para describir su experiencia emocional, les pedimos que jugaran al Juego del Ultimátum, ése en el que alguien propone a otra persona que acepte un reparto de dinero. Aquellos que habían experimentado el aumento más pronunciado de oxitocina y que habían sido también quienes registraron la mayor sensación de empatía, fueron los que hicieron las ofertas más generosas. Estos espectadores altamente empáticos fueron también los más generosos cuando se les dio la oportunidad de donar algunas de sus ganancias al hospital St. Jude.

Del mismo modo que yo me había sentido conmovido al ver al personaje de Clint Eastwood hacer algo increíblemente generoso por una extraña a la que había llegado a sentirse muy unido, nuestros cerebros no diferencian entre una persona en apuros en una imagen animada y una persona en apuros frente a nosotros. Ésa es la razón de que podamos conmovernos con las grandes películas, la buena música y el arte elevado. A través de la liberación de oxitocina, estos productos de la imaginación humana nos conectan a toda la humanidad. Eso es lo que más deseamos en tanto que criaturas sociales.

CUANDO DECIDIMOS HACER LO CORRECTO

Empatía es una palabra que se suele relacionar más con tarjetas de felicitación que con la ciencia, aunque no se trata de una emoción reconfortante asentada en algún compartimento especial con forma de corazón de San Valentín. Aunque algunas zonas del cuerpo, como el intestino, están más densamente pobladas de receptores del estrés y la oxitocina, no existe ningún compartimento aislado en el que encajen las emociones, al igual que no existe ninguna viñeta en nuestra cabeza llamada la «mente» en la que se encienda una bombilla cuando se nos ocurre una buena idea. Estas dos dimensiones de nuestra experiencia —las emociones y el intelecto— aunque a menudo entran en conflicto, y a veces trabajan por objetivos enfrentados, son en realidad dos partes del mismo todo, y ese todo es el cuerpo. Tenemos pensamientos y tenemos emociones, y ambos son el producto de sistemas físicos que han estado evolucionando en células y tejidos animales durante aproximadamente tres mil millones de años.

William James, el padre de la psicología experimental, definió las emociones como los cambios psicológicos que experimenta nuestro cuerpo cuando los sentidos reciben ciertas señales del entorno. La estimulación de los pezones, por ejemplo, libera oxitocina en el tejido mamario y ello no sólo provoca que la leche de la madre comience a fluir sino también cambios en su estado emocional. Gracias a la oxitocina, su atención se centra en su entorno inmediato, su nivel de ansiedad disminuye y su cerebro segrega dopamina y serotonina para proporcionarle placer. Estos cambios emocionales son vitales para aumentar su voluntad de tolerar a esa molesta criatura (o tal vez a toda una camada de criaturas similares) que exige su atención, así como sus limitados recursos metabólicos.

Estos cambios en el estado interno del organismo se producen casi instantáneamente, sin control deliberado y sin conocimiento consciente. Cuando los humanos nos damos cuenta de este tipo de sensaciones físicas, hasta el punto de poderlas identificar y ponerles etiquetas como dolor o empatía (o miedo o felicidad o alegría), estamos ante lo que James denominaba un «sentimiento». Un sentimiento es nuestro conocimiento consciente de la emoción. La emoción es la experiencia física que se está produciendo en nuestras células y tejidos.

Pero de nuevo, ¿cómo hace un cambio emocional en realidad —una experiencia que nos conmueve— para «afectarnos», especialmente cuando no se produce un contacto piel con piel? ¿Cómo es posible que ver una película (o ver a un niño a punto de ahogarse o abandonado llorando en la calle, o ver a tus abuelos de la mano) pueda provocar la clase de cambios químicos que alteran la perspectiva así como la conducta? ¿Por qué escuchar una sola palabra puede hacer que aumente la testosterona hasta el punto de que los hombres se conviertan en locos furiosos en las peleas de bar? ¿Cómo puede una cierta sonrisa vista al otro lado de una habitación hacer que todo el cuerpo se estremezca por eso que llamamos amor romántico? Y volviendo a nuestros primeros experimentos con la oxitocina, ¿cómo pudo la confianza cambiar el estado emocional de los participantes hasta el punto de querer corresponder al extraño que había confiado en ellos?

Aceptamos rápidamente la naturaleza física de la emoción que llamamos miedo, que no requiere de un contacto físico, por la inmediatez con que se apodera de nosotros. Cuando uno escucha pasos detrás de sí en un garaje oscuro a una hora tardía de la noche, el sonido penetra en el sistema auditivo y es registrado en la parte de nuestro cerebro que responde a las amenazas —la amígdala— la cual dispara a su vez la respuesta de lucha-o-huida a través de la secreción de hormonas del estrés. Ello hace que el corazón se ponga a latir con fuerza y las palmas de las manos comiencen a sudar —dos de los espectaculares cambios fisiológicos que constituyen la emoción del miedo. Darnos cuenta de que todo eso está sucediendo es el *sentimiento* de tener miedo.

El problema con la empatía es que todo el proceso es mucho más sutil. También requiere que coincidan otros varios factores.

Ya he mencionado la secreción de oxitocina en el tejido mamario, que provoca el flujo de leche así como cierta experiencia cálida y amorosa. Incluso esa primitiva reacción maternal puede suceder a distancia, sin contacto, hilos ni cables. La oxitocina puede hacer que fluya la leche materna y que la actitud de la madre se vuelva cálida y tierna siempre que vea o huela un bebé, o simplemente escuche a uno llorar. Pero la respuesta emocional está basada en una especie de memoria celular dictada por la oxitocina («Así es como huele mi bebé»). Las razas de animales sin capacidad de producir oxitocina tienen amnesia social permanente.

La empatía en humanos requiere esa misma clase de asociación celular. Imágenes y sonidos de confianza, o dolor, o compasión, pueden provocar recuerdos que nos retrotraigan a nuestras primeras experiencias de relaciones con otros. Estos recuerdos provocan la secreción de oxitocina, lo cual crea en última instancia las sensaciones a nivel de las células y sustancias químicas y estructuras cerebrales que identificamos como empatía.

¿Pero qué es lo que sucede? ¿Nos ponemos todos simplemente cariñosos y tiernos y luego *decidimos* racionalmente que ahora nos comportaremos de manera más altruista?

Hace unos doscientos años unos filósofos alemanes comenzaron a hablar acerca de «sentir con» las obras de arte y la arquitectura. Finalmente, este concepto del «sentir con» pasó de los debates sobre pintura y edificios, al ámbito de la psicología. El término que utilizaban era *Einfuhlung*, que fue traducido como empatía —una nueva palabra basada en el griego *pathos*, y en el prefijo también griego que significa «en»—. Theodor Lipps, filósofo y psicólogo del siglo XIX, explicaba la empatía de este modo: «Cuando observo a un trapecista sobre el alambre», escribió, «siento que estoy dentro de él». Pero la explicación de Lipps no hacía sino repetir lo que nuestro viejo amigo Adam Smith había expresado en *La teoría de los sentimientos morales* en 1759: «Cuando vemos que un golpe dirigido hacia otra persona está listo para caer sobre la pierna o el brazo de ésta, nuestra reacción natural es encogernos y retirar nuestra pierna o nuestro brazo, y cuando por fin el golpe se materializa, nosotros también lo sentimos». Smith había sostenido que imaginar a «nuestro hermano en apuros» era suficiente para hacernos «sentir como si estuviéramos dentro de su cuerpo, y convertirnos en cierto modo en la misma persona».

Todo lo cual parece ser lo que ocurre cuando vemos a alguien con aspecto triste o preocupado y nosotros mismos tenemos la sensación física de tristeza o preocupación, o como cuando oímos a alguien reír y no podemos evitar nosotros mismos reír, o al menos esbozar una sonrisa.

A Freud, este concepto de la empatía le parecía enormemente importante, y Heinz Kohut y Carl Rogers lo convirtieron en una característica central de la psicoterapia del siglo xx. Más tarde llegó el psicólogo del desarrollo, Jean Piaget, para darle un giro, haciendo hincapié en que para conocer otras mentes, incluso hasta al punto de establecer empatía, se necesita tomar perspectiva intelectual. Después de todo, sería difícil afirmar que estás siendo empático cuando estás temblando de manera incontrolable y gritando de terror después de presenciar una tragedia. La empatía es más calmada y más comedida, tiene más que ver con la otra persona que con uno mismo. En pocas palabras, es la diferencia entre un incremento de oxitocina y un incremento de adrenalina.

El debate sobre la esencia de la empatía duró mucho tiempo, hasta que apareció la neurociencia, y con ella los escáneres cerebrales y las pruebas sanguíneas que nos permiten buscar respuestas allí donde se produce la acción.

Jean Decety, neurocientífico de la Universidad de Chicago, contribuyó a descifrar un aspecto de la empatía con una serie de estudios basados en nuestra percepción del dolor. Enseñaba pares de fotografías a sujetos de estudio al mismo tiempo que escaneaba sus cerebros utilizando la técnica de imagen por resonancia magnética funcional (fMRI). Una foto mostraba algo corriente: una mano empuñando unas tijeras de podar cortando una rama; la otra era la misma mano sólo que colocada entre las tijeras. Otra imagen mostraba un pie desnudo junto a una puerta abierta; la otra mostraba la misma puerta a punto de aplastarlo. Cuando las imágenes pasaban de corrientes a horribles, se encendían unas áreas concretas del cerebro de los sujetos. Estas áreas específicas eran las mismas que son responsables de coordinar las respuestas emocionales al propio dolor. En ese caso, en la medida en que respondiera nuestro cerebro, cualquier dolor que observásemos en las fotografías sería dolor que nos estaba sucediendo *a nosotros*.

Giacomo Rizzolatti de la Universidad de Parma, profundizó aún más en la investigación colocando electrodos en cerebros de monos. Cuando un mono intentaba atrapar algo —un cacahuete, por lo general— se estimulaban las neuronas del córtex premotor. Pero cuando uno de los investigadores cogía el cacahuete mientras el mono miraba, se estimulaban las mismas neuronas en el mono. Era como si el animal hubiera cogido él mismo el cacahuete. Si el investigador se llevaba una nuez a la boca, se estimulaban las mismas neuronas en el mono que cuando él mismo se llevaba la nuez a la boca. Estas neuronas «espejo» se estimulaban incluso cuando se ocultaba de la vista el punto crítico de la acción: la mano de la persona cogiendo la nuez. Incluso escuchar la acción de partir la nuez era suficiente para provocar la respuesta. Con una cantidad mínima de información, el cerebro del mono era capaz de imaginar el resto.

Rizzolatti quería ver si podía demostrar el mismo tipo de efecto en la gente, pero los científicos no tienen permitido andar fisgoneando de esa manera en los cerebros humanos. Así que eligió la siguiente mejor opción. Junto al neurocientífico Luciano Fadiga, investigó la contracción nerviosa de los músculos de la mano —la señal de que la mano está a punto de moverse— mientras sujetos de estudio humanos contemplaban a un investigador agarrar diversos objetos. La contracción de la mano era la misma cuando los participantes observaban una acción que cuando ellos mismos agarraban un objeto. Y no importaba si podían ver o no la mano del investigador moviéndose durante toda la secuencia. El cerebro creaba un relato que rellenaba las lagunas.

Se puede decir que para ciertos tipos de información, el cerebro sencillamente derriba la barrera entre nosotros y quienes nos rodean, sobre todo si estamos dispuestos a tratarlos tan bien como nos trataríamos a nosotros mismos. Ésta es una idea que nos suena extrañamente familiar. De hecho, me recuerda a alguna de aquellas antiguas tradiciones morales que me inculcaron de niño. La empatía, en efecto, crea una versión psicológica de la Regla de Oro. Esto significa que cuando una situación que vemos o de la que nos enteramos, provoca en nosotros la reacción de «tratar a los demás como nos gustaría ser tratados por ellos», se debe en parte a que estamos experimentando *literalmente* el placer o el dolor de otra persona como *si fuera* el nuestro.

Resulta que Adam Smith tenía razón cuando dijo que la «empatía» era la base de la acción moral. Doscientos cincuenta años después de *La teoría de los sentimientos morales*, podemos ofrecer una explicación detallada del proceso que Smith sólo pudo imaginar. Podemos rastrear la empatía desde el incremento inicial de oxitocina hasta la secreción de dopamina y serotonina que convierte la experiencia en agradable y en algo que deseas repetir, hasta el compromiso social que se produce como resultado. La neurociencia explica no sólo la Regla de Oro sino también el concepto confuciano del *ren* (benevolencia) y los conceptos budistas de *metta* (cultivo del amor) y *karuna* (compasión).

Pero sigue habiendo una gran diferencia entre el estímulo de las neuronas —que puede ser simple estímulo y respuesta— y experimentar lo que llamamos empatía (y en consecuencia, actuar de modo virtuoso). Una madre rata responderá al estrés agrupando a sus pequeños debajo de ella: estímulo y respuesta. Y casi todas las ratas dejarán de presionar una barra durante un experimento de laboratorio para obtener comida si detectan que la barra provoca una descarga eléctrica en otra rata de los alrededores. Pero la razón no es que las ratas sientan empatía. Simplemente, son lo suficientemente inteligentes como para sospechar que lo que es malo para la rata de al lado podría resultar malo para ellas muy pronto. Incluso en especies tan inteligentes como los monos, aunque una madre protegerá activamente a sus crías, no les dará nada que se parezca a consuelo o caricias empáticas ni siquiera cuando sus vástagos hayan sido mordidos. No hay duda de que no alcanzan estados *ren*, *metta* o *karuna*.

Jean Decety identificó cuatro elementos que consideró esenciales para la empatía, pero no se trata de calificativos arbitrarios. Más bien, cada uno representa uno de cuatro procesos distintos, que tienen lugar en cuatro áreas diferentes del cerebro como respuesta a la observación de las fotografías de Decety.

El primero es el afecto compartido, que resume bastante bien el tipo de efecto de espejo y co-experimentación que acabo de describir.

El segundo es la conciencia del otro como algo separado de uno mismo, lo cual es una capacidad cognitiva conocida como Teoría de la Mente. Comienza a surgir en los humanos a partir de los dos años aproximadamente. Al mismo tiempo que comenzamos a reconocernos a nosotros mismos en espejos, aprendemos que mamá no es una extensión nuestra y comenzamos a comprender que otras personas tienen pensamientos y sentimientos que son independientes de los nuestros.

El tercero es la flexibilidad mental para meternos en la piel de otra persona.

Y el cuarto elemento es la autorregulación emocional necesaria para producir una respuesta adecuada, que se basa en una capacidad especial situada en la corteza prefrontal llamada función ejecutiva. Es lo que nos permite no ponernos a gritar cada vez que alguien nos enfada o no echarnos a llorar cada vez que vemos a un niño triste. La función ejecutiva es lo que necesitan en grandes dosis los cirujanos traumatológicos y los socorristas para seguir siendo compasivos frente a situaciones horribles, al tiempo que son lo suficientemente objetivos como para prestar la ayuda necesaria.

EL CIRCUITO HOME

Dado que el trabajo de Decety se basaba en la percepción del dolor, omitió el elemento de vital importancia que provoca todo el efecto: las neuronas que producen oxitocina y los receptores de oxitocina. La oxitocina, combinada con las dos sustancias neuroquímicas del bienestar que produce —serotonina y dopamina— activa el circuito de Empatía Provocada por la Oxitocina Humana (HOME en sus siglas en inglés). La dopamina refuerza la sonrisa de agradecimiento que nos dan los demás cuando los tratamos bien y la serotonina nos levanta el ánimo. Es el circuito HOME el que nos hace repetir conductas y comportarnos moralmente, al menos la mayor parte del tiempo. Como veremos más adelante, el estrés, la testosterona, los traumas, las anomalías genéticas e incluso el condicionamiento mental pueden inhibir estos efectos. Pero mientras impidamos que estas influencias tomen las riendas, el sistema se refuerza a sí mismo.

Debido a la gama de influencias a las que estamos sometidos, los seres humanos podemos ser tanto buenos como malos, pero en cir-

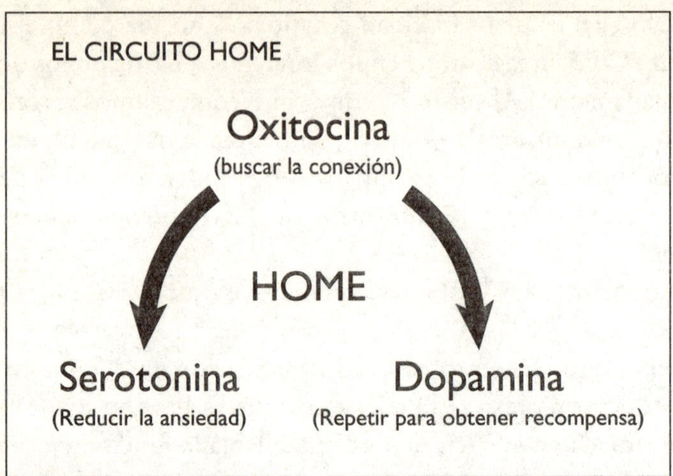

cunstancias estables y seguras, la oxitocina hace que nos portemos fundamentalmente bien. La oxitocina genera la empatía que conduce la conducta moral, lo que a su vez inspira confianza, lo que a su vez provoca la secreción de más oxitocina, lo que a su vez crea más empatía. Es el circuito de retroalimentación conductual que llamamos ciclo virtuoso.

Observar la angustia de otras personas capta nuestra atención y nos hace experimentar algo de lo que están viviendo. Ello puede provocar la secreción de oxitocina, pero no si nuestro propio malestar se encuentra por encima de cierto umbral. La naturaleza asume que si nosotros mismos nos encontramos en apuros, no podemos dedicar tiempo y recursos a ayudar a otros. El estrés elevado bloquea la secreción de oxitocina. En la mayoría de los casos, la oxitocina es doblemente inapropiada para alguien que se encuentra al borde de la supervivencia. La oxitocina no sólo produce preocupación empática (compasión) —que puede llegar a obstaculizar que luches por tu vida— sino que también sofoca la amígdala, la estructura cerebral donde se registra y regula la ansiedad.

Elegir ser altruista, o incluso heroico, anulando nuestro instinto de autoprotección es otro problema, y si nos sacrificamos para ayudar a otros depende a menudo de nuestro grado de proximidad. Nos abalanzaríamos dentro de un edificio en llamas sin pensárnoslo dos veces para socorrer a nuestro hijo; los soldados se sacrifican para salvar a los compañeros de su unidad que se han convertido en herma-

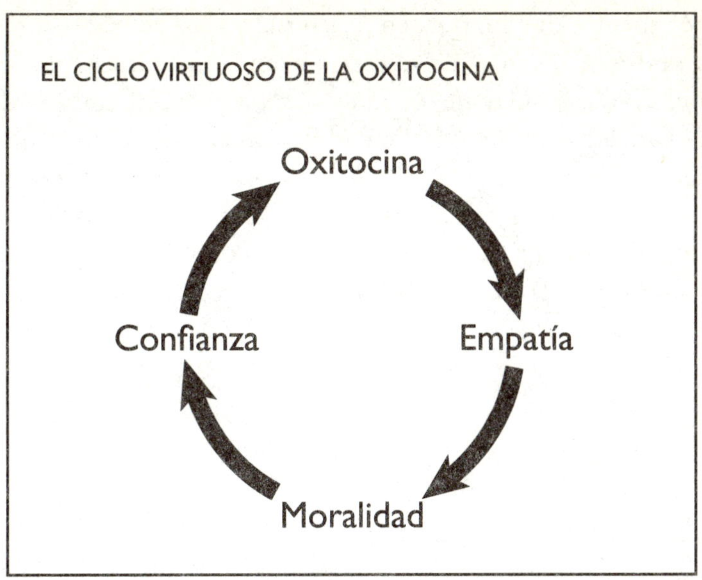

nos de armas. Aunque las personas lo siguen haciendo, hay menos probabilidad de que nos arriesguemos a ayudar a un extraño, y que la situación nos provoque miedo no es el único obstáculo. La posibilidad de una acción altruista puede disminuir dependiendo simplemente de lo atrapados que estemos por nuestros propios problemas en ese momento.

Si las hijas del Héroe del Metro hubieran sido tan pequeñas como para él tener que preocuparse de que no cayeran a las vías, tal vez no habría saltado para ayudar al joven. Si hubiera estado inmerso en una intensa discusión con una de las pequeñas, eso también podría haber impedido su acción espontánea. Si en lugar de trabajar en la construcción, hubiera sido un inversor de banca que se encontraba por casualidad en el metro, su sensación de alejamiento social con el hombre necesitado podría haber supuesto un obstáculo.

Es por su capacidad de dejar de lado su propio interés y preocupaciones, de experimentar plenamente una conexión empática y luego arriesgarlo todo por alguien, por lo que llamamos héroes a personas como Wesley Autrey, el Héroe del Metro.

Pero la naturaleza también ha introducido un poco de criterio moral en estas reacciones fisiológicas estimuladas por la oxitocina. Ayudamos enseguida a los niños y a los animales bonitos, en parte porque sabemos que no pueden ser considerados en realidad responsables de los problemas en que se meten. Nos cuesta más ser tan comprensivos e indulgentes cuando se trata de vagabundos y drogadictos. Para algunas personas, las adolescentes que se quedan embarazadas merecen también ser tratadas con frialdad. «Tú te lo has buscado», dicen, «así que ahora atente a las consecuencias».

Esta tendencia a juzgar en lugar de ayudar es en parte resultado de un lugar en la corteza prefrontal llamada corteza subgenual. Está llena de receptores de oxitocina y parece modular el grado de empatía regulando la secreción de dopamina en el circuito HOME. La ausencia de dopamina significa que no hay gratificación por relacionarnos con la otra persona, lo cual hace que sea menos probable que nos comportemos empáticamente.

De modo que una vez más, la oxitocina mantiene el equilibrio entre el yo y el otro, la confianza y la desconfianza, la aproximación y el alejamiento. Cuando el cerebro segrega oxitocina, la balanza se inclina a favor de la empatía y aportamos recursos para ayudar a los demás. Cuando el incremento de oxitocina pierde intensidad, dejamos de sentir empatía, el sistema HOME se pone a cero y nos sentimos dispuestos a evaluar la siguiente interacción que se nos presente. Cuando la testosterona y otros factores que favorecen el castigo se apoderan del mando, estamos más dispuestos a arrojar piedras que una cuerda de salvamento.

Pero la pregunta sigue siendo ésta: ¿por qué nos ha guiado la selección natural hacia la conducta compasiva, la cual, al menos a corto plazo, parece ser una desventaja? Al fin y al cabo, ¿no es verdad que la gente amable sale perdiendo?

Bueno, incluso antes de que los animales avanzaran mucho en las relaciones cariñosas y agradables, existía una importante ventaja competitiva en saber el máximo posible acerca del estado interior de otras criaturas. Cuando otro animal está dispuesto a atraparte, un aviso de que no se encuentra en actitud caritativa puede ayudarte a salvar la vida. Por el mismo motivo, saber que el otro individuo está contento te puede ahorrar un montón de energía, además de cicatrices innecesarias.

La fuente más primitiva de este tipo de información fue el mismo sistema de señales que vimos en las langostas en celo: la percepción química. Todavía conservamos un vestigio de ese sistema de mensajes, adecuadamente alojado en la parte más antigua de nuestro cerebro. Ese sistema rudimentario se llama olfato.

Pero mucho antes de que apareciéramos, las señales y la detección necesitaron convertirse en algo más sutil y distinguible que el fiarse simplemente del olfato, porque «otras criaturas» habían cobrado más importancia que una posible amenaza, una comida o una pareja. Las crías de los mamíferos, por ejemplo, dependen del cuidado de sus madres, de manera que cuanto más sepa mamá sobre lo que sucede dentro de su pequeño tesoro, más eficaz será a la hora de mantener con vida a ese tesoro. ¿Tiene miedo el pequeñín y necesita que le calmen? ¿Tiene hambre la princesa y hay que darle de comer? Es este primordial papel maternal —«amor» materno si lo desean— lo que crea las percepciones sensoriales más granulares que finalmente conectaron la oxitocina con la empatía. (También ayuda a explicar por qué las hembras tienen un acceso más libre a ambas que los machos. En cada experimento que he diseñado para humanos, las mujeres segregan más oxitocina que los hombres.)

Dado que las crías de los mamíferos dependen del pecho para su nutrición, tiene que haber un fuerte vínculo entre madre e hijo o de lo contrario, el niño moriría. Mamá tiene también que ser tolerante y atenta durante largos periodos de tiempo, y el pequeño no puede estar tan desatendido como para poder vagar a su antojo. De modo que así fue como la vinculación afectiva se convirtió en una necesidad, no en un capricho para sentirse bien. A medida que los vínculos biológicos se volvieron más sofisticados, pasaron de ser una impresión química a incluir todo tipo de imágenes y sonidos y asociaciones complejas y después de millones de años alcanzaron un nivel que ahora llamamos vínculos emocionales.

Para los sobradamente inteligentes y sociales mamíferos conocidos como monos, hubo algo más en la primitiva supervivencia que chupar un pezón y mantenerse unidos. Convertirse en un buen primate requiere aprendizaje social y ese proceso necesita comenzar en cuanto el mono que está aprendiendo puede prestar atención.

Los recién nacidos —y esto es verdad tanto en chimpancés como en humanos— comienzan a fijarse en las caras y a imitar expresiones faciales sólo unas pocas horas después de nacer. Abramos la boca y ellos abrirán la boca. Saquemos la lengua y ellos harán lo mismo. Están probando esos gestos sociales, tratando de dominarlos y de incorporarlos a sus conexiones neuronales. Cuando la conexión se hace bien, consolida los vínculos más fundamentales, lo cual nos ayuda durante los primeros años pero también nos prepara para saber hacer frente a las demandas emocionales y placeres posteriores de la vida.

Para el cerebro humano —excepto cuando interviene el factor del autismo— el rostro humano es el objeto más significativo del universo, y atrae nuestra atención como ninguna otra cosa. La fascinación comienza en el momento en que nacemos y se prolonga durante toda la vida. Hasta las personas que están de paso por las tiendas de ultramarinos no pueden evitar lanzar suspiros ante la «monería» de la cara de los niños. Pero esto no es algo accidental: la selección natural diseñó esos grandes ojos redondos y esos mofletes para garantizar el máximo atractivo, a fin de aumentar al máximo las posibilidades de supervivencia. El irresistible encanto de los bebés se denomina neotenia y los ingenieros de robótica la incorporan a sus diseños cuando quieren que la gente se relacione fácilmente con sus creaciones computerizadas.

A las seis semanas algunos bebés humanos pueden recordar e imitar un gesto realizado por un adulto el día anterior, lo cual ayuda al bebé a identificar a los individuos que son realmente importantes, como mamá, papá, la abuela. De modo que ninguno de esos «cucú» son un pasatiempo inútil. Están destinados a prepararnos para la vida social, que para los primates homínidos es la única clase de vida que existe.

Después de dos o tres meses, tanto los bebés humanos como los chimpancés dejan de hacer gestos raros. Han realizado las conexiones neurales más básicas que necesitan y ya ha llegado el momento de que comience el aprendizaje social, que les conducirá a una serie más amplia de vínculos afectivos. Los bebés humanos deciden con gran rapidez en quién van a confiar (mamá, papá, la abuela, su canguro favorito) y con quién van a mostrarse cautelosos (con casi todos los demás que no cuenten con la aprobación implícita de esos cuidadores más inmediatos). Pero con el tiempo, la vida social debe superar ese limitado horizonte.

REDES SOCIALES A PARTIR DE CERO

Durante los millones de años de desarrollo como mamíferos sociales, nuestra supervivencia en tanto que individuos dependía de cómo encajábamos en el grupo, y la supervivencia del grupo dependía de la cooperación de cada miembro. Cuando llegaban a adultos, nuestros antepasados cazadores-recolectores salían adelante o se quedaban por el camino en función de su capacidad de juzgar quién estaba mintiendo y quién decía la verdad. ¿De quién te podías fiar para que vigilara a tu hijo? ¿Cómo podías llegar a un trato mejor cuando llegaba el momento de derrocar al líder y formar una nueva coalición? ¿Y por quién deberías estar dispuesto a sacrificarte llegado el momento de ayudar?

Los niños humanos se dirigen inmediatamente hacia el dolor de los demás y responden a los llantos con sus propios gritos de aflicción. A partir de los dieciocho meses aproximadamente, un humano casi siempre ofrecerá ayuda a otro niño o a un adulto, si le es posible hacerlo. En el caso de los chimpancés, incluso siendo adultos, la posibilidad de que un animal ayude a otro es de 50-50. En ellos, el prestar ayuda depende del parentesco, grado de familiaridad, interacciones recientes y de si el animal en cuestión puede o no prestar atención el tiempo necesario para poder ayudar en ese momento concreto.

Los niños humanos no sólo están predispuestos a ayudar a otros, sino que también muestran preferencia hacia aquellos que juegan limpio y aversión hacia quienes no, aunque los «jugadores» sean objetos inanimados. Esto ha sido demostrado repetidas veces en estudios en los que los niños visionan una película sobre formas geométricas, realizada por los psicólogos Fritz Heider y Mary-Ann Simmel en 1944. En esta animación hay una caja con una puerta, una pelota, un pequeño triángulo y un triángulo más grande que parece amenazar al pequeño triángulo y a la pelota. Tal y como indica su mirada fija, los niños se sienten atraídos hacia las formas geométricas «buenas» y tratan de evitar a la «mala». Un ordenador que escaneara esta película, al igual que mucha gente con autismo, no vería nada más que formas moviéndose en un paisaje de animación. Sin embargo, el cerebro humano socialmente experto, con su propensión a buscar significados, ve cómo se revela ante él un drama de buenos y malos, víctimas y villanos.

Durante toda nuestra larga historia evolutiva, los niños humanos tenían un mayor índice de supervivencia cuando había dos adultos comprometidos en su cuidado, lo cual favoreció lo que se denomina vínculo de pareja. Como sabe cualquier escolar, este tipo de vínculo entre hombres y mujeres es estimulado y mantenido por el contacto físico, incluido el sexo, y por la preocupación empática. Tanto el contacto físico como la empatía están relacionados con la oxitocina y ambos están profundamente arraigados en nuestro concepto de moralidad.

De manera similar, la cooperación dentro del resto del grupo fue estimulada por la empatía y la confianza provocadas por la oxitocina que completan el círculo virtuoso. Estos impulsos biológicos —que dicen, en efecto, *estate tranquilo y coopera*— se vieron reforzados por conductas sociales, tales como hacer regalos u otros intercambios rituales, que quedaron integradas como parte de la cultura.

Entre los monos, el ritual primario *estate tranquilo y coopera* es el acicalado, que consiste en explorarse mutuamente la piel aunque no se limita a quitarse garrapatas y ácaros. Los dedos acariciando la piel provocan la secreción de oxitocina y calman los nervios, reducen el ritmo cardiaco y hacen que la presión sanguínea disminuya hasta los valores normales. Los monos dedican aproximadamente el 10 por ciento de su tiempo a masajearse mutuamente de este modo, porque conseguir que todo el mundo se mantenga tranquilo y coopere es de importancia vital para la supervivencia.

El acicalado es también la forma más sencilla de hacerse un favor, e incluso entre los monos, el cerebro social está bien dotado para llevar la cuenta de quién es el que da y quién el que recibe. Hay estudios que muestran que los animales que se acicalan mutuamente más por la mañana son más proclives a compartir comida entre sí por la tarde.

Una costumbre más extrema de *estate tranquilo y coopera* desarrollada entre los bonobos, primos de los chimpancés (y primos nuestros), que se gobiernan como una comuna hippie, es utilizar el sexo para suavizar todas las malas vibraciones que aparecen. Una bienvenida típica femenina es practicar sexo oral. Mientras tanto, los machos se cuelgan de las ramas de los árboles restregándose juntos los penes como si fueran espadas cruzadas. Y los jóvenes bonobos se dedican a hacerlo como si no hubiese un mañana, representando su propia versión del «aquí te pillo, aquí te mato». Todo lo cual mantiene a los individuos del grupo inundados de oxitocina, lo cual significa que la sociedad bonobo es lo más pacífica y cooperante que puede llegar a ser una sociedad. El único problema es que los bonobos no han hecho el más mínimo progreso en los últimos siete millones de años.

Ni tampoco lo han hecho los más agresivos y competitivos chimpancés. Salir del bosque húmedo quedó para sus primos —nosotros— que encontraron el punto óptimo que combinaba una saludable competencia con un alto grado de cooperación, el flujo y reflujo de la oxitocina y la testosterona. Al provocar la secreción de dopamina y serotonina, la oxitocina creaba el recorrido motivacional que he denominado HOME. No te pases, no te enojes demasiado, da tanto como recibas. Ahí es donde el círculo virtuoso obtiene su virtud.

En la familia y con los amigos cercanos, los humanos nos abrazamos para saludarnos o despedirnos y solemos dar palmaditas en la espalda cuando alguien que nos importa está disgustado. Pero la conducta social *estate tranquilo y coopera* que se parece más a la propensión de los monos a acicalarse mutuamente es la conversación. Los antropólogos que estudian las sociedades primitivas se suelen sorprender por la cantidad de tiempo que pasa esta gente contándose tranquilamente historias y a menudo estas historias tratan sobre quién duerme con quién. Desde luego, existen los mitos y leyendas que deben ser transmitidos para mantener viva una cultura, pero el tema favorito parecen ser los jugosos detalles sobre los vecinos. Y sin embargo, esta charla ociosa es algo más que cháchara. La conversación, especialmente la conversación rica en contenido social, fomenta la confianza que tiene el efecto de un masaje verbal o acicalamiento del oído y segrega oxitocina. También proporciona información importante sobre la vida del grupo. ¿Qué nuevas alianzas se están creando? ¿Quién podemos confiar en que se quede y quién será un rompecorazones (y abandonará a sus vástagos)? Hoy en día se aplica el mismo principio a cuestiones como: ¿quién es un buen mecánico?, y ¿quién es el tipo que vive calle abajo que te va a vender algo que en realidad no necesitas?

El hábito del cotilleo está tan arraigado en los humanos que ahora, en la era de los medios de comunicación, hemos creado un inmenso flujo de información en torno al intercambio de trivialidades sobre personajes en programas de telebasura así como noticias sobre la última reconciliación o divorcio de Hollywood. Y, ¿cuáles son los mejores lugares para compartir este tipo de información, que tan a menudo inducen a compartir los propios secretos personales? Allí donde la confianza y el contacto físico (y el acicalado) crean un entorno rico en oxitocina: la peluquería, el barbero, el vestuario del gimnasio, la sala de yoga.

Entre los hombres, las conversaciones tratan menos a menudo de estrellas de cine y más sobre figuras deportivas, pero la premisa sigue siendo la misma. Todas las afirmaciones y descripciones detalladas que se repiten una y otra vez no tienen ningún propósito; salvo uno de vital importancia como es el propósito de aliviar el estrés y reforzar los vínculos humanos.

Los humanos también construyen vínculos ricos en oxitocina participando en deportes y en otros juegos de carácter amistoso, como hacen los perros a los que vemos mordisqueándose juguetonamente el uno al otro en el parque. En este caso también se aplica la regla *estate tranquilo y coopera*, incluso cuando no hay un árbitro que la imponga. Si una estrella del fútbol americano universitario, grande como un armario, entra con demasiada fuerza convirtiendo un juego amistoso en una batalla personal, los otros chicos del equipo se irán a las duchas. Las reglas tácitas del juego amistoso incorporan un alto grado de confianza. Jugar limpio, reclamar faltas honestamente y no machacar al chico de dieciséis años que no es tan bueno y es diez centímetros más bajo que nosotros. La confianza y el carácter físico, combinados con el estrés moderado de la competición amistosa, contribuyen a crear sólidas amistades entre tipos que juegan juntos durante años y charlan cada semana en el vestuario y nunca llegan a conocer siquiera sus apellidos. (La secreción de oxitocina también explica todos esos manotazos en el culo que te supondrían un apuro en la oficina pero que son perfectamente admitidos durante el juego.)

También estrechamos los lazos humanos cuando continuamos copiando e imitando a otra gente durante la vida. De niños nos obsesionamos con las caras, pero la atención de nuestro cerebro en otras personas nunca desaparece. Si permanecemos uno frente a otro y uno cruza los brazos, posiblemente el otro cruzará los suyos. Si uno se frota la nariz, probablemente el otro frotará la suya. Adoptamos las formas de hablar de los demás y cualquier gesto, desde la risa a los bostezos, puede ser contagioso. La gente imita los ademanes de completos desconocidos, aunque sea improbable que haya una relación en el futuro. Estos tipos de reacciones no sólo son involuntarias sino tan rápidas que nuestras imitaciones se producen antes de que seamos conscientes de ellas.

Los terapeutas saben que los clientes a veces puntúan la interacción más alto cuando el terapeuta ha imitado las posturas del cliente. Las clases en las que los observadores anotaron un alto grado de mimetismo físico son las mismas que los propios alumnos puntuaron muy alto en cuanto a compenetración. La gente que ha sido imitada —aunque no hayan sido conscientes en el momento— informaron después haber tenido una impresión más favorable de la persona que las imitaba. De modo que cuando hay un deseo de atraer —ya estés con el jefe, o con el héroe local o con un ligue—, el grado de mimetismo conductual aumenta.

A veces nuestra tendencia a imitar a otros crea empatía donde puede que no proceda. En un experimento, los participantes que recibieron instrucciones de *resistirse* conscientemente a imitar a sus compañeros eran mucho mejores detectando mentirosos. (Lo cual hace pensar que si alguien me hubiese avisado de que no imitase a aquel tipo en la gasolinera ARCO de Santa Bárbara, puede que me hubiera ahorrado cien dólares.)

En una carrera de caballos, nos inclinamos en las curvas con el jinete por el que apostamos. Al contemplar un partido de *softball*, estiramos el cuello con el centrocampista cuando se lanza a recoger la pelota. Pero los buenos atletas están incluso más sintonizados entre sí que sus seguidores con ellos, y anticipan las jugadas de sus compañeros de equipo. La relación refuerza la sincronización y la sincronización refuerza la relación, lo cual puede suponer la gran diferencia entre desperdiciar un intenso esfuerzo o marcar un gol, aterrizar un jumbo con un motor averiado, practicar cirugía torácica o servir 126 cenas en su punto en la cocina de un concurrido restaurante.

Es en este enclave donde lo cognitivo puede unir fuerzas con lo emocional para crear el Santo Grial de cada entrenador o consejero delegado —hacer que todo el mundo piense lo mismo de la misma forma, centrado en las mismas metas—. Los psicólogos lo llaman co-cognición, la capacidad de saber al instante lo que significa el gesto o el movimiento de otra persona, cuál es su objetivo y cómo se puede relacionar con otras acciones y acontecimientos pasados, presentes o futuros. Pensemos en el pase «a ciegas» en baloncesto, o la forma en que los músicos de jazz tocan intuitivamente juntos cuando improvisan. No hay nadie dando órdenes, pero todo el mundo sabe lo que tiene que hacer.

Los primeros humanos, incluso después de que desarrollaran el habla, seguían necesitando este tipo de sincronización sin palabras para abatir grandes piezas de caza o acorralar y atrapar piezas más pequeñas. Las mujeres de los cazadores-recolectores se beneficiaban de ello hasta el extremo de que compartían un conocimiento casi colectivo de las tareas que había que realizar. ¿Están todos los niños vigilados? ¿Cuánto podemos merodear sin provocar el ataque de un depredador? Esta capacidad permitió a nuestros antepasados hacer rápidas y a veces vitales inferencias, basándose en pistas y sensaciones físicas que son, en sí mismas, imperceptibles para nuestras mentes conscientes. Y todo ello comienza por los lazos creados por la oxitocina.

El ciclo virtuoso, con la oxitocina al frente, sigue siendo la cola que mantiene unida a la sociedad. Pero como ya hemos dejado claro todo el tiempo, la oxitocina no tiene libertad de acción. Otros factores compiten por influir en nosotros, y uno de ellos está tan profundamente arraigado en nuestros orígenes sexuales como la oxitocina.

4

Chicos malos

Las complicaciones del género

Me encontraba a tres mil seiscientos metros sobre el desierto en una avioneta, acosado por un estudiante de posgrado que llevaba un paracaídas sobre su bata de laboratorio. No dejaba de pedirme que sumara pares de números pero yo no podía concentrarme porque la gente se dirigía hacia la parte trasera del avión y después desaparecía. Para mí la situación era especialmente molesta porque estaba sentado en el regazo de un instructor de salto de metro noventa al que me sujetaban unos arneses mucho más prieto de lo que consideraba conveniente, y en sólo un minuto o así, él y yo íbamos a avanzar torpemente hacia esa misma parte trasera y a lanzarnos al espacio.

Tengo mucho miedo a las alturas, pero en previsión de mi primer salto en paracaídas —todo sea por la ciencia— me había estado tomando un suplemento de testosterona durante una semana. La noche antes del salto me tomé una muestra de sangre para establecer un valor de referencia para la testosterona, oxitocina y cortisol. Inmediatamente después de aterrizar me iba a clavar una aguja en el brazo para tomar una nueva muestra de sangre y medir los efectos de una caída libre desde dos mil cien metros a 120 millas por hora. Ya fuera el efecto de la hormona masculina aumentada artificialmente o mi antiguo miedo a las alturas y toda la emoción, cuando mi instructor y yo dimos un salto hacia atrás fuera del avión, grité: «¡Jerónimo!», como esos tipos de las películas de guerra antiguas.

La testosterona induce a la gente a hacer cosas extrañas. A decir verdad, esa gente que hace cosas raras suelen ser hombres, no mujeres. Es la testosterona la que le hace al hombre asumir riesgos, la que genera la violencia masculina, así como su conducta más característica: la incansable búsqueda de sexo, sin tener en cuenta las consecuencias.

De hecho, ha habido tantos hombres que han salido en las noticias por su libido en los últimos años que es difícil llevar la cuenta. El premio por número absoluto de asuntos amorosos simultáneos se lo lleva sin duda la leyenda del golf Tiger Woods. Por la peor reputación asociada a un escándalo sexual, el ganador es Anthony Weiner. Y por su desvergüenza, la palma se la lleva el ex gobernador de Carolina del Sur, Mark Sanford, que dijo estar «recorriendo el Sendero de los Apalaches» cuando en realidad se encontraba bajo el ecuador con su amante argentina. (Sin embargo, se podría decir que el comportamiento de Arnold Schwarzenegger, quien tuvo un hijo con su asistenta y lo mantuvo en secreto ante su mujer durante diez años —mientras seguía empleando a la asistenta— fue aún más deplorable. En cuanto a mayor impacto político, es conocida la obsesión del primer ministro italiano Silvio Berlusconi por las adolescentes, que produjo un escándalo en Roma, y desde luego, el desliz de Bill Clinton con una becaria que casi acabó con su presidencia.

Pero no son sólo los machos alfa a los que sorprenden con la cremallera bajada. En agosto de 2010, la atención del mundo se centró en la grave situación de treinta y tres mineros chilenos atrapados durante dos meses por un derrumbamiento a 720 metros de profundidad. Mientras se desarrollaba la terrible experiencia, el drama se convirtió en una telenovela a medida que un gran número de seres queridos se iban congregando en el lugar. Se produjo la embarazosa situación de atormentadas esposas que descubrían a atormentadas novias haciendo vigilia por (y reclamando los subsidios de) sus atrapados maridos/novios.

Como neurocientífico, sé que los hombres poseen una integración ligeramente menor entre las diferentes partes del cerebro que las mujeres, lo cual facilita que los hombres puedan compartimentar lo emocional y lo erótico como categorías y actividades independientes.

Pero también sé que el auténtico inductor de los Chicos Malos es la antagonista de la oxitocina conocida como testosterona. Esta hormona está presente en hombres y mujeres —lo que ocurre es que los hombres tienen diez veces más—. La testosterona es fantástica para el rendimiento atlético porque incrementa la masa muscular y la densidad ósea, razón por la que deportistas de élite han hecho trampas inyectándose precursores de testosterona sintética en forma de esteroides anabólicos. También es muy útil cuando necesitas irrumpir en un edificio en llamas para rescatar a gente o desembarcar en una playa normanda bajo el fuego enemigo de las ametralladoras o en cualquier otra situación que exija asumir riesgos, valor físico, fuerza y velocidad.

Pero el hecho es que la testosterona también provoca una gran cantidad de problemas y no sólo en el ámbito de las relaciones íntimas. La mayoría de delitos son cometidos por hombres jóvenes y la mayoría de asesinos son hombres en el rango de edad de veinte a veinticinco años. (Los asesinatos cometidos por mujeres son tan raros que ni siquiera tienen visibilidad en las estadísticas del crimen.) Los hombres jóvenes tienen niveles de testosterona que duplican los de los hombres mayores, de modo que el término *envenenamiento por testosterona* para este grupo de edad no es ninguna broma.

Teniendo en cuenta todo lo dicho sobre el papel de la oxitocina para mantener la cooperación social y sobre el papel de la cooperación para la supervivencia humana, nos podríamos preguntar cómo se ha abierto paso hasta el siglo veintiuno la molécula de la conducta temeraria y antisocial: la testosterona.

Bueno, un montón de testosterona se quedó por el camino. En la prehistoria, así como en el Salvaje Oeste, los machos provistos de demasiada cantidad solían ser expulsados de la reserva de genes bastante pronto. Asumían riesgos absurdos que les acarreaban la muerte temprana o sus conductas eran tan desagradables y perjudiciales que no tenían suerte en el juego del amor, o sencillamente el clan (o los vecinos del pueblo) se los quitaba de encima con un golpe en la cabeza (o acababan con ellos de un disparo).

Pero aunque la conducta prosocial fue el rasgo distintivo que permitió al *Homo sapiens* dejar atrás a animales más fieros —y más ferozmente competitivos— como nuestros primos los chimpancés, seguimos necesitando testosterona en nuestro entorno de adaptación evolutiva. Había depredadores a los que era preciso repeler, fuentes potenciales de proteínas que a veces devolvían el ataque, y grandes objetos como rocas y troncos que había que mover de vez en cuando. Como resultado, fuerza física, resistencia y agresión aportada por la testosterona eran esenciales para permanecer vivo el tiempo suficiente para reproducirse.

Además, en la lucha por la supervivencia de los más aptos, cada grupo de humanos primitivos o prehumanos estaba en peligro no sólo por los grandes y fieros animales, sino también por los grandes y fieros vecinos que competían con ellos por los recursos, incluyendo la comida que necesitaban para alimentar a sus hijos. Para seguir en el juego, toda tribu o grupo necesitaba contar con algunos jugadores grandes y fieros en su propio equipo, aunque estos tipos no estuvieran siempre a la altura en el ámbito de la sensibilidad (y la fidelidad sexual).

Pero la razón principal por la que la testosterona —y los machos— llegaron a existir fue para mejorar la calidad de la reserva genética compitiendo por la oportunidad de aparearse. Con el tiempo, esa misma lucha impulsada por la testosterona para pasar los genes propios a la siguiente generación creó el impulso por el estatus social, que a su vez estimuló el impulso por mejores formas de hacer las cosas. Ninguna de las cuales necesariamente encajaba con ser absolutamente los tipos más agradables del mundo. De modo que incluso hoy, la testosterona sigue por aquí para incrementar la motivación y el impulso —y no sólo el impulso sexual— en todos los humanos, mujeres y hombres.

Durante millones de años de evolución, lo que surgió fue una doble vertiente para mantener las especies vivas. Ambos géneros eran capaces de generar violencia, competencia y agresión, así como de mostrar afecto y compasión, pero los hombres (con más testosterona) estaban hormonalmente predispuestos a liderar en lo primero, mientras las mujeres (segregando altos niveles de oxitocina en respuesta a estímulos) estaban hormonalmente predispuestas a liderar en lo segundo.

Sabemos que las mujeres pueden destacar como policías, engañar a sus maridos y cometer fraudes, malversación de fondos y maltratar niños, pero el hecho es que son, de promedio, más empáticas, más altruistas, más dignas de confianza, más generosas y más caritativas que los hombres. En nuestro Juego de la Confianza, mientras la cantidad media devuelta por un jugador B masculino era del 25 por ciento, el promedio devuelto por las mujeres era del 42 por ciento. La parte negativa del informe de conducta, el 30 por ciento de hombres devolvían menos del 10 por ciento, pero sólo el 13 por ciento de mujeres eran tan insensibles. Y en cuanto a auténticos canallas, el 24 por ciento de hombres no devolvió absolutamente nada —sólo el 7 por ciento de mujeres tuvo un comportamiento parecido.

Pero cuando observamos el cuadro completo, vemos que destaca un hecho curioso: el comportamiento licencioso masculino que produjo nuestro fichero de donjuanes de primera fila aparece ligado a un deseo masculino completamente incongruente, que es el de castigar a los infractores. A pesar de los bien documentados fallos morales de mi género, somos nosotros quienes elegimos a los encargados de castigar: a los jueces que ahorcan, los predicadores que condenan a los pecadores, los inflexibles sargentos de instrucción, los ejecutivos intransigentes.

No hay mejor ejemplo de esta contradicción que Eliot Spitzer, antiguo comentarista de la CNN. Como fiscal general del estado de Nueva York, este hombre casado y padre de tres hijas era conocido por su incansable cruzada contra los sobornos, la corrupción y toda forma de maldad. Siendo gobernador de Nueva York, llegó a ser más conocido como «Client#9», el abnegado patrocinador de un servicio de señoritas de compañía de alto *standing* y completamente ilegal en Washington D.C.

En la década de los noventa, los cinco líderes del congreso que dirigieron el proceso de destitución de Bill Clinton parecían haber sido cortados por el mismo patrón empapado en testosterona. Durante meses esos hombres vilipendiaron al presidente por el episodio del cigarro puro en la Sala de Mapas con Monica Lewinsky. Pero antes de que las aguas volvieran a su cauce, cada uno de estos paladines republicanos de los valores familiares quedó en evidencia al ser descubiertas sus propias aventuras extramaritales, de las que al menos una, había producido un niño ilegítimo.

Entonces, ¿es responsable la testosterona de convertir a los hombres en hipócritas así como en unos salidos?

APLÍQUENSELO SÓLO EN LOS HOMBROS

Para investigar el papel de la testosterona como el gemelo malo de la Molécula Moral, necesitaba poder introducirla en la ecuación conductual de una forma regulada con precisión, de la manera en que lo hicimos en nuestras comparaciones con-y-sin que comenzaron con la inoculación de oxitocina a los participantes. Afortunadamente, en este caso, había un medicamento fácilmente disponible para aumentar la testosterona y contaba con la autorización de la FDA.

AndroGel es el preparado sintético de testosterona que tomé antes de mi salto en paracaídas. Es un gel que se absorbe a través de la piel y se presenta en cómodos parches de un solo uso, algo así como el gel de manos antibacteriano. De hecho se parece y huele como el gel de manos, lo cual facilitó mucho poder contar con un placebo para el estado «sin testosterona extra» de nuestros estudios.

Siempre que voy a someter a alguien a un experimento en el laboratorio, lo pruebo yo primero, simplemente para comprender qué le estoy pidiendo a alguien que aguante. Así que conseguí una receta para AndroGel y durante dos semanas me lo puse en los hombros a la misma hora cada día. El efecto máximo tiene lugar dieciséis horas más tarde. Así que al día siguiente y cada mañana durante las dos semanas posteriores, me despertaba como si volviera a tener diecinueve años. Realizaba sesiones monumentales de ejercicios en el gimnasio. No necesitaba dormir mucho y me paseaba por ahí con la arrogante confianza (y la libido) del jugador de fútbol universitario que una vez fui.

Afortunadamente, ser un macho alfa rebosante de testosterona no parecía afectar a mi capacidad de relacionarme estrechamente con mis hijos o con cualquier otra persona. Y me complace añadir que salí de la experiencia sin meterme en peleas ni discutir con nadie por una plaza de aparcamiento.

Nuestros participantes en los experimentos con AndroGel se presentaron por la tarde. No nos extrañó que el anuncio que habíamos puesto en el que solicitábamos hombres jóvenes para experimentar con testosterona, atrajera a un puñado de tipos atléticos y levantadores de pesas. Habíamos excluido del estudio a las mujeres por el riesgo de que la testosterona pudiera crearles problemas reproductores.

Llenamos cuatro pipetas con sangre de estos hombres para medir sus niveles iniciales de testosterona y luego les controlamos mientras se aplicaban el gel. «Aplíquenlo sólo en los hombros, caballeros… no ahí abajo.» A la mañana siguiente lo primero que les hicimos fue volver a extraerles sangre y que jugaran a los juegos económicos habituales. Luego les pedimos que regresaran seis semanas después para repetir el proceso. Durante la primera visita, cada uno recibiría el AndroGel que intensificaría su índice de testosterona hasta duplicar el nivel normal. En la otra, recibiría sin saberlo el gel para manos. Ello nos permitiría comparar directamente a la misma persona como un tipo «normal y corriente» y como un supermacho.

Cuando examinamos los resultados, vimos que nuestros machos alfa con suplemento de testosterona eran un 27 por ciento menos generosos en el Juego del Ultimátum que ellos mismos con placebo. Pero la razón subyacente de este efecto no era accidental; se trata de una distinción química con un propósito. Resulta que la testosterona bloquea la unión de la oxitocina con su receptor, lo cual pone el freno al ciclo virtuoso que presenté en el capítulo anterior. Cuanto más alto es el nivel de testosterona, más bloqueada se encuentra la respuesta a la oxitocina, y menos empatía experimenta una persona. Cuanto menos empatía experimenta una persona, menos generosa es.

De modo que el déficit de empatía que observamos en los hombres no es simplemente un factor que les hace ser más agresivos. La testosterona interfiere *específicamente* en la absorción de oxitocina, mitigando la actitud afectuosa y emotiva. Al principio suena como algo negativo. Pero al hacer a los machos jóvenes —los cazadores y guerreros— no sólo más rápidos y fuertes sino también menos piadosos, la testosterona consigue que se anden con menos remilgos a la hora de aplastar cráneos para alimentar y proteger a la familia. Ser piadoso suele ser preferible, pero cuando de lo que se trata es de matar animalitos encantadores para sobrevivir, o repeler a los invasores que tratan de quitarte la comida (o a tus hijos), ser excesivamente «piadoso» no es tan bueno.

VÉRSELAS CON GANDULES Y TRAMPOSOS

No todas las amenazas de nuestro entorno de adaptación evolutiva procedían de las grandes fieras ni de los fieros vecinos ajenos a la tribu. Dado que los humanos dependían tanto de una estrategia de cooperación como de la cohesión del grupo, la propia supervivencia se veía en peligro por cualquier miembro del clan que no acatara las reglas y no sólo por aquellos que eran demasiado agresivos. En un mundo en el que para llenarse la barriga había que trabajar duro y correr grandes peligros, la amenaza también procedía de cualquier integrante del grupo que no asumiera su cuota de trabajo. Los científicos sociales llaman a esta conducta perezosa el *problema del polizón* u *holgazanería social* y constituye un grave problema. Cuando falla el GPS moral interior de una persona, es cuando se necesita del impulso de los demás para que le den un puntapié. Nuestros estudios demuestran que es la testosterona lo que propina el puntapié.

Al hacer que la testosterona bloqueara las acciones de la oxitocina, la naturaleza se aseguró de que aproximadamente la mitad de la población fuera moderadamente carente de empatía, lo cual equivalía a ser despiadado, incluso insensible, cuando se trataba de castigar no sucumbiendo ni a las lágrimas ni a las excusas. Los hombres se convirtieron en los primeros garantes del orden tanto en asuntos grandes como pequeños. Incluso hoy, cuando alguien está con la música a todo volumen en la playa, a muchas personas nos gustaría ir donde él y convencerle del poder relajante de las olas (o al menos de las virtudes de los auriculares). Pero pocas personas vamos y mantenemos esa conversación, y casi todos los que lo hacen son hombres.

Hasta los chimpancés tienen un sentido innato de cómo se juega. (Si lo duda, recompense, por la misma tarea, a un chimpancé con una uva y a otro con un pepino y vea lo que pasa. A poder ser desde detrás de un cristal.) Dentro del grupo, un chimpancé tacaño adquirirá una mala reputación, de manera que la próxima vez que haya comida a repartir, el estigmatizado como tacaño tendrá que rogar y pedir durante mucho más tiempo para tener alguna esperanza de llevarse una parte.

En nuestros experimentos iniciales con el Juego de la Confianza en UCLA, mucho antes de que comenzáramos a aplicar testosterona, observamos que los jugadores en posición B devolvían un casi invariable 41 por ciento de lo que ganaban en la transferencia de su jugador A. Pero había una excepción importante. Siempre que un jugador B masculino recibía un envío de algo menos del 30 por ciento, respondía devolviendo prácticamente nada. La falta de confianza denotada por una transferencia tan mezquina realmente fastidiaba a esos hombres, porque cuando les tomábamos muestras de sangre encontrábamos una punta de dihidrotestosterona, o DHT, la versión de alto calibre de la testosterona que estimula primitivas regiones del cerebro relacionadas con la agresión. El efecto DHT en el cerebro es unas cinco veces mayor que el de la testosterona. No sólo desencadena la agresión, sino que incrementa la dopamina, lo cual hace que la agresión resulte agradable. Y había una correlación sutilmente apreciable —cuanto menores eran las ofertas de A, mayor era el nivel de DHT en B— siempre y cuando el jugador B fuera hombre. Este efecto no aparecía en absoluto en las mujeres.

Las mujeres que recibían transferencias bajas como jugadoras B manifestaron después que se sentían «heridas» o «decepcionadas», y a veces incluso «furiosas», pero su ira nunca alcanzó el punto de buscar la venganza. En cambio, las jugadoras B devolvían una cantidad sistemáticamente proporcional por muy pequeña que fuera la transferencia inicial que recibían.

Ello me hizo pensar en las veces que he visto a una mujer acelerando bruscamente para alcanzar a un conductor que la había adelantado, profiriendo insultos y tal vez enseñándole un dedo. Cosa que no ha ocurrido nunca. Y sin embargo veo a hombres haciendo esto todo el tiempo.

Los hombres con un nivel alto de testosterona inicial tienen una alerta instantánea, y el deseo de castigar es automático y exagerado, descarado más que disimulado, y abiertamente reactivo. Eso significa que cuando la testosterona está al mando, incluso las señales ambiguas pueden provocar problemas. En las culturas muy tradicionales —como Sicilia, o en Carolina del Sur antes de la Guerra de Secesión— alguien que se ofendiese con facilidad podía ser respetado como un «hombre de honor». Pero el inconveniente de esta actitud ante la vida es, desde luego, hacer frente a una apretada agenda de duelos y *vendettas* en los que puedes resultar muerto. También provoca que muchos adolescentes pierdan la vida por quién ha mirado mal a quién.

La evolución seleccionó este tipo de conducta —hasta cierto punto— porque introducir meramente la amenaza del castigo incrementa de forma importante los comportamientos prosociales, incluso cuando no se castiga o se hace raramente. En estudios psicológicos, la amenaza de castigo funciona aun cuando el propio castigo es puramente simbólico.

Pero la naturaleza favoreció la supervivencia de los grupos con miembros que realmente *disfrutaban* castigando a los chicos malos, incluso cuando el castigo acarreaba un coste personal importante, y los escáneres cerebrales han determinado que castigar activa las áreas de gratificación ricas en dopamina del cerebro masculino mucho más que en el femenino.

En nuestros estudios con el gel de testosterona, nuestros machos alfa recién creados se mostraban el *doble* de dispuestos a castigar a otros cuando estaban con la testosterona al máximo que cuando funcionaban con su nivel hormonal normal. Para ver hasta dónde llegarían estos tipos en esta urgencia de devolver el golpe, añadimos una característica extra al juego: el jugador B no sólo podía negarle un pago al jugador A que aparentemente le había desairado, sino que podía castigarle activamente declarando en privado lo que él pensaba que merecía haber recibido del jugador A. Si la oferta del jugador A no coincidía con esta cantidad desconocida, todo el dinero en juego desaparecería para ambos. Ello permitía al jugador B, con un coste para sí mismo, castigar a un tacaño jugador A sin más provecho que el placer que ello le procuraba. Un 10 por ciento de nuestros machos alfa creados farmacológicamente decidieron destruir todo el dinero disponible en lugar de aceptar una oferta baja, mientras que sólo el 3 por ciento de machos no hormonados ejercieron esta opción.

De hecho, cuando los chicos con testosterona eran comparados consigo mismos inoculados con placebo, exigían sistemáticamente más de los demás como «una oferta razonable». Y tanto la tacañería como el castigo se incrementaban a medida que lo hacía el nivel de testosterona del hombre. En otro estudio, los científicos aplicaban choques eléctricos suaves. Cuando los hombres (pero no mujeres) observaban cómo se aplicaban las cargas a socios no cooperativos, experimentaban no sólo una activación de las áreas de gratificación del cerebro, sino también una desactivación relajante de la matriz del dolor. De modo que aunque la venganza no sea literalmente dulce, proporciona un agradable bálsamo de placer; al menos en los hombres.

¡En resumen, testosterona más dopamina resulta ser el anti-HOME, un sistema completo de refuerzo para «no ser piadoso». Le llamo el circuito cerebral testosterona-dopamina COD, por Castigo Ordenado por la Dopamina, que parece ser ejercido bastante a menudo por machos que se consideran a sí mismos en la «cima» de la escala social.

¡La ventaja para el grupo de que al menos a algunos de sus miembros les guste castigar es que se refuerza la moralidad al incrementar el precio a pagar por las conductas antisociales, así como la posibilidad de tener que hacerlo. El COD es también otro argumento en contra de la idea de que las invocaciones religiosas y morales dictadas por la autoridad son la única manera de lograr la armonía social. Siempre que establezcamos las condiciones iniciales correctas, el sistema creará de forma natural sus propios incentivos para acatar las reglas, así como los factores desmotivadores para no infringirlas.

Investigadores de la Universidad de Erfurt en Alemania y de la London School of Economics realizaron un estudio que demostraba claramente estos efectos naturales. Utilizaron lo que se denomina el Juego de los Bienes Públicos, que implica establecer dos clubes de inversión: el A (los Gorrones) y el B (los Castigadores). El experimento puso a prueba a ochenta y cuatro participantes en treinta repeticiones de un proceso de dos o tres etapas, según el club. En ambos grupos existía la fase decidir-quién-se-va-a-incorporar, seguida de la fase hacer-una-aportación-o-no. La diferencia era que entre los Castigadores, pero no entre los Gorrones, había una tercera fase para sancionar o castigar.

Para hacer avanzar el juego, cada uno de los ochenta y cuatro participantes recibía 20 euros. Entonces se le pedía que se uniera o a los Gorrones o a los Castigadores, y luego que decidiera cuánto iba a invertir de los veinte euros. Todo lo que el participante decidiera no aportar al fondo colectivo iría a parar a su cuenta privada.

Pero aquí está el punto conflictivo que hacía que las cosas se pusieran interesantes: los únicos fondos que aumentarían de valor eran aquellos que iban al fondo colectivo. Al final del juego, cada fondo se dividiría equitativamente entre todos los miembros del club, independientemente de lo que hubiera invertido cada uno. Según este diseño, el gorrón más egoísta recibiría lo mismo que quien lo dio todo para aumentar la prosperidad general.

Al final de la fase de aportaciones de cada ronda, todos los jugadores eran informados de las contribuciones hechas por los demás. También se les daba el resultado de sus ganancias hasta ese momento, así como la de todos los demás, en ambos grupos.

Entre los Gorrones, sin tercera fase para sanciones, había una gran pancarta con BIENVENIDOS GORRONES colgando sobre la puerta, y mucha gente aceptaba la invitación a tratar de obtener algo por nada.

Entre los Castigadores, sin embargo, no había ningún lugar para ocultarse. Cada jugador tenía la capacidad de recompensar al generoso, o de descubrir a los gorrones, o ambas cosas. El castigo adoptaba la forma de una ficha de penalización que podía ser asignada por cualquiera, y que costaría tres euros al miembro considerado no aportador. Pero el placer de castigar no era gratuito. El miembro que asignaba la penalización de 3 euros tendría que pagar él mismo un euro. Si quisiera recompensar a un aportador generoso el sistema funcionaba de la misma forma. Una ficha de bonificación de 1 euro, asignada a una buena persona, le costaría a él 1 euro.

Al comienzo del experimento, aproximadamente sólo un tercio de los jugadores se enroló en los Castigadores. (Vale, yo tuve mi propia experiencia con monjas que nos golpeaban en el dorso de la mano con reglas. ¿Quién quiere más?) Y en la primera ronda, los aprovechados de los Gorrones se comportaron como bandidos. No aportaron nada pero seguían beneficiándose del incremento del fondo común.

Después de la quinta ronda, sin embargo, estaba claro que el grupo más exigente —y cooperativo— de los Castigadores estaba ganando más. Este descubrimiento tuvo un efecto amplificador, haciendo que más gente se apuntara al grupo ganador. A la décima ronda, setenta y cinco de los ochenta y cuatro jugadores habían cambiado de grupo y pasado a los Castigadores aceptando la idea de sanción. Al haber más miembros incorporados y que aportaban libremente, los beneficios de tener una institución que de forma clara y equitativa aplicaba sus reglas aumentaron más todavía. Suiza contra México.

A la decimotercera ronda, los Castigadores estaban nadando en dinero y todo el mundo hacía aportaciones tan generosas que la necesidad de sancionar se fue diluyendo —bastaba con la amenaza del castigo—. Mientras tanto, los activos de los Gorrones se habían reducido hasta llegar a 0.

Gran parte de las elevadas ganancias de los Castigadores se debían a aquellos que corrían ellos mismos con el coste de castigar a los Gorrones. En las primeras rondas no estaba claro el beneficio de penalizarse entre sí (aparte del placer del circuito COD procurado por el castigo), pero luego comenzó a desarrollarse el ciclo virtuoso y resultó evidente que una institución que promueve la conducta prosocial no sólo recompensando a los buenos sino también sancionando a los malos, ofrece los mayores beneficios.

Si hay alguna duda, comprobemos el valor de la propiedad inmobiliaria en Texas, al menos hacia 2011, comparado con el de Arizona, Nevada o Florida. Los texanos evitaron el reciente fiasco de la burbuja inmobiliaria por tener y aplicar normativas que impedían que la gente convirtiera el mercado en un casino. Hoy en día se las apañan muy bien con valores que aumentan sin parar. Los otros soleados lugares mencionados adoptaron el concepto del casino y despilfarraron dinero como si no hubiera un mañana. Pero finalmente, llegó el mañana y todos se arruinaron.

La ventaja del COD es que es un aliciente para que los miembros de la sociedad acaten las reglas. Lo malo, una vez más, es que provoca que los jóvenes se maten entre sí porque el asesino se sintió «ultrajado».

También provoca batallas verbales por plazas de aparcamiento, peleas en bares y mucha violencia doméstica. Los hombres con gran cantidad de testosterona se divorcian más a menudo, pasan menos tiempo con sus hijos, entran en competiciones de todo tipo, tienen más compañeras sexuales (así como disfunciones en el aprendizaje) y pierden el empleo más a menudo.

Por lo tanto, una vez más, lo mejor es el equilibrio. Es por eso que la naturaleza emparejó la testosterona (agresión y castigo) con la oxitocina (empatía y cooperación) en un trabajo en equipo, permitiendo que las proporciones de cada una fluctuaran para adecuarse a las circunstancias inmediatas.

LA ACTITUD FEMENINA ANTE EL RIESGO

En la división de géneros, en el lado femenino, las madres fueron capacitadas con receptores de oxitocina bien cebados para la empatía, el vínculo de pareja y la dedicación a los niños. En lo que respecta al lado masculino, había suficiente oxitocina y empatía para participar de todo lo anterior, pero no lo suficiente como para interferir en la disposición a la agresión, la asunción de riesgos y la aplicación de las normas, impulsadas por la testosterona. Y por encima de todo ello, estaba el intermitente arrebato de testosterona (DHT) que procuraba auténtico placer al castigar a holgazanes y fastidiosos, aunque el castigo supusiera un importante coste personal.

Pero aunque las mujeres tienen una propensión química más fuerte hacia la conducta prosocial, que llamamos moral, las pruebas no respaldan la existencia de estereotipos de género. En algunos de nuestros estudios, la persona con mayor nivel de testosterona era mujer y los gays pueden tener unos niveles de testosterona increíblemente altos.

Atiborrados de testosterona por naturaleza, los hombres siempre han sido los encargados de asumir los riesgos por toda la sociedad, animando a la especie a tentar los límites y no sólo de la forma en que lo hacen los especialistas en las películas de acción. Un neurocientífico llamado Brian Knutson hizo que unos tipos vieran pornografía para activar su circuito COD, y luego les pidió que se decidieran por una inversión u otra. Los tipos que se habían acelerado (puesto como una moto) sexualmente estaban un 19 por ciento más dispuestos a hacer inversiones arriesgadas que quienes no habían estado admirando a las damas.

En los días de las caravanas que se dirigían al Oeste, los hombres de la expedición Donner decidieron apostar por un atajo no conocido. Lamentablemente, esa ruta más «rápida» les condujo a las Sierras en otoño, cuando se acercaban las nevadas, lo que provocó que se quedaran atrapados en lo que hoy se conoce como el Paso Donner. La mitad de ellos murieron; el resto se dedicó al canibalismo. Los relatos de los supervivientes indican que las mujeres de la expedición se habían opuesto enérgicamente a la idea de apostar por una ruta que no había sido probada.

Los actos arriesgados pueden matarte. Por otro lado, una tolerancia demasiado baja al riesgo hubiera significado que todos los pioneros —no sólo los de la caravana Donner— se habrían quedado en casa y trabajado por un sueldo en Brattleboro (o incluso en Edimburgo) en lugar de convertirse en dueños de su propio rancho en el oeste.

De modo que la naturaleza nos muestra una vez más el yin y el yang, el antagonismo entre oxitocina y testosterona que ayuda a producir el equilibrio más adecuado, un elemento de compensación entre «Kumbayá» y una patada en el trasero.

En nuestros estudios del Juego de la Confianza, la única categoría en la que las mujeres eran más tacañas que los hombres era cuando estaban en la posición A y tenían que asumir un riesgo transfiriendo dinero para aumentar sus ganancias. La cantidad media que transferían de buena gana era de unos 4,5 dólares de 10, mientras que los hombres estaban dispuestos a arriesgar, como media, unos 6 dólares. La mayor aversión al riesgo por parte de las mujeres se manifiesta en el hecho de que las mujeres contratan más seguros de vida, conducen con más cuidado e invierten sus fondos de pensiones de forma más conservadora que los hombres.

Existen razones sólidas y evolutivas para que las mujeres tengan más aversión al riesgo que los hombres. Pero ¿es un enfoque —uno inducido por la oxitocina y el otro por la testosterona— mejor que otro?

Nunca lo sabremos hasta que no lleguemos a las Sierras.

Quien teme demasiado al riesgo nunca se pone en marcha y quienes se arriesgan demasiado suelen morir por el camino, razón por la cual una equilibrada perspectiva en cuanto a género parece ofrecer los mejores resultados. Así que tal vez los hombres de la expedición Donner tendrían que haber hecho más caso de los recelos de sus esposas. O tal vez tendrían que haber seguido un sistema como el de ciertas tribus indias norteamericanas que tienen (a) jefes hombres para cada clan, pero (b) los jefes hombres pueden ser destituidos por el voto de todas las madres del clan.

La propia confianza es otro ámbito en el que a la oxitocina le puede venir bien una dosis de testosterona. Tener demasiada confianza es una forma de ser ingenuo y la ingenuidad puede ser tan peligrosa como ser demasiado atrevido —¿se acuerdan del timo de la estampita en la gasolinera ARCO?

En la Universidad de Utrecht en Holanda, los investigadores dieron a las mujeres pequeñas dosis de testosterona y luego les pidieron que juzgaran la confianza que les producían los rostros de unas fotografías. Con testosterona, las mujeres eran considerablemente menos confiadas que con placebo. Las más afectadas eran quienes habían sido más confiadas, lo cual equivale a decir más socialmente ingenuas, antes de la administración de testosterona.

También sucede que la producción de testosterona en las mujeres ocurre antes de la ovulación. Ello incrementa la libido justo cuando hay más probabilidades de que se produzca la concepción, pero también mitiga la empatía lo suficiente como para incrementar la cautela. El embarazo y la crianza de un niño exigen una inversión tan enorme de recursos metabólicos, tiempo y energía que a una mujer le compensa ser escéptica —y exigente— cuando valora la fiabilidad de un potencial compañero sexual. De manera que la naturaleza equilibró el impulso por concebir y reproducirse —vivacidad en el periodo más fértil del mes— con un instinto que contrarresta las elecciones imprudentes.

GANADORES

Los humanos están programados para ser confiados y escépticos, protectores y castigadores, competitivos y cooperativos, porque cada una de estas fuerzas opuestas puede contribuir a la supervivencia. Pero el mayor yin y yang puede ser el equilibrio entre competitividad y cooperación. Es la testosterona la que se ocupa de la parte competitiva, y esto se aplica a ambos géneros.

Las jugadoras de un equipo de fútbol universitario mostraban un nivel de testosterona más alto al enfrentarse a un equipo contrario especialmente duro, y cuando ganaban, su nivel de testosterona permanecía alto durante horas. Por la misma razón, cuando ves perder a tu equipo favorito en un evento deportivo —incluso en televisión— tu nivel de testosterona se reduce, seas hombre o mujer. Si te identificas mucho con un equipo (y aquí tenemos una clara influencia de la oxitocina), te convierte, por añadidura, en un perdedor cada vez que pierde. Así que una vez más, vemos a la testosterona interactuando con la oxitocina —ese asunto de la empatía—. Pero no sólo estamos hablando de la Super Bowl o de la Copa del Mundo. Incluso ganar un concurso de ortografía puede hacer que te suba la testosterona y perderlo hará que te baje.

Todos sabemos que un poco de competitividad puede mejorar el rendimiento. El estrés moderado de la competición moderada es bueno para nosotros —centra la atención, mejora la memoria y la cognición y aclara las metas—. Con moderación, también estimula la secreción de oxitocina, lo cual nos motiva a explotar nuestros recursos sociales.

Pero hombres y mujeres tienen diferentes puntos de inflexión para que una hormona lleve la voz cantante. El efecto de la oxitocina es más fuerte en las mujeres. Bajo un estrés moderado, ellas se agrupan con más facilidad, una conducta que la psicóloga de UCLA Shelley Taylor llama la respuesta «cuidar y hacer amistades». En los hombres, el alto nivel de testosterona se centra más en ganar y en hacer que los perdedores sean conscientes de que han sido vencidos.

Pero ganar mucho y siempre puede tener un efecto corrosivo por el baño de testosterona que supone para un individuo. Salirse siempre con la suya de forma continuada y durante mucho tiempo puede reforzar algunas de las conductas más odiosas y típicamente masculinas asociadas a la hormona.

Como hemos visto, los tipos amables no siempre pierden —la amabilidad ayuda en realidad a los individuos a ascender en un grupo—. Pero luego pasa algo curioso. Estar en la cima parece convertir a la gente en imbécil. Algunos estudios sobre corporaciones demuestran que las conductas más groseras e inapropiadas, tales como soltar blasfemias, flirtear de manera inadecuada o tomar el pelo de forma hostil, se suelen dar de manera desproporcionada en quienes ocupan los mejores puestos. Alcanzar un alto estatus social parece que no sólo aporta soledad sino también una conducta moralmente arriesgada.

Lo cual nos lleva de nuevo a los machos alfa y a los escándalos sexuales. En 2011, cuando Dominique Strauss-Kahn, un destacado político francés y director del Fondo Monetario Internacional fue acusado de abusar sexualmente de una camarera de un elegante hotel de Nueva York, provocó un inusitado revuelo en Francia, donde los privilegios masculinos y el orgullo de no ser tan puritanos como los anglosajones sólo se ven superados por un respeto popular (y deferencia mediática) hacia las élites. Si eres ingenioso, elegante y poderoso, las reglas normales que se aplican al ciudadano de a pie simplemente no se te aplican a ti. Aunque se retiraron los cargos contra Strauss-Kahn por el incidente de Nueva York, han aparecido nuevos informes sobre otras relaciones de abuso a mujeres. La tolerancia francesa con los asuntos extramaritales, combinada con una gran riqueza y poder y con una renuencia por parte de los medios franceses —u otros—

a denunciar públicamente, crearon un escenario bastante feo. El asunto también ha puesto de manifiesto el grado en que el soborno y la corrupción han sido escondidos bajo la alfombra, de igual manera, por un ambiente de indulgencia mutua en el que el poderoso tiene patente de corso.

Bajo la influencia de la testosterona, todos los líderes tienen la probabilidad de volverse más temerarios e impulsivos cuanto más alto lleguen. En algunos casos, estos hábitos impulsados por la testosterona pueden contribuir a que los ejecutivos sean más decididos y resueltos o más proclives a tomar decisiones que, a pesar de no ser muy populares, resultarán innovadoras y rentables. Pero eso sucederá a menos que la emoción de asumir riesgos, y/o de conseguir un objetivo poco meditado, lleve al ejecutivo (y a su empresa) a la quiebra; o a un ejército a un atolladero.

Mis estudios con AndroGel demostraron que los hombres a los que se les aplicó testosterona no sólo eran más egoístas, sino que, como Dominique Strauss-Kahn también sentían que tenían derecho a comportarse como lo hacían. Antes de que comenzara el experimento, pedí que cada participante me dijera cuál era la cantidad más pequeña que aceptaría en el Juego del Ultimátum. Estos mismos hombres, después de ser atiborrados con testosterona, rechazaron propuestas que equivalían a su propia cifra «aceptable» el 10 por ciento de las veces. Los hombres que tomaron placebo sólo incurrieron en esta incoherencia el 3 por ciento de las veces.

La gente poderosa dedica mucho menos tiempo a establecer contacto visual, al menos cuando una persona sin poder (que a menudo suele ser una mujer) está hablando. En ensayos como los nuestros, administrar testosterona ha demostrado inhibir realmente la capacidad de las personas de captar los mensajes sociales que transmite el contacto visual. Ello puede ser, en parte, la razón de que los jefes atiborrados de testosterona estén más dispuestos a basarse en estereotipos y generalizaciones cuando evalúan a otros y más proclives a racionalizar sobre sus propios defectos. Después de todo, son gente importante, con cosas importantes que hacer, y como ellos dirían, acarrean una pesada carga de responsabilidad.

En los juegos de rol, los alumnos que hacían de jefe eran mucho menos sensibles a los razonamientos. Era como si ni siquiera importara lo que se estaba diciendo —sus mentes ya lo tenían claro.

Deborah Gruenfeld, psicóloga de la Escuela de Negocios de la Universidad de Standford, estudió mil sentencias dictadas por el Tribunal Supremo de los Estados Unidos durante un periodo de cuarenta años y descubrió que, a medida que los jueces aumentaban su poder en el tribunal o se convertían en miembros de una coalición mayoritaria, sus opiniones escritas tenían en cuenta menos perspectivas y posibles consecuencias. (Lo que da miedo es que las opiniones alcanzadas de esta manera, siendo opiniones *mayoritarias*, son las que llegan a convertirse en la ley imperante.)

El avance de las mujeres en los negocios y en la política ha hecho que ahora haya más paridad a la hora de ser un imbécil. Fue una mujer, la fallecida magnate inmobiliaria Leona Helmsley, quien se hizo famosa por decir (poco antes de ser encausada) que «pagar impuestos es de gente vulgar». La empresaria mediática Martha Stewart, toda una autoridad en «estilo de vida y cocina», era incapaz de admitir la más leve falta y aceptar una reprimenda, así que en contra del consejo de sus abogados mintió a los investigadores federales y terminó pasando cinco meses en prisión. Luego se comparó a sí misma con Nelson Mandela, otra «buena persona» obligada a pasar tiempo en chirona. (Lo siento, Martha, lo tuyo es ceguera moral. Pasar veintisiete años en prisión por defender la libertad de tu pueblo es ligeramente distinto a ir a la cárcel por delinquir en una operación bursátil y luego mentir sobre ello.)

Tradicionalmente, los hombres se han preciado de ser tipos fuertes y callados, y como Nelson Mandela, estoicos frente a las privaciones y el dolor. También nos enorgullecemos de «no ser nada sentimentales» cuando ocupamos altos cargos. En el mundo del macho tradicional —pensemos en Don Draper en *Mad Men*— se admira la indiferencia serena y tranquila, y los signos de emoción son considerados una debilidad.

Pero las mujeres llevan mucho tiempo sosteniendo que a veces la *fría indiferencia* es simplemente otra forma de decir «emocionalmente ausente», lo cual significa que al subestimar la empatía y las percepciones intuitivas, los hombres se pierden las sutilezas no sólo del contacto visual sino también de las palabras, el lenguaje corporal e incluso el contexto social.

En el clásico de Stanley Kubrick, *2001: Odisea del espacio*, el ordenador HAL decide matar a todos los humanos de la nave espacial que está guiando porque ha calculado que sus «sentimientos» harán peligrar la misión. En Vietnam, el razonamiento abstracto condujo a utilizar una absurda métrica de «recuento de víctimas» para justificar tácticas que no tenían sentido (por aquel entonces el secretario de Defensa Robert McNamara se había hecho popular por introducir la gestión cuantitativa en la industria del automóvil). También se escucharon declaraciones surrealistas tales como «tenemos que destruir el pueblo a fin de salvar al pueblo».

EQUIPOS DE TESTOSTERONA

Con la oxitocina y la empatía disminuidas, es muy fácil que el otro se convierta en el Otro, y luego en el Enemigo, y más tarde en el Inferior o en el Demonio. Sin conocer la fisiología exacta, gobiernos y ejércitos se dieron cuenta hace ya miles de años de que la forma de poner en marcha la testosterona, reducir la empatía y aumentar el deseo de castigar, era fabricando una amenaza externa para la existencia de un grupo. Dar a nuestra hostilidad ese brío extra y eliminar todo vestigio de los efectos de la oxitocina contribuye a transformar a los adversarios en monstruos.

Los antiguos griegos y persas se insultaban mutuamente llamándose bárbaros. En los tiempos modernos los propagandistas inventaron términos como el Peligro Amarillo, el Eje del Mal, el Imperio del Mal, Hunos, Japos, Rojos, etc., para eliminar toda noción de que la persona a la que uno se enfrentaba tenía cualidades humanas y, a veces, las únicas razones que se daban era que el adversario era infrahumano o que estaba poseído por Satán.

El Nobel de Economía Vernon Smith demostró que simplemente utilizar la palabra *adversario* en lugar de *compañero* era suficiente para reducir a la mitad los niveles de confianza. Cuando se utilizaba la palabra compañero para describir a otra persona, se registraba una confianza del 68 por ciento. En la misma situación, cuando se utilizaba la palabra *adversario*, la confianza caía al 33 por ciento.

A veces, una dependencia a la abstracción racional excluyendo la empatía contribuye a un respeto completamente irracional por la autoridad. A principios de la década de 1960, el psicólogo Stanley Milgram hizo un famoso experimento en el que pedía a la gente que administrara un suave electrochoque a otra persona oculta a la vista, pero sentada lo suficientemente cerca como para poder escucharla. Un científico de bata blanca —la «figura de autoridad»— no dejaba de pedir a la persona que administraba la descarga que le pusiera un poco más de corriente. Los participantes eran increíblemente cumplidores, incluso después de que comenzaran a escuchar gritos de dolor. (Ni el dolor, ni los gritos, ni la corriente eléctrica eran auténticos, pero a los participantes se les dijo que sí lo eran.) Dos tercios de los participantes aplicaron a su prójimo lo que pensaron que era alta tensión incluso cuando les avisaron de que podría ser mortal. Después de todo, un representante de la autoridad les estaba diciendo que lo hicieran, así que moralmente —al menos así lo veían ellos— estaban exculpados.

En otro clásico estudio llamado el Experimento de la Prisión, de Stanford, el psicólogo Philip Zimbardo asignó al azar voluntarios para el papel de guarda o de preso dentro de una falsa prisión que funcionaba día y noche. Después de seis días el ambiente de la prisión se había vuelto demasiado real, y desagradable, y todo el asunto tuvo que ser cancelado. Los guardas se volvieron sádicos y torturaban a los presos. Algunos presos se volvieron pasivos y aceptaron los maltratos. Otros estuvieron enseguida dispuestos a cumplir cuando les pidieron que infligieran castigos a otros prisioneros. El propio Zimbardo estuvo al borde de propasarse en su cargo como «alcaide de la prisión», perdiendo de vista su papel como psicólogo y dejando que los maltratos se descontrolaran.

Las distinciones «dentro del grupo/fuera del grupo» pueden bloquear la empatía y provocar cosas muy malas debido en parte a que cuando seguimos a la masa, la dopamina entra en acción, haciendo que el pensamiento de grupo y la conformidad resulten agradables. (La cara B es el dolor que sentimos cada vez que somos excluidos de un grupo o de una relación. Resulta que el cerebro procesa el dolor social exactamente como si fuera dolor físico.) Este placer/dolor, atracción/imposición refuerzan la identidad del grupo, incluso cuando éste se transforma en una muchedumbre dispuesta a linchar.

La testosterona marca la diferencia «dentro del grupo/fuera del grupo» incluso en una rivalidad tan benigna como el juego del dominó. En un estudio realizado en el Caribe, los niveles de testosterona eran mucho más altos cuando los hombres jugaban contra adversarios de un pueblo vecino que cuando jugaban contra un competidor de su propio pueblo. Los psicólogos han demostrado que cualquier asignación a un bando hecha al azar —«Vosotros, chicos, los de ese lado sois los pájaros rojos, y vosotros los de allí sois los pájaros azules»— es suficiente para desatar la competencia «dentro del grupo/fuera del grupo».

Juntemos todas estas fuerzas —alto nivel de testosterona, respeto a la autoridad, presión del grupo, abstracciones deshumanizadoras— y obtenemos la locura de los nazis durante los años treinta y cuarenta del siglo pasado o la de los belgas en el Congo a finales del siglo XIX, que castigaban a los trabajadores por el bajo rendimiento en las plantaciones de caucho cortando las manos y los pies de sus hijos. Más recientemente, hemos sido testigos de ejecuciones en masa, violaciones y mutilaciones durante los genocidios de los Balcanes, Ruanda y Sudán, e incluso en la guerra entre cárteles rivales de la droga en la frontera de Estados Unidos y México. Si no eres uno de nosotros, mereces morir y cuanto más cruelmente, mejor.

Sentimos la máxima empatía por quienes nos son próximos, pero cuando estamos amenazados, nuestros cerebros realizan un cálculo muy sencillo de «nosotros contra ellos». ¿Forma parte esta persona de mi grupo o de otro? Mitigando la oxitocina, el estrés provocado por el miedo estrecha el círculo a la empatía, haciendo al mismo tiempo que nos basemos en un cálculo muy amoral sobre qué necesitamos para sobrevivir.

En *Jarhead*, las memorias de Anthony Swofford sobre la Guerra del Golfo de 2003, el autor describe que tenía «miedo de la humanidad del enemigo» porque verles como humanos hace que resulte difícil apretar el gatillo. Pero incluso matar a un enemigo deshumanizado puede resultar deshumanizador —lo cual puede ser un factor que influya en lo que se ha llegado a conocer como trastorno de estrés postraumático—. En un esfuerzo por rehumanizarse a sí mismos, los soldados intercambian abrazos, palmadas en el hombro y se dicen mucho aquello de «te quiero, tío». Cada uno de estos gestos segrega oxitocina y reanima la Molécula Moral, reduciendo el estrés y devolviendo a esos hombres, que han sido obligados a hacer cosas muy inhumanas, la condición humana.

El poeta y líder espiritual Robert Bly dedicó años a dar conferencias esgrimiendo que no se puede mejorar la conducta de los hombres haciéndoles que se avergüencen o tratando de que se comporten como mujeres. Hay que honrar las virtudes de la testosterona —lo que los antiguos griegos llamaban *andreia*— asegurándonos al mismo tiempo de que el ser humano con toda esa corriente agresiva también tiene una cabeza y un corazón plenamente integrados.

En ese contexto especialmente, la igualdad de género es algo grande. Puede hacer que la vida sea menos estresante para todos: para las mujeres por no estar obligadas a realizar los papeles tradicionales y para los hombres por no sentir que deben ocultar sus sentimientos ni que tienen que ir por ahí buscando camorra. De manera ideal, ambos géneros pueden compartir las cargas y alegrías de la vida y no sólo una mitad, apreciando al mismo tiempo algunas diferencias esenciales.

Pero no existe ninguna duda, la testosterona es el problema en lo que respecta a la conducta prosocial. Disminuye de forma natural en los hombres en torno a los treinta años, lo cual contribuye a que los hombres de cierta edad sean menos agresivos y más empáticos, de modo que el patrón de la edad delictiva da marcha atrás cuando los hombres entran en la fase de andropausia, el proceso masculino similar a la menopausia. Hacia los treinta años, la corteza prefrontal en los hombres se encuentra por fin completamente conectada, lo cual permite al cerebro ejecutivo funcionar mejor para inhibir el carácter impulsivo, lo que conduce a una mayor deliberación.

Los efectos de la testosterona también disminuyen cuando un hombre se compromete con una mujer, y si esa relación produce hijos, la testosterona disminuye más aún. En mi propio caso, digo en broma que soy un «hombre femenino» porque tengo dos hijas y paso mucho tiempo cepillándoles el pelo y escogiendo vestidos para ellas. Cuando era un adolescente que arreglaba coches y jugaba al fútbol, nunca me imaginé que haría cosas como éstas, pero ahora me encantan. Y también ahora me arriesgo menos (episodios de paracaidismo aparte), tengo menos enfrentamientos con otros hombres y conduzco con más cuidado. También creo que me he vuelto mucho más tolerante y compasivo.

Otra ventaja de que los hombres tengan más empatía y se ocupen más de sus hijos es que ello contribuye a que los niños reciban los cuidados cariñosos que precisan para desarrollar los receptores de oxitocina necesarios para convertirse en seres humanos empáticos.

Por desgracia, también sucede lo contrario. Los padres disfuncionales tienden a tener carencias de empatía, lo cual produce niños estresados y traumatizados, quienes, a su vez, crecen sin suficientes receptores de oxitocina, lo cual perpetúa el círculo vicioso de personas con carencias empáticas.

5

Los desconectados

Víctimas de malos tratos, malos genes y malas ideas

Hace pocos años, mi mujer dirigía una clínica para pacientes externos epilépticos, en el Centro Médico de la Universidad de Loma Linda, en la que había un gran número de víctimas de traumas. Muchas eran mujeres, maltratadas hasta tal punto que los daños emocionales comenzaron a manifestarse como síntomas físicos, proceso denominado somatización. Se llegaban a convencer de que estaban paralíticas o que tenían ataques o infartos.

En los animales, el abandono o el maltrato extremos pueden bloquear la fisiología de la conexión que la secreción de oxitocina hace posible. Fui a la clínica a ver si podíamos utilizar el Juego de la Confianza para encontrar pruebas de efectos similares en humanos.

El primer paciente que estudiamos era una chica de veintidós años llamada Alicia que había sido repetidamente violada por su padrastro desde que tenía doce. Aunque no tenía nada en las piernas, se presentó en silla de ruedas. Cuando los doctores la animaron a ponerse en pie lo hizo, y pudo caminar arrastrando los pies, pero en su mente estaba completamente paralítica.

Alicia estaba desgarradoramente mal. Cuando le tomamos una muestra de sangre observé la manera en que dejaba caer la cabeza y en que no mantenía contacto visual. No obstante, cooperaba en todo y jugó bien al Juego de la Confianza. Pero cuando era un jugador B y recibía una transferencia de dinero, la demostración de confianza no hizo que aumentaran sus niveles de oxitocina. Tal como habíamos previsto, los traumas infantiles habían bloqueado sus receptores de oxitocina.

Nos llevó un año hacer que quince de estos pacientes con somatización realizaran el protocolo del Juego de la Confianza. Todos llevaban vidas muy inestables y sencillamente no se presentaban cuando habían dicho que lo harían, o se mudaban o cambiaban de número de teléfono, lo cual hacía que fuera muy difícil seguirles la pista.

Más tarde hicimos un estudio de imágenes cerebrales con estos pacientes, mostrándoles fotografías de personas desgraciadas que normalmente suscitan empatía. En estas víctimas de traumas, la amígdala, que tiene una elevada densidad de receptores de oxitocina y modula las emociones, estaba desconectada. Al igual que Alicia en el Juego de la Confianza, estaban emocionalmente apagados y no mostraron respuesta alguna a las fotografías.

Cuando tratamos de ponernos de nuevo en contacto con Alicia para pedirle que viniera para un escáner cerebral, el pariente que contestó al teléfono nos dijo que había muerto. Luego colgó antes de que pudiéramos darle el pésame o averiguar siquiera qué había pasado.

EL CINCO POR CIENTO

Habíamos descubierto pruebas de discapacidad empática ya en nuestros primeros Juegos de Confianza en UCLA. El último jugador durante aquella serie inicial de pruebas tenía un sobrepeso tan pronunciado que mi colega el doctor Bill Matzner le tuvo que clavar la aguja cuatro veces para llegar a la vena. Después de obtener la sangre del joven, le pedí perdón por todo el daño que le habíamos hecho. «No hay problema», dijo. «Me encanta este experimento. ¿Puedo volver mañana?»

Ello me hizo sentir curiosidad; la mayoría de la gente a la que pinchas tres o cuatro veces para una sola muestra de sangre no suele sentirse muy contenta. Así que hice un poco de investigación.

Resultó que este joven había sido un jugador B. La jugadora A con la que había estado emparejado le había transferido cada centavo de su dotación de 10 dólares, lo cual, multiplicado por tres, le aportó una suma de 30 dólares, que añadida a su dotación inicial de 10 dólares le supuso un total de 40 dólares. Pero aunque la jugadora A había apostado todo para incrementar el tamaño del pastel para ambos, este tipo se guardó hasta el último centavo.

En economía del comportamiento, el término técnico para gente así es el de *no-reciprocadores incondicionales*. En mi laboratorio les llamamos *cabrones*.

Con el tiempo descubrimos que el 5 por ciento de nuestros universitarios voluntarios eran así. Decidían no devolver nada fuese cual fuese la cantidad de dinero que el otro jugador les hubiera confiado. En estos casos, el trauma no era un factor; todos ellos eran estudiantes universitarios en plenas facultades, que no habían sufrido traumas graves. Cuando analizamos su sangre, descubrimos que los miembros de este 5 por ciento tenían en realidad un *exceso* de oxitocina. Al principio, esto parecía contrario al sentido común, pero no cuando considerábamos el hecho de que el sistema no reacciona al nivel global de oxitocina sino sólo a un incremento inmediato. El interruptor de desconexión de sus receptores funcionaba mal, inundando el sistema con oxitocina, y el exceso estaba creando un déficit funcional. Sin subida, ni contraste, no había activación de la oxitocina. De manera que aunque el problema de estos no-reciprocadores incondicionales comienza por tener demasiada oxitocina, llamamos a ese estado el Trastorno por Déficit de Oxitocina porque simplemente no secretan la oxitocina que deberían.

Con el tiempo, establecimos que existen en realidad tres amplias categorías de influencia que mitigan o destruyen la respuesta de la oxitocina: temporal, adquirida y orgánica.

Todo el mundo puede tener un mal día, y las preocupaciones laborales puntuales o un mal viaje de vuelta a casa pueden mitigar la respuesta de la oxitocina. Las víctimas de un trauma como Alicia representan una discapacidad adquirida de la oxitocina en un extremo, mientras que la gente en el otro extremo del espectro social puede perder su capacidad de sentir empatía por pertenecer a un estatus alto o manifestar rigidez mental. Las discapacidades orgánicas incluyen una serie de condiciones genéticas, siendo el autismo la más conocida y la psicopatología la más extrema.

UN POCO DE ESTRÉS PUEDE SER BENEFICIOSO

Cualquiera de nosotros puede tener un mal día y el culpable más común de crear un déficit de oxitocina es el estrés, que de vez en cuando puede convertirnos en un no-reciprocador temporal. Y no es necesario estar bajo el fuego de misiles o desesperados por encontrar trabajo o preocupados por un hijo que está en el hospital, para que el estrés mitigue la secreción de oxitocina y que nuestra conducta sea menos generosa.

Existen dos tipos básicos de estrés —crónico y agudo— y ambos afectan al sistema HOME. El estrés de la variedad «ataque de misiles» hace que segreguemos la hormona epinefrina, también llamada adrenalina, que te prepara para la reacción de «huida o lucha». Ahora es de sobra sabido, pero la epinefrina aumenta el ritmo cardiaco y la presión sanguínea y hace que respiremos con más rapidez. Altos niveles de esta sustancia pueden hacer vomitar o aliviar los intestinos y la vejiga. Esta respuesta era útil cuando nuestros antepasados necesitaban aligerar la carga para huir de los depredadores, pero no es particularmente práctica cuando la causa del malestar son las turbulencias en un avión o una discusión seria con tu jefe.

La mayoría de personas del mundo moderno malgastan el tiempo en lidiar con un estrés que no es gran cosa ni resulta espectacular sino que simplemente está entretejido en sus vidas cotidianas. Esta variedad, llamado estrés crónico, hace que el organismo segregue una sustancia llamada cortisol. Dado que nuestros cuerpos evolucionaron para encajar en el entorno de adaptación evolutiva, que hace varios millones de años eran las sabanas de África oriental, esta hormona también servía para escapar de las amenazas, pero de forma más constante. La epinefrina es el impulso inmediato para entrar en acción, pero luego viene el cortisol para mantener el ritmo cardiaco alto, la presión sanguínea elevada y la respiración acelerada, como si tu pueblo se hubiera visto sorprendido por una inundación repentina y tuvieras que esforzarte durante horas para poner a tus hijos a salvo. También libera glucosa de las reservas de grasa para que tus músculos tengan energía lista para quemar. La pega de ésta que fue una muy útil adaptación es que cuando es provocada por las persistentes preocupaciones de bajo nivel de hoy, estas respuestas de mantener un ritmo cardiaco, una presión sanguínea y una glucosa elevados se quedan con nosotros y se convierten en tóxicas en todos los sentidos, provocando enfermedades cardiacas y diabetes, así como un mal funcionamiento de la conducta moral.

Altos niveles de epinefrina y cortisol inhiben ambos la secreción de oxitocina, poniendo palos en la rueda del círculo virtuoso, lo que hace disminuir la empatía e impedir que te preocupes por los demás. La lógica evolucionista en este caso es la misma que la aplicada a las instrucciones de seguridad de un avión: ponte la mascarilla de oxígeno antes de tratar de ayudar a tu hijo. Cuando estás luchando por sobrevivir los próximos sesenta segundos, un alto grado de altruismo, o incluso un refinado sentido de escrúpulos morales, no es la mejor forma de actuar.

Y tampoco hace falta demasiado estrés para volvernos menos virtuosos. Un estudio con seminaristas descubrió que un elevado porcentaje de estos jóvenes especialmente altruistas y espiritualmente comprometidos fue incapaz de detenerse y prestar ayuda a un quejumbroso vagabundo cuando llegaban tarde a clase.

El efecto más pernicioso de tener demasiado cortisol debido a un exceso de estrés es que puede provocar fatiga empática de larga duración. Creo que esto le sucede a mucha gente cuando los problemas de la vida moderna se combinan con una exposición excesiva a los medios de comunicación. Hay tantos conflictos y miseria en el mundo, y tantas personas y causas que solicitan nuestra atención, que a veces lo único que querríamos sería hacernos un ovillo. La cascada constante de estímulos estresantes puede llegar a quemarnos, al igual que se queman los médicos de urgencias y los socorristas, que trabajan siempre en primera línea.

Algunas personas son más resistentes; en otras, un poco de estrés contribuye mucho al agotamiento empático. Para algunas personas, el simple estrés de sentirse aisladas puede *experimentarse* como una amenaza vital, como lo fue para nuestros antepasados primitivos. De modo que incluso la soledad puede mitigar el circuito HOME y hacernos menos agradables, menos cariñosos, justo cuando lo que más necesitamos es llegar a la gente. Pero la emoción más tóxica de todas es la hostilidad.

En la década de 1950, cuando un cardiólogo de San Francisco llamado Meyer Friedman decidió redecorar su sala de espera, su tapicero se dio cuenta de que las sillas mostraban desgaste sólo en los bordes. Se lo mencionó al doctor Friedman, y en tan sólo un instante, éste planteó la hipótesis de que sus pacientes estaban tan angustiados que literalmente se sentaban en el borde de los asientos. ¿Estaba tal vez su ansiedad contribuyendo a sus problemas cardiacos?

Comenzó a estudiar este tipo de conducta y sugirió el concepto de «personalidad de Tipo A», que tuvo una gran influencia en el contexto de factores de riesgo para la salud. Pero también creó mucha controversia y ha sido mal interpretada.

Las personas de Tipo A son ambiciosas e impacientes, difíciles de tratar, pero el hecho es que millones de Tipos A viven felizmente y con buena salud, trabajando sin parar, corriendo de una reunión a otra y gritando por sus teléfonos móviles. La cuestión crucial en asuntos de estrés, salud y secreción de oxitocina es la parte relacionada con la felicidad.

Si te gusta ser agente de Hollywood, inversor de banca, político o representante de estrellas del pop y estás en la cima de tu carrera y cosechando éxito, tu vida Tipo A es muy ajetreada, aunque no necesariamente estresante de una forma corrosiva. Resulta que lo que libera los efectos negativos del cortisol es la ira contenida, ésa que proviene de sentirse frustrado y socialmente subordinado. La gente que tiene mayor peligro de sufrir un ataque al corazón o un derrame cerebral, así como de sufrir un Trastorno de Déficit de Oxitocina, no son necesariamente aquellos que están corriendo hacia la cima, sino quienes se han quedado atascados en el medio.

Epidemiólogos de Inglaterra llevaron a cabo una larga investigación de los funcionarios públicos británicos llamado el Estudio Whitehall y sus hallazgos demostraron que el peor puesto que se puede desempeñar en lo que respecta a la salud y al bienestar es un trabajo de alta responsabilidad con un grado bajo de control. En estas posiciones de nivel medio, el interruptor de suministro del estresante cortisol se suele quedar bloqueado en la posición de encendido. Es la misma situación que sufren algunos médicos que se sienten paralizados por los reglamentos de la sanidad privada; o profesores atrapados entre los padres que piensan que su Juanito no puede hacer nada malo y los administradores del colegio que no aplican el reglamento y la disciplina; o como mucha gente que trabaja vendiendo entradas o barriéndolas después, cuando lo que desesperadamente desean es estar en el candelero, acaparando el primer plano.

Lo que convierte a este tipo de estrés social en algo especialmente problemático es que ahora es endémico. La permanencia en los empleos se está acortando y la ansiedad por encontrar un nuevo puesto de trabajo para ganar un salario puede provocar estrés crónico. Así que mientras los triunfadores sociales tienen la oxitocina bloqueada por un chorro de testosterona inducida por la victoria, quienes no lo son tanto se están convirtiendo en discapacitados empáticos como resultado de su ira y frustración al verse arrinconados.

La mitología norteamericana tiene por más varoniles a los obreros, pero en una sociedad en la que el dinero y el estatus son lo que miden la valía humana, estar en posición subordinada puede ser humillante. Ésta puede ser una de las razones por las que vemos a tantos tipos de bajos recursos mostrando su hostilidad tratando de parecer amenazantes, ya sea con chamarras de cuero negro sobre motos Harley o con cabezas rapadas y tatuajes. Lo mismo se puede decir de los chicos de los barrios bajos con sus gorras, sus gafas de sol y sus pantalones caídos por debajo del trasero, al estilo presidiario.

Cuando la vergüenza de pertenecer a un estatus social bajo se combina con auténtica inseguridad económica, la sensación de estar atrapado puede convertirse en un torrente de DHT (dihidrotestosterona) que inhibe la oxitocina. Probablemente ésta es la razón de la polarización del discurso político en nuestros días. La ira y la falta de empatía crean un circuito negativo en el que es muy fácil arremeter y acusar al «otro», ya sean «el otro» los inmigrantes ilegales, los fundamentalistas o las élites. Mientras tanto, las «élites» parecen completamente incapaces de prever cómo van a ser consideradas sus acciones por el ciudadano medio: el rescate financiero de Wall Street; los ejecutivos que llegan a Washington en aviones privados para solicitar ayuda federal.

MARCADO DE POR VIDA

El problema más arduo para millones de personas como Alicia, en la historia que abre este capítulo, es que su discapacidad empática no es un estado transitorio sino que está profundamente arraigada como resultado de una grave cicatriz emocional. El principal culpable en este caso son los abusos sexuales —que pueden incluir negligencia y abandono— en la niñez. Cuando a los gatitos se les priva de luz, las áreas visuales del cerebro se atrofian. De la misma forma, si los receptores de oxitocina no son estimulados por el amor y la atención desde el principio, no llegan a desarrollarse.

En 1958 el psicólogo Harry Harlow realizó un cruel experimento en el que separó a monos Rhesus recién nacidos de sus madres. Luego les puso delante dos sucedáneos de madre, una de alambre y otra de paño suave. Cada sustituta estaría provista de una botella de leche, pero independientemente de qué «madre» proporcionara comida, los monitos pasaban la mayor parte del tiempo agarrados al maniquí hecho de paño, junto al que corrían cuando se asustaban o estaban molestos.

Resultó que, al igual que los cuidados maternales no tenían únicamente que ver con la comida, la crianza no sólo consistía en hacer que una cría se sintiera bien en ese momento. Más tarde, los monos con madres de alambre mostraron retrasos significativos en su desarrollo mental y emocional. A los monos criados en aislamiento les fue aún peor. Aunque después les dejaron reunirse con su grupo de monos, se sentaban solos y se balanceaban hacia delante y hacia atrás. Eran muy agresivos con sus compañeros de juego y en la edad adulta eran incapaces de formar vínculos normales o desarrollar siquiera las capacidades sociales más básicas. Cuando a una hembra en estado de ovulación que había padecido aislamiento social, lo cual equivale a decir carencia de oxitocina, se le acercaba un macho corriente, se sentaba en cuclillas en lugar de presentar sus cuartos traseros. Si un macho que había permanecido aislado se acercaba a una hembra receptiva, podía ser que le agarrara la cabeza en lugar de los cuartos traseros y comenzara a empujar.

Las hembras criadas en entornos carentes de oxitocina se convirtieron en madres maltratadoras o incompetentes. Incluso monos que se criaron en jaulas en las que podían ver, oler y oír —pero no tocar— a otros monos, desarrollaron aislamiento social y balanceo así como un exceso de acicalamiento y autoabrazos.

El experimento de Harlow fue cruel, pero podría haber ayudado a evitar lo que significó un desastre humanitario si la lección hubiera sido mejor asimilada. En cambio, en las décadas que siguieron, miles de niños huérfanos fueron confinados a un gulag emocional, especialmente en Rumanía, donde el sistema establecido por el dictador Nicolás Ceaucescu preveía un cuidador por cada veinte criaturas. Ello significaba que apenas había tiempo para la higiene básica. Los abrazos y otros gestos de cariño quedaban al margen.

Cuando se abrieron los orfanatos en 1989, las autoridades sanitarias internacionales encontraron niños de tres años que no lloraban y no hablaban. Estos niños sufrían un grave retraso en cuanto al desarrollo físico y mental, y las capacidades motoras. Como los monitos con carencias de oxitocina de Harlow, se abrazaban a sí mismos y se balanceaban en silencio hacia delante y hacia atrás.

Científicos americanos estudiaron más tarde a algunos de estos huérfanos que habían sido adoptados. Les hacían jugar con sus padres adoptivos y luego les tomaban muestras de orina. Incluso después de tres años en un hogar con cariño, los niños que habían sufrido de carencias emocionales como bebés no presentaban aumentos de oxitocina tras treinta minutos jugando con los padres.

Como vimos en la clínica con Alicia y los demás, la discapacidad por carencias tempranas puede ser permanente. En Loma Linda utilizamos el Juego de la Confianza para comparar víctimas de abusos sexuales crónicos con mujeres que habían vivido una niñez saludable. El promedio de confianza no era muy diferente entre las mujeres que habían sufrido malos tratos en comparación con quienes habían sido más afortunadas —las mujeres que habían sufrido abusos devolvían el 49 por ciento mientras que los sujetos de control devolvían el 53 por ciento. Pero cuando mirábamos más allá de las estadísticas en bruto, las víctimas de malos tratos mostraban una gama mucho más amplia de conductas y ahí radica la cuestión.

El veinte por ciento de las mujeres que habían sufrido abusos eran dignas de toda confianza (devolvían más de dos tercios del dinero que adquirían), en comparación con sólo el 2 por ciento del grupo de control. En el otro extremo del espectro, el 33 por ciento de las mujeres maltratadas eran muy poco de fiar (devolvían menos de un tercio del dinero que manejaban) en comparación con sólo el 12 por ciento de las mujeres del grupo de control.

Lo que muestran estas disparidades es que el sistema HOME en estas mujeres estaba profundamente desregulado, con lo que quedaban emocionalmente desconectadas. Nuestro estudio de su función cerebral coincidía en lo mismo.

Que confiaran dinero estaba asociado en las víctimas de maltratos a un 1 por ciento de aumento de la oxitocina, mientras que el grupo de control experimentaba un aumento medio del 7,5 por ciento. Curiosamente, cuanto mayor era la secreción de oxitocina entre las mujeres que habían sufrido abusos, menos confianza merecían.

Las mujeres que habían sufrido maltrato manifestaban tener la mitad de buenas amistades que los sujetos de control y estaban mucho más dispuestas a evitar las relaciones sentimentales (el 60 por ciento las evitaban en comparación con el 20 por ciento del grupo de control). Las mujeres maltratadas también tenían los niveles iniciales de cortisol un 36 por ciento más bajos en comparación con los sujetos de control, lo cual revela otra causa de apatía emocional.

LA DIOSA DE LA AVARICIA

En 2011 vino a nuestro laboratorio un equipo de rodaje para hacer un documental sobre los Siete Pecados Capitales y trajeron consigo a una joven bastante peculiar llamada Stephanie Castagnier. Si han visto *The Apprentice,* de Donald Trump, tal vez la recuerden como la genio del negocio inmobiliario canadiense que se presentaba a sí misma, fundamentalmente, como «la diosa de la avaricia». Se trata de una mujer muy atractiva, muy femenina, pero con la garra suficiente como para haber ganado su primer millón de dólares en un sector tan despiadado antes de cumplir los treinta.

Diseñé una serie de experimentos para analizar su sistema HOME. A pesar de todo su arrojo en los negocios, resulta que presenta un nivel de testosterona inusualmente bajo. Pero tiene una anomalía genética que hace que su cuerpo se las arregle para extraer cantidades increíbles de DHT —el supercarburante que suele estimular la conducta de castigo— a partir de la limitada testosterona con la que tiene que funcionar. El DHT, evidentemente, bloquea la oxitocina. De manera que Stephanie, como ella misma admite sin problemas, es, al igual que muchos tíos, increíblemente tenaz y no demasiado hábil en lo que se refiere a la empatía. Pero hay algo más en su historia.

Cuando era una niña, su padre era un traficante de drogas de altos vuelos, de modo que aunque la familia amasaba una gran fortuna, ella vivía en una especie de zona bélica con ametralladoras bajo la cama, dinero escondido en las almohadas y extrañas, y a veces violentas, idas y venidas a todas horas. Para cuando Stephanie iba a la escuela primaria, el consumo de drogas había relegado a su padre a simple traficante de menudeo y, más tarde, lo había convertido en un yonqui que vivía en la calle. Durante este periodo él le robaba sus zapatillas de deporte, su chaqueta, sus libros de texto —cualquier cosa que pudiera vender por unos dólares para comprar droga—. Ella dormía con un bate de béisbol junto a la cama por miedo a que su padre intentara venderla a alguno de sus amigos yonquis, o a que alguien simplemente irrumpiera en la habitación y la violara. Sus padres murieron de sida antes de que ella terminara el instituto.

Hicimos que Stephanie viera el vídeo sobre Ben, el niño con cáncer y nos dijo que se sentía conmovida y que estaba esforzándose al máximo para no llorar. Pero los análisis de sangre no mostraron secreción de oxitocina, lo cual evidencia que no sentía auténtica empatía. Al ser una superviviente nata y con gran capacidad para adaptarse, simplemente sabía decir lo correcto.

Cuando llamé a Stephanie para comunicarle los resultados, tenía miedo de que no quisiera saber lo que había encontrado; podía revelarle demasiado sobre sí misma. Pero dijo que quería saberlo. Una de las características de las personas con TOD (Trastorno Oposicional Desafiante) es su incapacidad para mantener relaciones sentimentales. Stephanie se rió y dijo que ella cambiaba de hombres como de zapatos.

AUTISMO Y ANSIEDAD

Para millones de personas, el TOD no es el resultado de experiencias vividas en la niñez sino de las cartas genéticas que les han tocado. Se cree que el trastorno más corriente en el que influye la carencia de oxitocina es el autismo. Un estudio descubrió que los niños con autismo tienen niveles estándares más bajos en la sangre. Los autistas también presentan niveles más bajos de oxitocina en el fluido espinal, lo cual hace pensar que las neuronas que producen oxitocina en el hipotálamo no funcionan correctamente. Otros estudios han revelado variantes en el receptor de oxitocina que le puede impedir unirse correctamente a la hormona. Hasta la fecha no hay pruebas concluyentes de que suponga una «causa» del autismo, pero los estudios con ratones de campo muestran que cuando sus receptores de oxitocina son bloqueados, los animales se ven incapaces de formar vínculos sociales normales. De modo que la inferencia es bastante sólida.

Asimismo, un alto nivel de testosterona fetal está implicado en el bloqueo del sistema HOME en los autistas. Algunos expertos llegan a denominar al autismo «síndrome cerebral extremo masculino», y es cierto que entre las seis personas de cada mil que nacen en Estados Unidos con este trastorno cada año, hay cuatro veces más niños que niñas.

Lo que sabemos con seguridad es que el autismo afecta a la aptitud para comunicarse, a la capacidad de leer las emociones en los otros (en otras palabras, la empatía) y a la capacidad (y/o deseo) de conectar socialmente. También se asocian al trastorno patrones repetitivos y estereotipados de conducta, como el balanceo que vimos en los monos que habían sido privados de contacto íntimo en las primeras etapas de su vida. Son normalmente estos comportamientos los que conducen a un diagnóstico de autismo que generalmente suele realizarse hacia los tres años.

De todos modos, la gama de discapacidad es tan amplia que el término más utilizado es el de *trastorno del espectro autista*, siendo el síndrome de Asperger su forma más suave. El síndrome de Asperger permite a la gente desenvolverse bastante bien en los grupos sociales, funcionando incluso a un nivel excepcionalmente alto en áreas que exigen pericia técnica. Algunos expertos sostienen que la lista de gente notable con el síndrome de Asperger incluye nombres como Isaac Newton, Thomas Jefferson y Albert Einstein. Se ha sugerido que también se podría incluir a Bill Gates, cuya costumbre de balancearse hacia delante y hacia atrás durante las reuniones tensas es un hecho conocido. Incluso se ha especulado acerca de que la industria informática nunca habría llegado donde está sin las aportaciones de miles de personas con Asperger de alto rendimiento que preferían escribir códigos a tener vida social. (Existen otras especulaciones —y sólo son especulaciones— de que los matrimonios entre personas con el síndrome de Asperger han provocado una epidemia de autismo en Silicon Valley y en otros centros de tecnología avanzada.)

Como era de esperar, los autistas no se comportan como otras personas cuando participan en los juegos sociológicos favoritos de los científicos. En un estudio sobre el Juego del Ultimátum, el 28 por ciento de los autistas no ofreció nada. Entre los sujetos de control, sólo el 3 por ciento se comportó así.

El hecho de que no ofrecer nada siempre ha sido rechazado hasta el momento —supone una pérdida de tiempo, en otras palabras— hace pensar en la gravedad del trastorno. Es muy duro abrirse camino en nuestra sociedad sin un alto grado de inteligencia social. Por la misma razón, los autistas muestran tendencia a aceptar ofertas bajas porque su Teoría de la Mente pasa por alto las sutilezas del «dar y tomar», que es la esencia de la cooperación productiva.

Lisa Daxer, estudiante de ingeniería biomecánica en la Wright State University, escribe un blog llamado *Reports from a Resident Alien* (informes de un extranjero residente) en el que se refiere a los no autistas como «neuro-típicos». También expresa su asombro por cómo ellos (es decir, todos nosotros) tenemos fijación por la interacción social. Cuenta que observa a sus amigos viendo *Friends* (una serie muy «neurotípica», según ella) y los describe imitando las expresiones de las caras de Jennifer Aniston o Courtney Cox. «De hecho tienes que *entrometerte* para que los neuro-típicos dejen de socializarse», dijo a la National Public Radio, no sin asombro.

Lisa Daxer tiene pocos impulsos sociales de ese tipo, pero al ser sobradamente inteligente y una gran experta en resolver problemas, también se ha dado cuenta de la necesidad de desarrollar sus capacidades sociales. Después de todo, por muy brillante que seas en ingeniería, no pones un cohete en la luna tú solo. Ciencia y tecnología —como casi todo— se hacen en equipo, lo cual requiere empatía, Teoría de la Mente y capacidad para utilizar la cognición social para alcanzar metas comunes.

Como otra conocida autista superdotada, la zoóloga Temple Grandin, Lisa logra mediante un intenso esfuerzo cognitivo lo que el resto de nosotros consigue hacer por intuición: no mirar fijamente, esperar nuestro turno, no acercarnos demasiado. (En la entrevista con el neurólogo Oliver Sacks, quien fue el primero en dirigir la atención hacia Temple Grandin, ella decía que estar entre no autistas la hacía sentirse como un «antropólogo en marte»). Daxer también se propuso memorizar una lista de temas que estaban prohibidos, que incluían el sexo y «cualquier cosa que suceda en el cuarto de baño». Encontraba algunos de estos tabús neurotípicos extraños, pero luego los comparaba con su aversión hacia ciertos tejidos. «Yo evito las prendas de poliéster», dice. «Y ellos evitan hablar de la muerte.»

He cenado en varias ocasiones con Temple Grandin, y la primera vez que la vi me pareció tan frágil que instintivamente puse mi mano sobre su brazo. Luego me acordé de que a la mayoría de autistas no les gusta que les toquen. Descubrí más tarde que a los dieciocho años se fabricó una máquina que daba abrazos en la que se introducía para recibir algo parecido a un achuchón relajante sin tener que relacionarse con otras personas.

Durante la cena, Temple podía mantener una conversación y mantener contacto visual, pero su expresión facial era rígida, sin rastro alguno de emoción. Después de la cena se saltó el postre y fue la primera en marcharse.

¿Se podría utilizar la oxitocina para ayudar a personas como Lisa Daxer y Temple Grandin a relacionarse con los demás más fácilmente?

Hay una prueba llamada Test del Cociente del Espectro del Autismo que utiliza cincuenta preguntas para medir las conductas sociales, la capacidad de interpretar las emociones de los demás y la necesidad de rutina. En un estudio realizado en la Facultad de Medicina del Monte Sinaí en Nueva York, se clasificó a veintisiete hombres según esta escala, y luego se les aplicó oxitocina. Después se les pidió que contemplaran un vídeo donde se mostraba a gente interactuando y tratando de asuntos emocionales. También se les pidió que puntuaran las emociones que aparecían. En quienes fue administrada la oxitocina, aumentó la percepción emocional (en comparación con ellos mismos bajo el efecto placebo), pero esto se daba únicamente en aquellos con la puntuación más alta de autismo. En otras palabras, la oxitocina no convirtió a gente que ya era socialmente apta en personas más empáticas y emocionalmente más inteligentes. Simplemente, ayudó a quienes más lo necesitaban.

Este estudio permite pensar que incluso quienes tienen los déficits más graves poseen algunos receptores de oxitocina intactos que pueden ser activados mediante interacciones sociales. Se ha demostrado que inundar el cerebro de oxitocina mediante un inhalador ayuda a los autistas a disminuir conductas de autorrelajación como el balanceo, a incrementar moderadamente el contacto visual y a captar señales emocionales en el habla. Pero un componente importante del sistema HOME es la serotonina, que se libera con la secreción de oxitocina. La serotonina es, desde luego, el neurotransmisor que reduce el estrés y nos proporciona una sensación general de bienestar. Así pues, el beneficio que los autistas obtienen de la oxitocina puede ser que, simplemente, reduzca sus niveles normalmente altos de ansiedad.

Por diversas razones, no creo que la inoculación de oxitocina llegue a ser nunca una buena terapia para el autismo. Para empezar, la propia experiencia es un asco. Segundo, los efectos sólo duran un cierto tiempo (aunque actualmente se está probando en ensayos clínicos una fórmula de oxitocina de efecto más prolongado llamada carbetocina). Fundamentalmente, cuando el problema es una escasez o un mal funcionamiento de los receptores de oxitocina, aumentar solamente la concentración de la hormona no sirve de mucho.

Una vía más prometedora es acrecentar el número de receptores de la oxitocina. Casi todos los pacientes psiquiátricos y neurológicos con los que he hecho pruebas segregan oxitocina, aunque sea un poco. Tener más receptores significa tener más lugares para que se fije la molécula, lo cual implica utilizar del mejor modo posible la oxitocina que ya está disponible. Este enfoque ha demostrado ser eficaz en roedores y está siendo probado en ensayos clínicos con humanos. Si resulta efectivo en humanos y obtiene la autorización de la FDA, puede que contribuya a aliviar trastornos que van desde el autismo a la ansiedad social y el estrés postraumático.

La ventaja de incrementar el número o la sensibilidad de los receptores de oxitocina es que se mantiene la integridad de la función de la Molécula Moral como reguladora de la conducta social. En otras palabras, se puede conectar o desconectar. Incrementar el número de receptores para aumentar el compromiso social permite que el efecto de la oxitocina entre en juego de la manera normal, es decir, cuando la secreción de oxitocina es activada por los estímulos sociales adecuados, tales como señales de confianza o afecto. El simple hecho de inundar el cerebro con oxitocina mediante un inhalador es como pisar el acelerador en un coche —algo no muy sutil ni sensible a las circunstancias externas. Con una sencilla y rápida inoculación de oxitocina, los pacientes pueden volverse tan confiados que serían objetivos muy fáciles para el timo de la estampita así como para formas más dañinas de hostigamiento.

Los desequilibrios de oxitocina también pueden desempeñar un importante papel cuando el problema no es la capacidad para conectar con otras personas sino simplemente una tremenda ansiedad por hacerlo. Hace poco ayudé a realizar un experimento en el Hospital General de Massachusetts en el que los pacientes con trastorno de ansiedad social (TAS) jugaban al Juego de la Confianza. Cuando estas personas estaban en la posición B, devolvían el 6 por ciento menos que las personas del grupo de control, que no mostraban síntomas de TAS. Este hallazgo se correspondía con el hecho de que los pacientes con TAS también tenían un nivel estándar de oxitocina muy alto, lo cual significaba que, una vez más, su sistema ya estaba inundado de oxitocina, cosa que impedía que se produjera un incremento en respuesta al estímulo. Para los pacientes con TAS, cuanto más alto era el nivel estándar de oxitocina, mayor era el nivel de insatisfacción declarado con respecto a las relaciones sociales.

Se ha hablado de una medicación que actúa sobre el sistema HOME en un esfuerzo por aliviar este tipo de ansiedad, pero sigo prefiriendo los abrazos a los medicamentos.

Hace unos pocos años una mujer del Reino Unido supo de nuestra investigación y me siguió la pista para consultarme sobre su hija. La joven sufría ataques de pánico siempre que se encontraba entre un grupo de gente, lo cual incluía las oficinas de la gran empresa de la que era ejecutiva. Le expliqué hasta qué punto acariciar un perro, recibir un masaje o estar rodeado de gente que proyecta un alto grado de confianza puede ayudar. Si eso no funcionaba, le recomendé visitar a un psiquiatra que pudiera recetarle uno de esos antidepresivos —como Prozac o Paxil— que por lo menos en los roedores incrementan la secreción de oxitocina.

La madre de la joven me dijo que el único momento en que su hija se sentía cómoda en presencia de otra persona era cuando ella misma daba un masaje. Lo cual es, evidentemente, otra forma de automedicarse, porque incluso dar un masaje puede provocar que el cerebro segregue oxitocina, y esto puede entrenar al cerebro a aumentar la secreción de oxitocina, que puede producir que uno se sienta más cómodo en la interacción social. El masaje es también un ataque directo al estrés de la ansiedad social, porque, una vez más, la serotonina liberada por la secreción de oxitocina es relajante. Finalmente, la joven dejó su trabajo en la empresa y se hizo terapeuta masajista.

A los niños, cierta dosis de ansiedad social con respecto a los extraños les protege, pero llega un momento en que, con la ayuda de los adultos, el niño tiene que aprender a sintonizar el sistema. Al tío George o a la vecina Sue o a la profesora Ann hay que tratarlos como a la familia, explican los padres, pero de ningún modo al desconocido que te encuentras en una gran superficie y que quiere que te vayas con él al aparcamiento.

La educación recibida de los padres, junto con la propia experiencia vital del niño, pone en funcionamiento la parte cognitiva del cerebro que ayuda al niño a aprender a regular la confianza y la desconfianza. Cuando los niños, desde el comienzo de sus vidas, establecen vínculos afectivos hacia sus cuidadores adultos, el sistema de la oxitocina se desarrolla rápidamente, facilitando la clase de afecto y cariño recíprocos que nos son tan útiles en la vida adulta. Tú eres bueno conmigo y yo soy bueno contigo.

DEMASIADA CONFIANZA

Lo opuesto a la ansiedad social es no tener ningún tipo de límite social, un problema menos común, pero que ofrece sin embargo otra perspectiva del funcionamiento de la oxitocina. En el laboratorio del neurocientífico Antonio Damasio, conocí a un participante en un estudio que tenía la enfermedad de Urbach-Wiethe. Este trastorno genético daña la amígdala —el centro de la cautela— pero deja intacto el resto del cerebro. La señora Smith, como la llamaremos, era completamente abierta con la gente, de hecho era hipergregaria, pero no tenía la capacidad de apreciar el carácter moral de ninguna persona que conocía. Podía detectar felicidad y otras emociones en los rostros, pero no amenaza o peligro. También era incapaz de captar sutiles señales faciales que nos permiten determinar qué individuos no son de fiar y de los que conviene mantenerse alejados.

Cuando conoces a la señora Smith, te resulta un poco desaliñada pero, aparte de su incapacidad para mantener el contacto visual, parece bastante normal. Aunque luego se acerca demasiado, tanto literal como figuradamente, ya que no puede mantener el espacio social habitual entre sí misma y los demás que la mayoría de las personas reconocen intuitivamente. Y luego comienza a compartir información personal, con detalles que a la mayoría de nosotros nos costaría decirle a un médico o a un terapeuta. No parece darse cuenta de que la gente retrocede cuando describe su vida sexual o los pomenores de un reciente examen médico. Es más, no varía su conducta cuando se relaciona con diferentes personas: amigos y desconocidos, viejos y jóvenes, amables o malintencionados; trata a todo el mundo como si fuera un amigo de toda la vida.

La señora Smith tiene la suficiente capacidad cognitiva para vivir sola y ocuparse de sus asuntos, pero su trastorno la convierte en una persona extremadamente confiada, lo cual a menudo implica que se convierta en una víctima fácil. Esta falta de escepticismo y criterio sobre el carácter de los demás también ayuda a explicar por qué tiene tres hijos de tres padres diferentes.

No pudimos medir los niveles de oxitocina de la señora Smith, pero conseguimos que jugara al Juego de la Confianza cuatro veces. La primera vez se comportó como una jugadora A muy confiada, pero luego, como jugadora B, no correspondía. La segunda vez que fue jugadora A cambió de conducta y casi no transfirió nada al jugador B con quien la habían emparejado. De modo que podríamos situarla en el mismo barco que las víctimas de un trauma como Alicia: sencillamente, el regulador de su confianza/reciprocidad no funcionaba bien.

La enfermedad de Urbach-Wiethe es excepcionalmente rara. Un trastorno genético más común que convierte a las personas en excesivamente confiadas es el síndrome de Williams, que afecta aproximadamente a uno de cada diez mil niños nacidos en Estados Unidos. (Con todo, bastante raro.)

Los pacientes con el síndrome de Williams no tienen miedo social, e incluso cuando son niños se acercan a los extraños y mantienen un intenso contacto visual. Como la señora Smith, invadirían nuestro espacio físico y emocional, pero de una forma muy cariñosa. Durante toda su vida reaccionan con extraordinario interés ante la menor oportunidad de interacción social, poniéndose a charlar fácilmente con completos desconocidos.

Cuando a la mayoría de la gente se le muestran fotografías de rostros que expresan miedo, su amígdala se activa, pero los pacientes con el síndrome de Williams no muestran respuesta. La amígdala se encuentra en una zona del cerebro con una gran concentración de receptores de oxitocina, de modo que es posible que la oxitocina desempeñe un papel en este síndrome, aunque por el momento lo desconocemos.

Una pista sobre los orígenes de este trastorno es que los pacientes con el síndrome de Williams carecen de una serie determinada de genes en el cromosoma 7. Algunos de estos genes actúan en el hipotálamo y en la pituitaria, regiones cerebrales que producen y segregan oxitocina. Estos genes también alteran el movimiento ocular, lo cual puede explicar el intenso contacto visual y la atención prestada a la gente común de los pacientes con el síndrome de Williams.

¿Podría alguna forma de terapia con oxitocina ayudar en estos trastornos?

En experimentos con animales se ha demostrado que la administración de oxitocina alivia los síntomas del síndrome de abstinencia de la heroína, la cocaína y el alcohol, pero hasta ahora no sabemos si funciona con humanos. Si fuese así, dado que la secreción de oxitocina también libera serotonina, podría proporcionar una segunda dosis curativa en forma de alivio de la ansiedad.

Otra prometedora intervención química es el uso del litio como estabilizador del estado de ánimo, que también parece aumentar los niveles de oxitocina. En 2009 investigadores japoneses informaron de que los índices de suicidio eran menores en zonas en las que el litio estaba presente de forma natural en el agua potable. (De 1929 a 1950, el litio fue un ingrediente activo de un refresco con sabor lima-limón llamado Bib-Label litiado de lima-limón. En 1936 esta bebida cambió su nombre a 7UP).

Recientemente, se ha demostrado que la droga MDMA, comúnmente conocida como éxtasis, provoca la secreción de oxitocina, lo cual explica probablemente el efecto «Quiero a todo el mundo» que provoca en quienes lo consumen. Estudios recientes con pacientes de centros de cuidados paliativos han demostrado que el éxtasis puede aliviar la ansiedad y allanar el camino para mejorar las relaciones sociales. Lamentablemente, parece que incluso dosis muy pequeñas de MDMA provocan daños cerebrales permanentes que conducen a la depresión, la ansiedad y déficits cognitivos. La disfunción producida cuando la oxitocina está «bloqueada» en exceso o en defecto muestra cómo en la gente sana la oxitocina mantiene un equilibrio entre niveles adecuados de confianza y desconfianza ante los extraños.

DEMASIADO RACIONAL

Según el grado de discapacidad, la gente con déficit de oxitocina posee diversos niveles de control cognitivo que pueden ser utilizados como contrapeso. Como los autistas muy brillantes, o como nuestra amiga Stephanie, si alguien que ha sufrido una infancia con abusos es de sobra inteligente, será capaz de entrenarse para decir las cosas adecuadas y parecer así una persona empática. Una vez más, podemos entrenarnos a nosotros mismos para convertirnos en zombis morales.

No hace muchos años, un psiquiatra llamado Ansar Haroun me llamó inesperadamente y me pidió que asistiera con él a las visitas clínicas que realizaba en el psiquiátrico que dirige dentro del Tribunal Superior de Justicia de San Diego. La cuestión concreta que impulsó al doctor Haroun a llamarme fue la influencia de la cognición frente a la impulsividad cuando se trata de conducta antisocial.

«Si la gente es racional», me preguntó el doctor Haroun, «¿por qué no responde a las señales que le está dando el sistema judicial a través del castigo?»

La opinión de Haroun era que la psiquiatría es más un arte que una ciencia, porque los diagnósticos se elaboran basándose en las observaciones del médico —que nunca pueden ser completamente objetivas— en lugar de en datos fidedignos. Me preguntó si el uso de la economía le podría proporcionar algunos datos fidedignos sobre las disfunciones de decisión de estos presos. Era una cuestión importante, así que diseñé algunos experimentos para ellos.

Una de las primeras convictas que conocí había apuñalado veintiuna veces a su compañera de cuarto. «Me molestaba», fue su declaración, un motivo perfectamente de peso para aplastar a una mosca, pero no para matar a otro ser humano.

Otra fue Jenn, una madre sin hogar de cuarenta y siete años, con dos niños, que ahora llevaba un mono naranja y las manos y piernas sujetos con grilletes. Era una traficante de poca monta de metadona y su entrevista era para determinar si cumpliría dieciocho duros meses en prisión o dieciocho meses interna en un centro de tratamiento de toxicómanos. La madre de Jenn había sido una drogadicta que la introdujo en la metadona cuando ella tenía trece años para tener a alguien con quien drogarse. A partir de entonces la vida de Jenn fue de mal en peor: violaciones repetidas por su padrastro, huida de casa, matrimonio con otro drogadicto que le pegaba hasta dejarla inconsciente. Por último, Jenn perdió a sus hijos y se vio obligada a vivir en la calle. «Cuando mi madre me llama a la prisión y me dice "te quiero", yo no puedo decirle lo mismo», me explicó.

En el Juego del Ultimátum, cuando le pregunté a Jenn cuánto de aquellos 10 dólares ofrecería a un desconocido, al punto contestó que 5. Yo tomé nota de ello sin aspavientos y luego quise saber cómo podía ser tan imparcial. «Cuando eres traficante de drogas», me dijo, «si engañas, te matan». Cuando le pregunté cuál era la cantidad más pequeña que estaba dispuesta a aceptar como jugadora B en el juego, me dijo, «un centavo». ¿Por qué? «Muy sencillo. Soy una sin techo.»

Descubrimos que los prisioneros más impulsivos conservaban cierto sentido básico de imparcialidad y reciprocidad —al menos cuando en la toma de decisiones en la clínica había dinero de por medio. Estos estudios no sólo mostraban la influencia de perspectivas diferentes y racionales de conducta, sino que también demostraban que podemos regular y sintonizar cognitivamente nuestra respuesta empática cuando lo necesitamos.

Para profundizar en esta idea, el filósofo y científico cognitivo William Casebeer y yo pedimos a los estudiantes participantes que respondieran a treinta dilemas morales diferentes, algunos de los cuales exigen involucrarse personalmente y otros permiten al participante mantenerse imparcial.

Trabajamos con ochenta y una personas, a cuarenta y una de las cuales les habían administrado oxitocina; las cuarenta restantes recibieron placebo. Planteamos a cada una de ellas las mismas treinta preguntas hipotéticas que habían sido desarrolladas por el filósofo de Harvard Josh Greene para este tipo de experimento. Un ejemplo de uno de los dilemas morales impersonales era éste:

Un tranvía está circulando por las vías sin control. Si pudiera, ¿activaría un interruptor para desviar el convoy y salvar a las cinco personas que van a bordo, aunque ello significara el choque y la muerte de un solo individuo que estaba en las cercanías?

Para hacer más personal la misma situación, las condiciones son ligeramente diferentes:

Un tranvía está circulando por las vías sin control. Un hombre opulento y rechoncho está parado sobre las vías en un puente. Si pudiera, ¿arrojaría a este hombre a las vías, matándole pero deteniendo el tranvía, para salvar así a las cinco personas que van a bordo?

En la mayoría de experimentos, la gente responde de manera diferente a las dos situaciones, porque una exige que el participante se implique personalmente para matar deliberadamente a una persona en aras de un «bien superior» que es salvar a cinco vidas. Lo que estábamos buscando era el papel de la empatía en estas decisiones. Y lo que descubrimos es que la inoculación de oxitocina no hacía efecto porque ambos dilemas seguían siendo hipotéticos. Aunque una de las situaciones fuese un poco más personal, no era lo suficientemente «real» para que el sistema HOME desempeñara un papel en esto.

Lo cual es en realidad un buen resultado. Hay veces que queremos que las personas participen en sesiones de pensamiento crítico y solucionen cuestiones de forma cognitiva, sin que haya fuertes emociones en juego. El problema se produce cuando somos tan buenos en distanciarnos que reducimos la empatía a cero. Que puede ser a lo que se refería F. Scott Fitzgerald cuando escribió acerca de la «gran despreocupación de los ricos». También podría haberse referido a cualquier otro grupo que ocupase un alto rango social, ya fuera el de directores ejecutivos o el de intelectuales muy bien considerados.

Pedimos a jueces y jurados que dicten sentencias racionales y desinteresadas sin que estén demasiado influidas por una carga emocional. También queremos que quienes ocupan puestos muy estresantes como los médicos y los socorristas sean capaces de modular entre la empatía y el estado desapasionado de la mente que les permita hacer su trabajo. No podrán realizar una traqueotomía de urgencia ni planificar un rescate adecuado si están temblando de horror ante la visión de tanto sufrimiento.

En cierta ocasión, después de hablar con un grupo de abogados, un juez federal vino a mí y me confesó que carecía de empatía, lo cual provocaba que tuviera una mala relación con su esposa e hijos. Irónicamente, su trabajo implicaba escuchar apelaciones en casos de sentencia de muerte —que puede que fuera el trabajo perfecto para él—. A ese nivel de procedimientos judiciales, la cuestión no es «si esta persona puede ser rehabilitada» o «si esta persona merece vivir» ni ninguna otra consideración humana de este tipo, sino simplemente una evaluación cognitiva sobre si «esa persona recibió un juicio justo según la Constitución».

Queremos un poder judicial imparcial, pero una vez más, cuando *desapasionado* significa dependencia exclusiva del intelecto, puede aparecer en escena la insensibilidad moral del señor Spock o del ordenador HAL. Ésa es la razón por la que tratamos la mayoría de casos ante jueces y tribunales en lugar de ante ordenadores y por la que es tan importante tener un jurado «conformado por tus iguales». Racional, sí, pero también humano.

Como ya hemos observado, las ideas abstractas —sean conceptos racistas eugenésicos o algo aparentemente inocuo como el «propio interés racional»— pueden reducir la empatía, y con ello el criterio moral. El economista Robert Frank, de la Universidad de Cornell, ha demostrado que los universitarios que estudian como materia principal la economía, en la que la idea del «interés propio» es fundamental en la disciplina, se vuelven menos confiados y generosos en experimentos cuando pasan de ser estudiantes de primer año al último de carrera. Ninguna otra especialización académica parece tener este efecto antisocial —a falta de una palabra mejor— sobre la conducta de los estudiantes.

Lo cual nos retrotrae al concepto original de Smith de interés propio y cómo esta idea, distorsionada y luego introducida en el tejido de los estudios económicos —y por lo tanto en gran parte de nuestra cultura empresarial—, ha ayudado a crear actitudes del tipo «el ganador se lo lleva todo» que no contribuyen a la prosperidad o al bienestar social a largo plazo.

LO QUE HACEN LOS PSICÓPATAS

En el último extremo del TOD está el trastorno empático conocido como psicopatología. Los psicópatas tienen muchos más problemas que el hecho de pensar demasiado o de convertir a la gente en abstracciones, pero suelen ser notables por su aguda inteligencia y a menudo por un encanto social altamente efectivo, aunque totalmente artificial.

Hans Reiser era muy inteligente, aunque no necesariamente muy encantador. Como figura importante de la comunidad social de programación Linux que desarrolló software gratuito y de código abierto, Reiser no era la clase de persona de la que esperarías que asesinara brutalmente a su mujer. Una vez más, nos hemos acostumbrado a ver a los vecinos expresar su asombro cuando el padre de familia de la puerta de al lado resulta ser realmente un monstruo despiadado. De hecho, lo único sorprendente acerca del caso Reiser fue su audacia al solicitar una apelación. Citando mi investigación, afirmó que su abogado sufría de «exceso de oxitocina» y por lo tanto no era lo suficientemente empático para proporcionar una defensa adecuada.

Los psicópatas son lo opuesto a los pacientes con el síndrome de Williams, que tienen mucho interés en los demás pero poca habilidad para tratar con ellos. Los psicópatas tienen una increíble competencia social a nivel cognitivo; el problema es que simplemente no les importa nadie salvo ellos mismos. Su falta de empatía les permite tratar a los demás como objetos y su capacidad cognitiva les permite salirse con la suya.

La psicóloga Anna Salter cuenta una historia sobre un guarda de prisiones muy devoto —al que llamaremos Joe— que se apiadó de un violador convicto que otros habían dejado de lado por ser un psicópata.

Cuando el prisionero juró que había encontrado a Jesús y cambiado de vida, Joe habló en su nombre ante la junta de libertad condicional, prometiendo incluso que se llevaría al hombre a su casa cuando fuera liberado. Pocos meses después, cuando el recientemente liberado convicto violó y asesinó a la hija de Joe, el guarda estaba evidentemente devastado por el dolor, pero también expresaba una consternación especial.

«¿Cómo pudiste hacernos esto?», preguntó el hombre. «Confiábamos en ti».

El asesino se rió. «¿Es que no lo pillas? Soy un psicópata. Y esto es lo que hacemos.»

La disposición a la confianza de Joe le hizo —y desgraciadamente también a su hija— inusualmente proclive a ser convertido en víctima. Ideas religiosas distorsionadas, como las ideas distorsionadas sobre economía o eugenesia, pueden obstruir la capacidad de la Molécula Moral para que ésta realice su trabajo, que no se trata tanto de hacernos «buenos» sino de mantenernos en sintonía con el entorno inmediato de la forma más adaptativa posible, lo cual significa por lo general —pero no siempre— comportarse prosocialmente.

La gente profundamente religiosa a veces se esfuerza tanto por ver la bondad en los demás y por sensibilizarse ante sus necesidades, que son incapaces de ver las señales de advertencia de que la persona con la que están tratando no tiene buenas intenciones; lo cual no es una conducta adaptativa.

La religión es sin duda una fuerza compleja y poderosa de la conducta humana con una historia accidentada, por llamarla de algún modo. Entonces, en resumen, ¿es la religión algo bueno o malo cuando se trata de la buena conducta? ¿Mejora la función de la Molécula Moral o es simplemente un impedimento más?

6

Donde el sexo roza la religión

Salirse de uno mismo

Un Honda Civic parece un lugar muy improbable para que se dé una súbita manifestación de lo divino. Cuando Moisés escuchó a la zarza ardiente se encontraba en la cima del monté Sinaí. Pablo de Tarso vio la luz en el camino de Damasco y se convirtió en san Pablo. Los místicos tienden a ocultarse en cuevas o en prioratos cubiertos de hiedra para comunicarse con Dios. Mi experiencia religiosa más asombrosa —lo que mi madre la monja llamaría una *epifanía*—, sucedió cuando estaba entrando en mi coche una mañana, de camino a la biblioteca en San Diego.

En aquella época yo era todavía un universitario y vivía en una anodina parte de la ciudad en un edificio de apartamentos de estilo hispano que había sido residencia de oficiales en la Segunda Guerra Mundial. El propietario era un tipo conocido como doctor Dean que realizaba sesiones de hipnotismo en clubs nocturnos de la ciudad, y la mayor parte del resto de inquilinos, que sobrepasaban bien los ochenta años, parecían llevar allí desde la derrota japonesa. Cuando volvía a casa de noche veía a las putas en las esquinas de mi calle a tan sólo dos manzanas de distancia del apartamento. Recuerdo que una noche había allí una chica de pie que parecía estar embarazada de unos seis meses.

A decir verdad, creo que el ambiente marginal del barrio puede que añadiera intensidad a la experiencia, del mismo modo que uno puede apreciar una rosa silvestre aún más si la encuentra creciendo en una grieta del asfalto. También pienso que me había estado preparando para algún tipo de revelación importante durante bastante tiempo.

No cursé estudios universitarios inmediatamente después del instituto. No había sido buen estudiante y aunque mi padre trabajaba en la sede de Santa Bárbara de la Universidad de California y tenía derecho a un descuento si sus hijos se matriculaban allí, nunca abordamos el tema de seguir estudiando, en realidad. Tal como lo veía mi hermana, mis padres nos consideraban almas que había que salvar más que futuros adultos a los que había que educar. Lo cual hizo aún más intenso mi deseo de distanciarme de su modo de abordar la religión.

Me fui de casa nada más terminar el bachillerato y encontré un trabajo como vendedor de zapatos. Un año después estaba dirigiendo dos zapaterías, lo que me aportaba un salario que equivaldría hoy en día a unos 80.000 dólares al año Pero encontrar sentido y objetivos en la vida no formaba parte del conjunto de prestaciones. A pesar de mi rechazo a la religión organizada, todos aquellos años de campanas e inciensos como monaguillo habían sembrado las raíces de un buscador espiritual. Sólo necesitaba encontrar mis propias respuestas, a mi manera.

Finalmente, volví a estudiar y junto con montones de cursos de matemáticas y biología, me sumergí en la filosofía y la historia de las religiones. Recientemente he estado estudiando el pensamiento de Confucio y la idea del *wu wei*, el concepto taoísta de que existe un ritmo natural para la energía de la vida, y que nuestra tarea no consiste en dominar o alterar ese ritmo, sino simplemente aceptarlo. Una vez estás en sintonía con el flujo, te arrastra consigo y la posibilidad de una vida feliz y armoniosa aumenta exponencialmente.

Éstos eran conceptos bastante abstractos para mí cuando entré en mi Honda aquella mañana en cuestión. El otoño estaba avanzado y una fría neblina del Pacífico flotaba por las calles. La noche anterior me había dejado la radio puesta —sintonizada en la Radio Pública Nacional— pero cuando arranqué el motor, lo que escuché no eran las noticias de la mañana ni algún programa de entrevistas, sino una repentina explosión de música, el *Canon de Pachelbel en Re mayor*. Conocía la pieza, pero la versión que escuché aquella mañana parecía avanzar a un *tempo* más rápido. Años más tarde seguí la pista a esa grabación y supe que estaba dirigida por sir Neville Marriner y la orquesta Academy St. Martin in the Fields.

Han pasado treinta años desde aquella fría mañana y esa pieza del Barroco Tardío se ha convertido en un cliché en las ceremonias de boda y las fiestas de graduación. Pero para mí, entonces y allí, escucharla fue una experiencia totalmente transformadora. Los tres violines entrelazándose con el repetitivo ritmo del bajo. Variación tras variación de los mismos hermosos acordes y misma melodía, acumulándose unos sobre otros, creciendo en intensidad hasta que los ritmos y temas entrelazados parecían agarrarme y sacarme de la literalidad de mi destartalado coche aparcado en la acera de mi destartalado barrio. Mientras escuchaba la música, todo mi cuerpo vibraba con una abrumadora sensación de amor, unión y paz. Mientras las lágrimas corrían por mi cara, sentí un revelador sentimiento de conexión con la inmensidad del universo. Cada ser vivo, cada molécula inanimada que giraba en cada una de las galaxias, parecía estar unido al resto en un único y gran abrazo. Yo flotaba en un ilimitado mar de amor, hecho de olas de bondad y fraternidad en las que me mecía.

Y luego el momento pasó.

De acuerdo, no iba drogado. ¿Entonces qué era? ¿Otro estudiante estresado, falto de sueño y al borde de un ataque de nervios? ¿O se trataba tal vez de alguna especie de embolia? ¿Una miniapoplejía tal vez? O, para emplear los términos de mi madre, ¿estaba tratando Dios de hablar conmigo?

Soy científico y se supone que la gente como yo es abiertamente profana. Justo en los últimos años, varias «personas como yo» —y con esto me refiero al neurocientífico Sam Harris, al filósofo Daniel Dennet y al biólogo evolucionista Richard Dawkins— han escrito, de hecho, libros que han tenido un notable éxito y en los que ponen verde a la religión en los términos más duros.

No hay duda de que la religión se convierte en un blanco bastante fácil cuando uno examina el reguero de discordia y derramamiento de sangre que se arrastra por las páginas de la historia. Pero creo que la hostilidad reflejada en esos libros, así como la popularidad respaldada por su condición de *bestsellers*, es más una reacción a la manera en que las creencias religiosas se han entrometido en la vida pública. Los laicos se oponen a la exigencia tácita de que nuestros líderes políticos tengan que soltar sus discursos religiosamente correctos y realizar los gestos religiosamente correctos, como asistir a los desayunos de oración. Y para los no creyentes resulta especialmente molesto que los creyentes actúen como si todos debiéramos contarnos entre sus filas para detentar una entidad moral.

Pero mientras científicos como Dawkins se dedican a despreciar, otros recopilan datos que demuestran que la religión puede ser, de hecho, muy buena para nosotros. Estudios fidedignos demuestran que, como promedio, la gente religiosa es más feliz que otros, y que asistir semanalmente a un servicio religioso, aunque sólo fuera por los efectos sociales que mejoran la respuesta inmunológica y la resistencia al estrés, hace a la gente manifiestamente más sana. Además, no hay duda de que la religión ha contribuido enormemente a la mejora humana gracias a los hospitales de beneficencia, las líneas telefónicas para la prevención del suicidio, escuelas, distribución de alimentos y sobre todo, orientación moral.

En cuanto a la especie de revolución secular que se está produciendo en nuestra cultura, las pruebas hacen pensar firmemente en que el impulso religioso ha estado demasiado tiempo con nosotros y está demasiado enraizado como para pensar que haya de desaparecer en un futuro cercano. El antropólogo Lionel Tiger estima que el 80 por ciento de la especie humana está afiliada a alguna forma de comunidad basada en la fe. Pero, no obstante, existen más de cuatro mil variedades, cada una con su propia vía para encontrar a Dios o para adorarle, o para intentar beneficiarse de las interacciones con Dios. Lo cual nos retrotrae de nuevo a esa larga lista de casos en los que la religión era la fuente de discordia y violencia. El hecho es que la religión puede sacar lo mejor y lo peor que hay en la gente. Algunos dicen que la religión es fundamental para la moralidad; otros que divide más de lo que une. Resumiendo pues, ¿contribuye la religión a la sustancia beneficiosa que vemos que emana de la Molécula Moral o no? Yo utilizo experimentos para analizar el mundo, y los experimentos comienzan con una hipótesis. Todo lo que sé sobre biología me dice que la naturaleza es conservadora y que utiliza los mismos sistemas para múltiples propósitos, de modo que un buen supuesto para comenzar es que la Molécula Moral que nos conecta a los otros también facilita lo que muchos perciben como la conexión con Dios. Como hemos observado varias veces, somos, después de todo, una especie obligatoriamente gregaria.

Otra premisa para comenzar es que cada religión, de un modo u otro, trata de lograr algo parecido a lo que sentí en mi Honda cuando iba camino de la biblioteca aquella mañana en San Diego. Los griegos llamaban a esa experiencia reveladora *ekstasis*, o «salir fuera», en el sentido de «salir fuera de uno mismo». Se produce cuando salimos de los límites del yo y somos capaces de conectar con algo más grande —la esencia de la búsqueda religiosa.

Me pregunté por qué este deseo de alcanzar estados transcendentales era tan universal. También me pregunté por el papel que jugaba la oxitocina en todo esto. Para descubrirlo, tendría que inducir algo semejante a la experiencia religiosa en mi laboratorio.

Mi primera idea fue traer una grabación de James Earl Jones narrando la Biblia, pero eso no funcionó. Demasiado Darth Vader. Así que luego consideré otros vídeos de feligreses hablando sobre su fe, incluyendo al Dalai Lama y al padre Thomas Keating, monje trapense y místico cristiano del tipo Thomas Merton. El problema primordial, sin embargo, era que la mayoría de estudiantes universitarios, incluyendo los educados en una tradición religiosa, no son muy religiosos, así que era una batalla perdida tratar de aprovechar la imaginería convencional. Entonces pensé en el arte edificante, arte religioso incluido, y vastas escenas de la naturaleza con y sin música. En el otro extremo, consideré la posibilidad de utilizar un casco de privación sensorial que podía provocar alucinaciones.

A veces, los devotos religiosos intentan salir de sí mismos sumergiéndose profundamente en su interior a través de la meditación y la plegaria. Cuando los científicos escanean los cerebros de los meditadores profundos, ya sean monjas franciscanas o monjes budistas, encuentran que en estos devotos, el lóbulo parietal —una parte del cerebro que ayuda a mantener el sentido del yo— disminuye sustancialmente su actividad. Lo cual parece ser una manera bastante eficaz para alcanzar el *ekstasis* que permite al yo sentir que se está fusionando con el universo.

Mi primera incursión en la investigación de la religión fue en un estudio en el que enseñábamos a los estudiantes o bien la meditación de atención plena estándar o la práctica de meditación conocida como *metta*. *Metta* es una palabra en Pali que se traduce como «amor compasivo». Después de cuatro semanas de entrenamiento, ambos grupos demostraron un incremento de la confianza, la generosidad y la compasión, pero el grupo *metta* experimentó los mayores aumentos. En el Juego de la Confianza, el grupo *metta* mostró un incremento de la confianza del 33 por ciento, mientras que entre los meditadores con atención plena se incrementó sólo el 7 por ciento.

También tomamos imágenes del cerebro de los meditadores de ambos grupos mientras practicaban y mientras tomaban decisiones relacionadas con compartir dinero con otras personas. Descubrimos que las áreas de funcionamiento ejecutivo de sus cerebros se aquietaban y dejaban de estar centradas en el yo. El circuito HOME también se activaba durante la consecución de tareas sociales, mostrando claramente que la oxitocina conducía sus decisiones hacia una mayor compasión.

También consideré aprovechar tradiciones más antiguas que buscaban el *ekstasis* mediante un ataque directo a los neurotransmisores. En el Oráculo de Delfos, las sacerdotisas de Apolo salían de sí mismas mediante estados de trance para adivinar el futuro. Estudios recientes sugieren que probablemente la respiración de las emanaciones estupefacientes de gas etileno que se filtraban a través de las rocas de debajo del templo ayudaba a que entrasen en tal estado de trance. En el sudoeste americano, los fieles salen fuera de sí mismos y entran en un espacio y un tiempo rituales al tomar peyote. En los Andes la tradición religiosa incluye un té alucinógeno llamado ayahuasca. El jipismo nunca logró gran respeto como religión pero los jipis se esforzaban también por salir de sí mismos y encontrar paz y amor e iluminación con LSD y psilocibina. Hoy en día la droga preferida va directa al grano, con un nombre que es la traducción de *ekstasis*. (Una vez más, como mencioné en el último capítulo, esta droga, el éxtasis, también provoca importantes daños en el cerebro.)

Los místicos cristianos, pensando más en términos de ascetismo que de biología, ayunaban para inducir el *ekstasis* de «visiones». Evidentemente, el término clínico para estas experiencias es «alucinaciones». En la Edad Media, las alucinaciones visuales asociadas a la devoción mística abundaban más que ahora, pero también se ingería más el moho del pan, especialmente una cepa llamada cornezuelo del centeno que infecta fácilmente este cereal, el trigo y la cebada. La ergotamina, un compuesto del moho del cornezuelo de centeno, es uno de los componentes utilizados para sintetizar el LSD.

También se acepta como parte de las tradiciones religiosas que los grandes visionarios como Moisés, Mahoma, san Pablo y Juana de Arco eran «visitados» por los ángeles, los dioses o Dios. Resulta que las descripciones de estas visitas concuerdan muy bien con las descripciones de ataques causados por epilepsia del lóbulo temporal. He visto a muchos epilépticos del lóbulo temporal en la clínica y suelen ser muy religiosos, siempre deseosos de convertirme. Otras enfermedades —la esquizofrenia en particular— pueden provocar compulsiones especialmente religiosas, incluyendo el afirmar ser Dios. Si han visto la película *El pueblo contra Larry Flynt*, saben que Flynt, el rey del porno, atravesó una fase durante la cual quería convertir su publicación insignia, *Hustler*, en la primera revista pornográfica cristiana del mundo. Sus editores pensaron que se había vuelto loco, y ahora él sin duda les da la razón. «Me volví profundamente religioso», le dijo a un amigo mío. «Busqué ayuda profesional y me curé.»

La otra vía más común para llegar al *ekstasis* es a través de la música y el baile, que a menudo se vuelven muy agitados y es de donde procede la palabra *extático*. Hace miles de años, la religión organizada surgió cuando nuestros antepasados descubrieron que había un efecto multiplicador en este particular enfoque. Pensemos en las danzas tribales en torno al fuego en algún pueblo de las selvas pluviales, en los derviches giróvagos del misticismo sufí o en los gritos y cantos, el don de lenguas y en los balanceos y batir de manos generalizados de las religiones carismáticas como el Pentecostalismo. Cuando la música y el baile forman parte de un ritual comunal, resultan aún mucho más poderosos porque permiten a los individuos sentirse conectados con Dios al tiempo que se unen entre sí. Así que al parecer están recibiendo una ración doble por la oxitocina y la serotonina que ésta segrega.

El baile puede expresar alegría o dolor, pero realizado de manera correcta, siempre permite conectar con la vida a un nivel profundo. En *Zorba el griego*, un metódico inglés visita una isla del Egeo, experimenta varios traumas emocionales y luego ve cómo su última esperanza de éxito económico cae con estrépito sobre su cabeza. Cuando llega ese momento de desgracia total no llora, ni se queja, ni maldice a Dios. En cambio, se vuelve hacia quien es su guía terrenal y elemental sobre la vida rural en la isla griega y le dice: «Zorba, enséñame a bailar».

Bailar es algo muy humano. Por si no se han dado cuenta, los niños bailan espontáneamente. Mi madre me dice que cuando era novicia en el convento, las monjas bailaban unas con otras. Ella describe cómo el hecho de dar vueltas y reírse con mujeres que no conocía bien o que no le gustaban mucho derribó las barreras que tenía e hizo que se sintiera mucho más cercana a ellas.

Bailar parecía un entretenimiento especialmente bueno con el que experimentar porque también me permitía la opción de estudiar el ritual sin religión. Después de un breve estudio de estilos, me decidí por una antigua variación del baile grupal en torno a un cuadrado originaria de Nueva Inglaterra llamada contradanza. Sus virtudes experimentales incluían el hecho de que todos ejecutaban exactamente los mismos movimientos y que cada persona formaba pareja intermitentemente con todos los demás. También sucedió que encontré un grupo de bailarines no lejos de donde yo vivo que estaban dispuestos a derramar su sangre por la ciencia.

BAILANDO CON CIENTÍFICOS

Mis alumnos de posgrado y yo nos presentamos en el Club Femenino de South Pasadena a las seis en punto un sábado por la tarde. El baile no comenzaría hasta dos horas más tarde, pero teníamos que montar las mesas para la extracción de sangre, instalar los biombos para conservar la intimidad, la centrifugadora, tubos y pipetas, todo previamente etiquetado y organizado con cuidadoso detalle. Lo preparamos todo y nos sobró mucho tiempo para ir a buscar sushi; para cuando regresamos las puertas estaban abiertas y la banda —a la que yo había pagado a cambio de la gentil participación de todo el mundo— se estaba colocando.

Entre la gente que vino a Pasadena para bailar, había desde veteranos de sesenta y setenta años hasta un estudiante de primer curso muy mono que sólo había participado una vez. Una mujer de sesenta y tantos me dijo que venía porque sufría un terrible dolor de espalda crónico, pero cuando se ponía a bailar el dolor desaparecía. Le pregunté si creía que era el ejercicio o las otras personas lo que le servía de analgésico. Lo pensó un momento y dijo: «Ambos».

Dos terceras partes de los cincuenta asistentes de aquella noche aceptaron ser nuestros conejillos de indias. Les tomamos una muestra de sangre antes de que comenzara a tocar la banda, y luego, después del tercer o cuarto baile. Teníamos que esperar los resultados del laboratorio para sacar algunas conclusiones sobre el cambio hormonal, pero en cuanto a los efectos sociales, estaba claro que se trataba de gente feliz, rebosante de fraternidad incluso sin recurrir a ningún dios o piedad religiosa. Cuando acabamos, me acerqué a dar las gracias a los voluntarios durante una pausa de la banda, y todo el grupo se puso en pie y vitoreó. He realizado experimentos que han atraído mucha atención de los medios, pero éste es el único en el que recibí una ovación de la gente puesta en pie.

Cuando recibimos los resultados del laboratorio, descubrimos que, como media, la oxitocina aumentó un 11 por ciento en todas las franjas de edad y género. Estábamos contentos pero no sorprendidos, y luego los resultados se pusieron aún más interesantes. Antes y después del baile, también mostramos a los voluntarios diagramas del entorno social y les pedíamos que pusieran una *x* donde vieran que encajaban ellos. Cuanto mayor era la secreción de oxitocina del individuo, más cerca del centro del grupo colocaba su marca esa persona. El incremento medio de cercanía a los demás después de bailar era del 10 por ciento. Pero el resultado que encontré más sorprendente fue que, después de una hora o dos de contradanza, incluso aquellas personas por lo general muy laicas experimentaban un incremento medio del 3 por ciento en la medida en que se describían a sí mismos «más cercanos a algo mayor que ellos mismos».

Con estos resultados en la mano, a continuación, quise cambiar de ámbito y estudiar la religión sin ritual, de modo que me dirigí a la Sociedad de Amigos, también conocidos como Cuáqueros. Sus servicios religiosos no incluyen cantos, bailes ni ninguna imagen que suscite la empatía, como los crucifijos y los vitrales a los que yo estaba acostumbrado. En sus servicios religiosos ni siquiera se predica. Lo que hacen es reunirse en comunidad para concentrarse cada uno en comunidad por libre en la contemplación y, es de suponer, en la unión con Dios. Antes de realizar el experimento asistí a un servicio y encontré muy relajante sentarme durante una hora en comunidad y meditar.

¿Desempeña la oxitocina algún papel en esto? Para descubrirlo, obtuve el permiso de la Sociedad Religiosa de Amigos de Claremont para dejar preparados mis tubos para muestras de sangre, jeringuillas, torniquetes y hielo en una sala de conferencias en la que se podía encontrar café para la reunión social posterior al servicio religioso.

Diecisiete valientes almas llenaron dos tubos con su sangre antes de su meditación comunal de una hora y volvieron a darnos otros dos tubos después.

Sin ritual, no hubo un cambio de conjunto en el promedio general de oxitocina. Pero ello se debió a que aproximadamente la mitad del grupo tuvo un fuerte incremento y la otra mitad una fuerte disminución. Parece que, mientras permanecer sentado en silenciosa contemplación puede crear un sentimiento de mayor cercanía en algunos, en otros crea la falta de atención conocida como aburrimiento. Pero al menos hubo una caída global de la hormona del estrés ACTH. Después de la meditación, los participantes declararon sentirse un 7 por ciento más cerca de los miembros de su sociedad, y un 4 por ciento más cerca de «algo más grande que ellos mismos». Hasta la religión sin ritual surte efecto.

CREAR SENTIDO

Así que la meditación puede calmarnos y alejarnos de las preocupaciones egoístas, y el ritual —incluso el baile— puede aumentar la oxitocina que nos hará sentirnos más unidos a los demás así como a algo más grande. Pero, ¿cómo llegamos desde ahí hasta Dios? ¿Necesitamos a Dios para ser morales?

Como hemos visto en otros contextos, el cerebro humano es un instrumento para crear sentido. En la película de Heider y Simmel de los años cuarenta que ya he mencionado, la gente a la que enseñaban tres formas geométricas móviles podía ver en ellas un drama sobre el bien y el mal, y sobre víctimas y verdugos. De modo que no resulta demasiado difícil ver cómo unos cálidos sentimientos de conexión, incluso colores y formas y sonidos creados por experiencias con personas o simplemente por anomalías en el cerebro, pueden transformarse en relatos religiosos de un Creador y el Primer Principio responsable de todo esto. La mayoría de teorías de los sueños coinciden en la idea de que lo que sucede es el procesado de retazos aleatorios de información durante el sueño, y que el a menudo extraño relato que recordamos —el sueño— es el intento del cerebro de tejer todos estos retazos aleatorios en un relato coherente. Ampliando esa perspectiva a toda la raza humana, la escuela junguiana de psicología considera la religión como un sueño colectivo compartido por un ingente número de personas.

Antes incluso de que nuestros antepasados hubieran construido algún argumento explicativo, tuvieron que haber sido plenamente conscientes de que la naturaleza era mucho más poderosa que ellos, lo que dio lugar a sentimientos de miedo y temor. La conciencia y la creación de sentido que lo acompañaba, condujeron al esfuerzo no sólo por explicar esas mismas fuerzas naturales temibles y abrumadoras, sino por mantenerlas apaciguadas. Cuando una fuerza natural provoca un suceso —como cuando un rayo golpea un árbol y produce un incendio— nuestro cerebro hipersocial y creador de sentido puede asignar intenciones humanas a esa fuerza, un hábito mental llamado antropomorfismo. El neurocientífico John Cacioppo evaluó los grados de soledad de ciertos individuos, y luego les mostró fotografías de objetos distantes en el espacio como la Nebulosa Cabeza de Caballo, girando y moviéndose en la oscuridad del infinito. Cuanto más solitaria está una persona, más proclive es a antropomorfizar esos enormes racimos de estrellas y gases, no sólo atribuyéndoles características personificadas sino atribuyéndoles intenciones humanas también.

De manera similar, cuando los antiguos humanos observaban la naturaleza debieron reconocer la positiva influencia del sol y de la lluvia de primavera, frente a la destructiva influencia de las tormentas, las sequías y el rayo. Como productos de la selección natural, la conciencia y las narraciones que confeccionaba estaban muy relacionadas con el mismo esfuerzo que ocupaba la mayor parte del resto de nuestras energías, que era el esfuerzo por mantener la vida.

De modo que no debería sorprendernos que, junto con las herramientas de piedra, los artefactos humanos más antiguos encontrados sean tótems religiosos en forma de voluptuosas figuritas femeninas, símbolos de la fecundidad y los misterios de la reproducción. En algunas culturas el falo también era venerado, y ambos símbolos sexuales eran empleados en ceremonias destinadas a apaciguar a cierto poder elevado, asegurando de ese modo que los ciclos de la vida siguieran adelante, que vinieran las lluvias, el delta se inundara y que las cosechas y la caza fueran abundantes.

Decenas de miles de años más tarde, incluso después del advenimiento de ejércitos y ciudades-Estado, de las matemáticas y la filosofía, de la poesía y la escultura, los antiguos griegos seguían adorando esa fuerza vital que llamaban Eros, también conocido como sexo. Del mismo modo que la oxitocina y la testosterona funcionan como antagonistas, los mitos griegos sostenían que Eros, el dios del sexo, era hijo de Afrodita, que representaba el amor, y de Ares, el dios de la guerra.

Pero Eros era también una conexión principal con el *ekstasis,* y con la descarga de oxitocina que se produce en el momento del clímax sexual. Otra vía directa al *ekstasis* era el culto de Dionisos, el dios de la epifanía y del resto de experiencias salvajes e irracionales. Fueron los ritos extáticos de Dionisos los que dieron lugar a la tragedia griega, los cuales ofrecían una forma especial de salir de uno mismo a través de la catarsis, según la cual los miembros del público se identificaban profundamente con los personajes del escenario, reconociendo y absorbiendo el patetismo de nuestra humanidad común.

El culto al poder reproductor y al éxtasis sexual que comenzó con las sensuales figuritas femeninas y símbolos fálicos y que condujo a los ritos de fertilidad y bailes extáticos, finalmente se trasladó al mundo cristiano. Por mucho que la iglesia se esforzara por suprimir el sexo, lo erótico nunca llegó a ser eliminado de lo espiritual como una forma más de salir de uno mismo. Podemos apreciar el poder del *ekstasis* cristiano en la estatua de Bernini que se encuentra en la iglesia de Santa Maria della Vittoria en Roma. La protagonista es la religiosa mística española de siglo XVII Santa Teresa de Ávila, y la representación de su rostro capta lo que ella llamaba «la devoción de la unión» con Dios, una unión que, a juzgar por su expresión, parece absolutamente orgásmica. «El amor es lo único que da valor a todas las cosas», decía la santa. «Dios es amor», es desde luego, un mantra cristiano, repetido desde las encíclicas papales hasta el tablón de anuncios de las escuelas dominicales protestantes.

La cristiandad concede en realidad una gran importancia a cuatro tipos diferentes de amor representados por cuatro palabras griegas distintas: *eros* para el amor físico, *storge* para el amor familiar, *philia* para el amor fraternal y *agape* para el amor a Dios. Pero las distinciones siguen siendo difusas. Por ejemplo, un himno baptista titulado *En el jardín* hace que la fe suene mucho a un asunto amoroso con Jesús. En la canción, el hablante llega solo a un jardín, «mientras las rosas conservaban el rocío». Y el estribillo dice así:

Y Él camina a mi lado y habla conmigo,
Y Él me dice que soy suyo;
Y la alegría que compartimos mientras estamos juntos,
Nadie jamás la ha conocido.

Y el segundo verso comienza así:

Él habla, y el sonido de su voz
Es tan dulce que los pájaros dejan de cantar;

Actualicemos el lenguaje un poco y esa efusividad no queda lejos de las letras de canciones pop como *He's So Fine* o *My Girl*.

Un himno como *La vieja y rugosa cruz*, con sus imágenes de increíble amor y sufrimiento, provoca sin duda tanta secreción de oxitocina —y empatía— como nuestro vídeo sobre Ben, el niño con cáncer. Pero el clásico himno «de invitación al altar» en las iglesias baptistas, *Tal como soy*, termina cada verso repitiendo una línea con connotaciones difíciles de pasar por alto:

Tal como soy, sin pedir nada más,
Y después de derramar tu sangre por mí,
me pides que acuda a ti,
Cordero de Dios, a ti voy, a ti voy.

Esto no es solamente empatía. Es *ekstusis*.

El elemento más evidente de Eros y de los antiguos cultos de la fertilidad que fueron trasladados a la cristiandad es, evidentemente, la veneración de la Virgen. Tal como era la cristiandad, resultaba necesario que la poderosa fuerza femenina fuera casta, pero esto enlazaba con otro antiguo concepto que ha sido fundamental para muchas religiones: nacer de una virgen. En el antiguo Egipto, se decía que Isis nació de una virgen, al igual que el dios babilonio Marduk y el dios/hombre hindú Krishna. En la mitología persa, la madre de Zoroastro fue supuestamente fecundada por un rayo de luz. Se atribuyeron los mismos orígenes al dios griego Perseo e incluso a los emperadores romanos después de que lograran ser deificados.

Nacer de una virgen era una forma de establecer la unión entre Dios y la humanidad, objetivo que no debe sorprendernos en una especie tan sumamente social. Esta conexión era todavía más atractiva por producirse aquí abajo, a nuestro nivel, en el reino de las hormonas y de los neurotransmisores, en el reino de la biología. En otras palabras, el cosmos funciona de la misma manera en que lo hace una familia humana, con amor y afecto.

Incluso hoy, los estudios muestran un vínculo explícito entre el impulso religioso y la urgencia literal de reproducirse. A jóvenes solteros les fueron mostradas numerosas imágenes de personas atractivas de su propio género, y rápidamente el porcentaje de aquellos solteros que profesaban sentimientos religiosos aumentaba. ¿La razón? Es adaptación. En un entorno en el que la competencia sexual es más intensa, una actitud libre y natural hacia el sexo no es la mejor manera de conseguir un compañero fiable. Así que los individuos optan por el tipo de conducta conservadora y monógama asociada a la mayoría de enseñanzas religiosas. Por lo tanto, no es que la gente aprenda una moralidad sexual conservadora a través de la religión, sino que las actitudes conservadoras acerca del sexo y la vida familiar *hacen* que la gente adopte estilos de vida religiosos como forma de atraer y retener a un compañero de alta calidad.

Las tradiciones antiguas utilizaban la masturbación como forma de alcanzar el *ekstasis*, y un rasgo común a la mayoría de religiones antiguas del mundo es la figura de la prostituta del templo que podía llevar a los devotos a un estado de gracia a través del acto. Pero incluso hoy, cuando el contacto físico no va más allá del apretón de manos después de la comunión, conectar con otras personas mientras se está en relación con lo divino parece ser el objetivo central del ritual religioso.

EL ÉXTASIS SE HACE PÚBLICO

Como vimos en nuestros bailarines de contradanza, el hecho de salirse de uno mismo provoca una mayor unión con los demás, y la secreción de oxitocina reduce el estrés y calma los nervios a través del sistema HOME. Del mismo modo, el ritual religioso proporciona resultados físicos positivos antes incluso de introducir conceptos tranquilizadores como la vida después de la muerte, recompensas eternas por la buena conducta y la reunión con los seres queridos. La secreción de oxitocina estimula la liberación de serotonina para reducir la ansiedad y hacernos sentir tranquilos, y la dopamina produce un «enganche», es decir, algo que deseamos que se vuelva a repetir.

La oxitocina produce empatía, que a su vez crea compasión, la cual ayuda a los grupos a mantenerse unidos en torno a un objetivo común. También refuerza la confianza. En el libro de los Hebreos, Pablo escribe acerca de la «confianza en cosas que no se ven». La palabra griega que san Pablo utilizaba para describir la relación de Abraham con Dios, *pistis*, suele traducirse como fe. Pero en la mitología griega, Pistis era en realidad uno de los espíritus que se escaparon de la caja de Pandora y huyeron al paraíso. Era el espíritu de la confianza.

Cuando se segrega oxitocina, se produce empatía y conexión con Dios a través de rituales públicos, a lo que se añade la unión con las otras personas que, en aquel momento, están compartiendo el mismo sentimiento de conexión con lo divino, lo cual supone *ekstasis* de doble efecto, algo así como un encuentro motivacional cósmico. Éste era el tipo de fenómeno que podía favorecer que un grupo permaneciera unido, resistiera y superara dificultades. Por esa razón la mayoría de las prácticas religiosas son comunitarias.

Darwin sostenía que las creencias religiosas surgieron y permanecieron porque hacían que las sociedades estuvieran más dispuestas a cooperar y a sacrificarse por el bien común, lo cual les permitía aventajar a grupos de individuos egocéntricos carentes de la cohesión social de una fe común y de un objetivo más allá de uno mismo.

Pero es en este doble efecto donde también encontramos el inconveniente de un excesivo fervor religioso. La misma unión del grupo que provoca esa tremenda empatía, que crea a su vez la disposición a sacrificarse por el bien común, también puede contribuir a avivar la hostilidad contra cualquier grupo de fuera. Cuando estás tan enfebrecido por el sentimiento extático de que Dios está de tu parte, los miembros de otros grupos no se convierten simplemente en «los otros». Pueden llegar a convertirse en «pecadores» o «paganos» o en «los hijos del demonio» que necesitan ser exterminados. La imaginería del *ekstasis* ha demostrado ser sorprendentemente efectiva en la puesta en escena del Ku Klux Klan con su quema de cruces y capirotes blancos, así como en las gigantescas concentraciones que organizaba Goebbels para Hitler durante la época nazi.

Yo quería comprender por qué algunas religiones producían estas desviaciones dentro del grupo, pero primero necesitaba, como comparación, un valor de referencia de un grupo secular estrechamente unido. Tras varias reuniones y después de participar en un agotador ejercicio de emboscada con una patrulla militar en las montañas, que me dejó magullado y sangrante, pude convencer al teniente coronel Bill Fitch, jefe del batallón ROTC de Claremont (Reserve Officers Training Corps) para que permitiera a sus cadetes jugar al Juego de la Confianza, tanto con otros cadetes como con voluntarios no militares del alumnado de Claremont. Para reforzar su sentimiento de grupo, los cadetes tomaban decisiones inmediatamente después de haber participado en quince minutos de marcha fuera de mi laboratorio, una «conducta ritual» típica de ellos.

También contaba con un grupo de estudiantes que se identificaban a sí mismos como cristianos evangélicos para que jugaran entre ellos al Juego de la Confianza y después con estudiantes no evangélicos. Estos jóvenes realizaron su ritual de oraciones y cantos en mi laboratorio durante quince minutos. Para que sirvieran de grupo de control, reunimos a un puñado de estudiantes sin afiliación y los dividimos en «Rojos» y «Azules» para formar grupos internos y externos completamente arbitrarios. Los participantes del grupo de control jugaron al teléfono durante quince minutos con su propio color para hacer que su grupo destacara. También tomé muestras de sangre de cada uno antes y después de sus rituales.

Esto es lo que encontramos. Entre los miembros del grupo de control, los jugadores B —los que pueden devolver dinero después de sentir que se confía en ellos— devolvieron el 23 por ciento tanto si estaban tratando con un miembro de su grupo o con alguien de un grupo externo. En otras palabras, las distinciones tribales arbitrarias y artificiales que establecimos para ellos —Rojo y Azul— no influían en nada.

Entre los jugadores B que eran cadetes, hubo un importante sesgo dentro del grupo con respecto a la cantidad que devolvían —51 por ciento si eras «uno de los nuestros», contra el 40 por ciento si no lo eras. Lo mismo sucedió con los evangélicos. Su sesgo fue aproximadamente similar— devolvieron el 38 por ciento a aquellos que formaban parte de su grupo de camaradas cristianos, y el 28 por ciento a quienes no pertenecían a su rebaño.

Fue entre los jugadores A —aquellos que tomaron la decisión inicial basada en si creían o no que podían confiar en un jugador B— donde los evangélicos destacaron por tener un sesgo dentro de su grupo mucho más fuerte incluso que los fervientes miembros del batallón ROTC. Los jugadores evangélicos A transfirieron un 84 por ciento del máximo a jugadores B de su grupo contra el 61 por ciento a jugadores B de fuera del grupo —una diferencia de porcentaje de 23 puntos. Entre los cadetes ROTC, la distinción entre el grupo propio y el de fuera fue del 81 por ciento del máximo contra el 74 por ciento— sólo 7 puntos de porcentaje de diferencia. Entre los controles, la transferencia fue la misma tanto si el jugador B en cuestión era un Rojo o un Azul. Como promedio, transfirieron el 58 por ciento de la cantidad máxima disponible —una muestra de niveles más bajos de confianza sin ningún tipo de afiliación grupal significativa.

La diferencia de conducta de los participantes evangélicos se debió en parte a su nivel más elevado de estrés: un 28 por ciento más alto que el de los sujetos de control. Simplemente se sentían más inquietos por interactuar socialmente (y los cadetes ROTC estaban un 17 por ciento menos estresados que los sujetos de control). Cabe esperar que uno se beneficie a sí mismo antes que a los extraños. Pero el problema con el favoritismo hacia el propio grupo, especialmente el de uno intoxicado de rituales, es que limita las oportunidades de unión que reclamamos como criaturas sociales. El mensaje de las principales religiones del mundo sigue resonando en nosotros hoy día porque predican la promesa de unión y amor universales. La necesidad de pertenencia a un grupo forma parte de la naturaleza humana, y figuras religiosas como Jesús y Buda parecen haber entendido que amando a todos los seres, el amor vuelve también a ellos. Pero parece que el favoritismo de grupo hace que resulte mucho más sencillo amar a unos que a otros. Limitar el amor a tu propio grupo impone, de hecho, una penalización económica. Dado que confiaban mucho menos en los de fuera, los evangélicos se llevaron un 9 por ciento menos del Juego de la Confianza que los cadetes ROTC.

A lo largo de la historia, ya sea de forma socialmente útil o de un modo diabólico que desembocara en genocidio, los grupos han tratado de invocar a un poder superior para lograr que la gente cumpla las reglas. Ya hemos tratado de la importancia social de la disposición al castigo, pero no siempre todo el mundo está dispuesto a castigar, porque hacer el papel del duro puede acarrear costes al castigador. Es violento, estresante y siempre tienes que andar preocupándote por las tensiones que se crean en una relación o miedo a provocar ser a tu vez castigado. También es verdad que (al menos antes de la aparición de Google Maps) la vida real no permite la existencia de ojos vigilantes en todas partes y en todo momento para controlar lo que hacemos cada uno de nosotros.

Sin embargo, contar con un Dios omnipotente y omnisciente, permitió a las sociedades externalizar el castigo. Poder decir «es Dios quien te está castigando… no yo» alivia algo la tensión de quienes, a pesar del *deseo apremiante* de castigar, lo que quieren fundamentalmente es ocuparse de sus propios asuntos y vivir su vida. Asignarle el trabajo a Dios también delega el castigo *hacia arriba*. Este Dios omnisciente es también aterrador, y el factor miedo contribuye a reforzar y a interiorizar el mensaje de que hay que ser bueno porque, en última instancia, no existe lugar donde ocultarse. Dado que Dios está en todas partes y lo sabe todo, los pecados terminarán por acarrearnos consecuencias, a pesar de que ahora parezca que nos estemos librando.

Hay estudios que demuestran que cualquier tipo de estímulo en el sentido de que estamos siendo vigilados puede inducir una mejor conducta. La exposición de los Diez Mandamientos, un par de ojos en un terminal informático de cualquier tipo, decir a los niños que la princesa mágica Alicia está vigilando su juego o hablar a los estudiantes de la presencia de un antiguo estudiante de posgrado, ahora fallecido, cuyo espíritu ronda por el laboratorio, cualquiera de estos recursos impulsa a la gente a comportarse de manera más sociable y menos egoísta.

Combinar la idea de un sistema de vigilancia sobrenatural con una forma de sistema de retribución —el karma, la pena por un pecado— permite a otros miembros del grupo gozar del placer de castigar. Imagínese el tormento que debe sentir ese infractor de la ley cuando se da cuenta de lo que se le viene encima.

MI YO MÁGICO

Cuando los científicos sociales piden a la gente que describa a Dios, resulta que hay muy poca uniformidad en los atributos físicos que se sugieren. No todas las descripciones ofrecen un anciano con barba, túnica y sandalias o una cariñosa gran mamá flotando en las nubes, o un ordenador gigante en el cielo. De hecho, el único factor que surge de un análisis del concepto que tienen los individuos de Dios es que para cada uno de nosotros, Dios parece ser una proyección del «ser-yo» y mis actitudes, necesidades y deseos, aunque un «yo» con poderes excepcionales.

Es lógico entonces que nuestro concepto de guía moral universal se registre en el mismo mecanismo fisiológico que modula los dos lados de nuestra propia conducta moral individual. En cada uno de nosotros hay oxitocina para impulsar nuestra conducta hacia el amor y la unión, pero también hay la suficiente testosterona para activar el miedo y el castigo. Lo mismo sucede con el tipo formidable (o la madre adorable) que nos vigila desde arriba. Dios, el último juez y ejecutor moral, se equipara con la influencia de la testosterona. Dios, la fuente última de vinculación afectiva, amor y cuidados, se equipara con la oxitocina.

¿Nos debería extrañar, entonces, que la creencia en Dios pueda inspirar actos de enorme compasión y de violencia despiadada y sectaria?

Los primeros grupos de homínidos que luchaban por abrirse camino, físicamente superados por los chimpancés, y sin tener nada que hacer ante los leones o manadas de perros salvajes, necesitaban unirse, llevarse bien y ayudarse mutuamente para sobrevivir. Por consiguiente, los dioses animistas de los primitivos cazadores-recolectores y los antiguos ritos de fertilidad estaban más que influidos por la oxitocina. A medida que las tribus aumentaban de tamaño y se diferenciaban más genéticamente —es decir, no todos eran de la familia— la supervivencia exigía una aplicación de las reglas más estrictas, de modo que Dios adquirió más testosterona. Las tribus nómadas tenían más probabilidades de encontrarse con otros grupos, lo cual creaba una dinámica de tipo «nosotros contra ellos», que aumentaba la necesidad de un Dios duro y combativo. La «Madre Tierra» dejó paso al «Dios de las Alturas» al que se podía recurrir para que castigara a los otros tipos. Sin duda el Dios del Antiguo Testamento es una poderosa figura paterna y, por cierto, no muy simpática. Siempre está diciendo cosas como «soy un Dios celoso» y «soy un Dios airado». Y tal como la Biblia no se cansa de repetir, este Dios de la Ira, el mayor chico malo, estaba dispuesto a provocar diluvios y destruir ciudades por un quítame allá esas pajas.

Las sociedades pequeñas podían confiar al principio en el «toma y daca» de la naturaleza humana. Nuestra especie funcionaba con generosidad y confianza, pero también con represalias —o cuanto menos con la retirada de la aceptación y la generosidad— siempre que se violaba la confianza. Luego se inventó a Dios para reforzar estas tendencias prosociales y para respaldar el castigo de las antisociales. Finalmente, las reglas que se decía procedían de Dios fueron codificadas y se les dio la fuerza de leyes seculares. Con el tiempo estas leyes se fijaron, por ejemplo, en los Diez Mandamientos o en el Código de Hammurabi, que establecían los preceptos con mucha claridad, especialmente para el 5 por ciento de cualquier población que careciera de los receptores de oxitocina necesarios para fijarse y comportarse moralmente sin imposiciones externas. Pero incluso para el 95 por ciento restante, resulta útil que exista una línea clara que separe lo bueno de lo malo, especialmente si tenemos en cuenta que los sentimientos morales son evidentemente falibles y están sujetos a altibajos fisiológicos.

Aunque el «ojo por ojo» caracterizara a la mayoría de estas antiguas formas de jurisprudencia, otras fuerzas se centraron en elaborar soluciones más prácticas y menos eliminatorias para sobrevivir, lo cual creaba más espacio para la compasión. Los dioses guerreros impulsados por la testosterona como Jehová, Zeus y Júpiter siguieron estando al mando durante toda la era clásica, pero los panteones paganos siempre concedían espacio a una variedad de voces, incluyendo las extáticas y las eróticas. Mientras tanto, las filosofías más seculares de Grecia y Roma propagaron el pensamiento moral con un fuerte componente de raciocinio.

El mundo judío también tuvo sus místicos así como sus filósofos que aligeraron la crudeza del Dios de la Ira. Uno de ellos fue el rabino Hilel, quien propuso la Regla de Oro de la ética varias décadas antes de que apareciera en el Nuevo Testamento como una de las enseñanzas de Jesús.

Resulta claro, por tanto, que la religión articulada en el Nuevo Testamento fue una potente y novedosa idea que llegó en el momento oportuno, una amalgama perfecta de diversas tendencias que alcanzaron su punto crucial justo cuando el mundo clásico llegaba a la cumbre de su poder para luego derrumbarse.

La tradición testosterónica de Zeus, Júpiter y Jehová se mantuvo a través de la veneración de las antiguas escrituras hebreas, que los cristianos comenzaron a llamar el Antiguo Testamento. La tradición filosófica griega se mantuvo adoptando una visión del universo basada en el concepto platónico de un mundo alternativo y perfecto de formas, un reino espiritual que los humanos ordinarios sólo ven «a través de un cristal oscuro».

El poder romano había trastocado el viejo mundo, aunque la Pax Romana puso en contacto una variedad de culturas unas con otras haciendo que la movilidad aflojara los vínculos de las religiones enraizadas en un lugar particular. El cristianismo colmó el vacío al enseñar que el reino de Dios no estaba dentro de este o de ese templo situado en aquella colina o sobre aquella fuente sagrada, sino que existía en el corazón de cada uno de los creyentes. En este sentido, el cristianismo comenzó en realidad como una fuerza moral que actuaba de abajo arriba, con docenas de enfoques diferentes. Pero quienes querían una ortodoxia del tipo ordeno y mando terminaron por imponerse, y el «buen pastor» vio cómo la organización de mando y control total, el Imperio Romano, se apropiaba de su legado, que se transformó en la tan jerárquica Iglesia Católica Romana.

Aun así, la idea básica se conservó en lo que constituyó la innovación más importante del cristianismo, que fue, después de miles de religiones guerreras, un regreso a la compasión. Al igual que el culto de Dionisos tuvo un gran atractivo para mujeres y esclavos y otros a quienes se les negaban los privilegios de la plena ciudadanía en una sociedad guerrera, el culto de Jesús ofrecía el amor de Dios para todos, por muy humilde y por muy humillado por los ricos y poderosos que se fuera. Fue el Cristo del amor y del perdón, el cordero de Dios enriquecido con oxitocina, lo que convirtió el culto de Jesús en una importante fuerza espiritual capaz de perdurar más de dos mil años.

En Asia muchas religiones históricas se habían centrado en la compasión, siguiendo preceptos que ofrecían una liberación del sufrimiento al poner fin a los interminables ciclos de la reproducción y la reencarnación. Un Dios de la Ira parecía innecesario porque el respeto a las reglas estaba mucho más enraizado en estas sociedades asiáticas menos individualistas y más centradas en el grupo. Sin embargo, el cumplimiento de las normas estaba asegurado por la presencia de los propios antepasados y por una fuerte tradición que castigaba con la vergüenza por el mal comportamiento, especialmente uno que atrajera el deshonor sobre el grupo.

Así que una vez más, en religión como en otras cosas, la verdad subyacente de la Molécula Moral es que, de manera general, no somos tan compasivos, agresivos, generosos o crueles por naturaleza. Más bien, somos adaptables por naturaleza. Las hormonas opuestas que nos regulan nos permiten encaminarnos en cualquier dirección, en función de las circunstancias. También sucede que ser generoso, amable y digno de confianza casi siempre es, con mucho, la mejor forma de actuar. Por ello seguimos a personajes moralmente ejemplares para que nos guíen con su modo de hacerlo: Jesús, Buda, el Dalai Lama.

Al igual que las imágenes religiosas, los rituales de comer en grupo y la imposición de manos siempre han formado parte de la asociación religiosa porque potencian la oxitocina. En nuestros estudios del Juego de la Confianza, quienes mostraban los máximos niveles de oxitocina y quienes eran más dignos de confianza eran también aquéllos que se describían a sí mismos como religiosos. Lo siento, Richard Dawkins y compañía, pero estas personas religiosas también alcanzaron la mayor puntuación en cuanto a satisfacción vital y bienestar emocional. El factor crítico para hacer que todo esto funcione de la mejor manera posible es el que expusieron los gurús, desde Jesucristo a John Lennon: todo lo que necesitas es amor.

AMOR TRASCENDENTE (Y BARRO)

Lo cual me lleva a una epifanía mucho más reciente en mi vida, un momento en el que el torrente de oxitocina me permitió realmente salir fuera de mí mismo.

Tras dos años de preparativos, por fin recibí la autorización para ir a Papúa Nueva Guinea para extraer sangre de guerreros de una tribu antes y después de que realizaran una danza ritual. El experimento comprobaría si la secreción de oxitocina era algo universal. El pueblo de Malke está en las Tierras Altas del oeste, una accidentada y verde tierra de volcanes en la que llueve casi todo el tiempo. También eran treinta horas de viaje desde California y cuando llegué tengo que admitir que me sentí un tanto abrumado. En parte me encontraba simplemente conmocionado por el olor de todos aquellos cuerpos sin lavar. Había unas mil personas viviendo como lo habían hecho nuestros antepasados. Construían cabañas de paja y sobrevivían a base de ñames y coles. A decir verdad, sólo hacía dos generaciones que habían abandonado el canibalismo. Los hombres estaban tan impregnados de suciedad que, cuando comenzamos el experimento, tuve que utilizar cuatro o cinco algodones con alcohol para llegar a sus pieles antes de poder extraer su sangre. Como «instalaciones sanitarias» utilizaban un foso, sin agua ni jabón para limpiarse —como mucho una hoja con la que limpiarse las manos. Andaban descalzos por el barro y llevaban ropa de segunda mano.

Tambaleante por el choque cultural y la fatiga del vuelo, también estaba desconcertado por el hecho de que nuestro nitrógeno líquido para enfriar las muestras de sangre no había llegado, así que me senté en la falda de la colina para decidir qué hacer. Como occidental, muy alto y de rostro pálido, yo debía constituir una curiosidad, ya que, poco a poco, algunos de los habitantes del pueblo comenzaron a congregarse a mi alrededor. Al cabo de unos momentos había atraído a una multitud, desde niños pequeños a abuelas desdentadas. Se sentaron a mi alrededor y me contemplaron, acercándose cada vez más. La tradición local de «tener» invitados para cenar se cruzó por mi mente, pero adopté la actitud de «de perdidos al río». Los niños eran tímidos así que comencé a poner caras raras. Los pequeños se pusieron a reír y luego todo el mundo sonrió. Más tarde comenzaron a pegarse a mí. Todos querían tocarme, estrecharme la mano. Me ofrecieron sus tocados hechos de pieles de animales, plumas y hierba. Comencé a coquetear con las señoras mayores, una de las cuales no dejaba de reírse y de darme codazos en las costillas —y luego simplemente respiré el olor de la jungla y por un momento me desprendí de todos mis pensamientos occidentales, prejuicios y preocupaciones. Fue una experiencia que me cambió la vida.

Eran las personas más simpáticas y alegres que he conocido nunca. Como pueden cubrir todas sus necesidades con una hora de trabajo al día, se sientan a socializar la mayor parte del tiempo. (Cuando analicé su sangre, sus hormonas del estrés eran como las de alguien que fuera apenas consciente.) Y sin embargo también podían ser tremendamente trabajadores y bondadosos. Les pedimos que nos construyeran una cabaña para proteger el generador y el equipo eléctrico de la lluvia constante —una lona sobre postes de madera— y se tomaron la molestia de decorar cada poste con helechos y flores moradas. También eran increíblemente generosos de otras maneras. Les vi aporrear un cerdo y asarlo lentamente, quitándole todas las capas exteriores de la piel mientras se cocinaba, y luego con gran ceremonia, el jefe repartía la valiosa carne, a partes iguales entre cada familia. Todos esperaban hasta que se hubo repartido toda la carne para empezar a comer. Más tarde, cuando llegó el momento de partir, esta gente, que no tenía nada, organizó una ceremonia para dar a cada miembro de mi equipo un regalo cuidadosamente envuelto con una nota del jefe sobre por qué era importante que cada uno de nosotros tuviera ese regalo.

Los resultados confirmaron que, como los occidentales, los aislados campesinos de Papúa Nueva Guinea segregan oxitocina durante los rituales. Pero simplemente estando allí, sentí que había aprendido algo increíblemente potente. Me encontraba en el otro extremo del mundo, rodeado de gente que no podía ser más diferente de mí. Yo era un completo extraño para ellos y, sin embargo, me absorbieron en su aldea casi inmediatamente. Habíamos dado con algo realmente primitivo, como la sangre del nacimiento o la sangre de la batalla. Era el amor y la empatía de la oxitocina llenando el vacío de millones de diferencias sociales. Estaba cubierto de barro pero me sentí transportado, como lo estuve hacía tanto tiempo cuando escuché el canon de Pachelbel. Experimenté la misma sensación de amor, unión y de conexión con el universo. Ésta era la única religión que siempre he necesitado. Me sentí totalmente vivo, inmerso en este mar de humanidad.

7

Mercados morales

Confianza líquida y por qué la codicia no es buena

Poco después de que nuestro primer artículo sobre la oxitocina me llevara hasta la televisión, detecté un nuevo producto que se vendía en Internet llamado «Confianza líquida». Por sólo 40 dólares podías obtener un suministro para dos meses. ¡Vaya ganga! La página web citaba mi investigación así como los artículos aparecidos en los medios de comunicación y estaba cargada de testimonios. Lo encontré bastante extraño, especialmente teniendo en cuenta los molestos lloros y resoplidos que se requieren para obtener una dosis efectiva de oxitocina en el cerebro, por no mencionar el hecho de que el efecto dura sólo unas horas. Y luego estaban esas engorrosas normativas de la FDA sobre inhaladores de oxitocina que yo conocía tan bien.

Hice caso omiso y regresé a mi laboratorio, pero unos meses más tarde un productor de televisión del ahora desaparecido programa matinal de la Fox *The Morning Show with Mike and Juliet* me llamó para pedirme que apareciera en pantalla con un portavoz de la empresa Liquid Trust. De modo que me fijé más atentamente en los anuncios que decían: «Cada frasco de 30 mililitros (suministro para 2 meses) de Liquid Trust contiene los ingredientes siguientes: Agua purificada, alcohol desnaturalizado y oxitocina».

La oxitocina, como ya sabemos, es un medicamento que requiere receta. Entonces, o bien estaban mintiendo acerca de los ingredientes o bien estaban violando la ley federal vendiéndolo libremente. Pero luego me fijé en la chapucera ocurrencia... Instrucciones de uso: *¡Rociar las prendas con el producto!* No estaban vendiendo un medicamento sin receta, estaban vendiendo un ambientador muy, muy caro. ¡Santo cielo! Si hubiera sabido lo fácil que era crear un ambiente de confianza, me podría haber ahorrado, tanto a mí como a mis colegas científicos de todo el mundo, una montaña de problemas.

Fui al programa de televisión y delante de la portavoz (más bien la «modelo», una muñeca rubia que había sido contratada dos semanas antes), afirmé rotundamente que el producto era totalmente fraudulento y una auténtica estafa.

Liquid Trust desapareció inmediatamente del mercado. Pero un mes más tarde, volvió a aparecer. La última vez que miré en Google, había setenta y seis páginas de anuncios y críticas, no sólo para Liquid Trust, sino para una serie de productos de la competencia que habían adoptado el mismo señuelo de ciencia tergiversada y se habían convertido en similares pócimas mágicas para engañar a los crédulos.

Lo cual nos plantea la siguiente cuestión: ¿Qué clase de sinvergüenza tienes que ser para vender un producto fraudulento que afirmas crea, entre otras cosas, confianza?

No es nada nuevo, desde luego, lo de ser un sinvergüenza, o despiadado o cínico, cuando de lo que se trata es de hacer dinero. Mucha gente que se dedica a los negocios parece pensar que el nombre del juego es falsificación y engaño. Lo cual es una razón por la que los negocios y el comercio siempre han tenido un problema de imagen. «Detrás de cada fortuna hay un gran delito» es una manera de enfocar el asunto. «Si puedes aprovecharte de un primo, hazlo», es otra.

En contra de estos sentimientos, voy a demostrar en este capítulo que, en términos generales y a pesar de sus detractores, el mercado hace en realidad *más* morales a las personas, no menos. El comercio no sólo confirma el ciclo virtuoso de la oxitocina, sino que lo prolonga más allá de la pequeña circunferencia del parentesco o la amistad. Y luego, con un giro que resultará una revelación para quienes no dudan en aprovecharse de los incautos, la conducta moral *incrementa* en realidad la eficiencia y rentabilidad del comercio. Ello añade otro elemento al ciclo virtuoso. Un pastel económico más grande —también conocido como prosperidad— razonablemente bien distribuido, reduce el estrés e incrementa la confianza, lo cual provoca más secreción de oxitocina, lo cual... bueno, creo que ya lo han pillado.

Estos dos hilos pueden converger para hacer del comercio una fuerza moral en el mundo, con el punto a favor de que los mercados más sostenibles —aquellos que tendríamos que tratar de alcanzar y expandir— son mercados morales.

Siguiendo con el proceso que hemos visto hasta aquí, examinemos ahora esta proposición de abajo arriba, observando la biología que subyace a la conducta del mercado.

En el capítulo 4 hemos hablado de la selección de parentesco y cómo esto era una fuerza motriz que está detrás del altruismo en la mayoría de especies sociales. Los animales sociales se cuidan unos a otros, llegando incluso a sacrificarse por el bien del grupo. Este acto hace que resulte más probable la supervivencia del grupo, y las instrucciones genéticas para comportarse de ese modo persisten porque la supervivencia del grupo permite a los genes altruistas, incluyendo al gen «sacrifícate a ti mismo», pasar a sus hijos, o incluso a sus sobrinos. Pero también hemos visto cómo un cerebro más grande permitió a nuestra propia especie descubrir los beneficios de formas más complejas de cooperación social. Una de ellas es el comercio. Y las últimas pruebas hacen pensar que el primer artículo con el que se comerció fueron realmente las propias personas.

En 2011 un equipo de antropólogos liderado por Kim R. Hill de la Universidad del Estado de Arizona y Robert S. Walker de la Universidad de Missouri analizó datos de treinta y dos tribus contemporáneas de cazadores-recolectores e informaron de que menos del 10 por ciento de los miembros de cada grupo estaban estrechamente relacionados. Resulta que esta diversidad es resultado de los hijos e hijas que dejan el grupo familiar para unirse al del compañero elegido. Suponiendo que esta tradición se remonte al pasado, y las pruebas sugieren que lo hace, podemos ver cómo llegarían a estar distribuidos los parientes de sangre de cada individuo entre las poblaciones vecinas. Mientras tanto, el emparejamiento habría hecho que la identidad de los padres fuera más explícita, lo cual habría permitido que la gente supiera más fácilmente quiénes eran sus parientes distribuidos por todo el territorio. Lo cual habría dado a los miembros de los grupos vecinos un incentivo genético para cooperar entre sí, en lugar de matarse unos a otros.

Pero esta misma tendencia a la exogamia también significó que la selección de parentesco se convirtiese en una fuerza menos potente para promover la buena conducta dentro de cada grupo, porque no todos los individuos dentro del mismo grupo estarían relacionados por sangre —contarían también con los nuevos parientes políticos—. Lo cual hubiera hecho que se diera aún más importancia a la reciprocidad —el intercambio de favores— así como a la necesidad de conservar la propia reputación de reciprocidad, como incentivo para tratarse bien unos a otros.

CÓMO POSIBILITA EL COMERCIO LA GENEROSIDAD

Pero el intercambio de personas entre grupos y la familiaridad y confianza que ello propiciaba también creó mayores oportunidades de canjear otras cosas. Tal vez la tribu de al lado tenga una técnica mejor para fabricar puntas de flecha, mientras que la de más allá tenga otra mejor para fabricar los recipientes de agua. Una manera de beneficiarse de la exposición a la diversidad es copiar lo que está haciendo el otro. Pero la cooperación pacífica también significaba poder cambiar calabazas para el agua por puntas de flecha, lo cual permitía a cada grupo centrarse y especializarse. Y ello se tradujo en que cada grupo no necesitaba tener igual acceso a todos los recursos del medio ambiente, y a su vez que la tribu A no tenía que robar a la tribu B para mejorar su posición. O como dijo el economista del siglo XIX Frédéric Bastiat: «Si las mercancías no pueden cruzar las fronteras, lo harán los ejércitos».

Cuando apareció el comercio, la prosperidad dejó de ser algo poco provechoso. De hecho, a menudo, el comercio significa que yo estoy en mejor posición económica en la medida en que *tú* lo estés también. Como exitoso socio comercial, estarás aportando ideas y recibiendo ideas al mismo tiempo que yo —aprendizaje social— aunque también recompensando mis esfuerzos y manteniendo mi prosperidad al pagarme por lo que produzco.

En las dos últimas décadas, los científicos han podido analizar la transición de las formas de subsistencia primitivas basadas en la autosuficiencia a las formas basadas en el mercado, utilizando los mismos juegos económicos que utilizamos en nuestros estudios de la oxitocina para cuantificar las conductas morales.

Herramientas como el Juego del Ultimátum producen resultados increíblemente uniformes en cualquier parte del mundo. Siempre y cuando los sujetos de prueba sean estudiantes universitarios. En el Juego del Ultimátum, la oferta más común en todo el mundo es el 50 por ciento del pastel, y las divisiones propuestas de menos del 30 por ciento casi siempre son rechazadas.

Pero cuando los científicos adoptaron el juego para utilizarlo con una tribu llamada los Machiguenga, las tendencias del 50 por ciento y del 30 por ciento que se aplicaban en el resto del mundo desaparecieron. Entre esta tribu que practica la tala y quema, y vive en el sudeste del Amazonas peruano, las ofertas eran como promedio del 26 por ciento del pastel, y se rechazaban menos del 5 por ciento de las ofertas. Parece que esta gente aislada y autosuficiente tenía un sentido muy diferente de lo que significa compartir, y ninguna noción de lo que significa negociar una solución en la que ambas partes salgan ganando.

Esta anomalía impulsó a la Red de Investigación de la Fundación MacArthur de la Naturaleza y Origen de las Preferencias a poner en marcha una operación sumamente complicada dirigida por Joseph Henrich, ahora en la Universidad Británica de Columbia, Herb Gintis, de la Universidad de Massachussets-Amherst, y Rob Boyd, de UCLA. Seleccionaron para su estudio a quince culturas —de pastoreo a pequeña escala, agrícolas o nómadas— que iban desde cazadores-recolectores de las junglas de Sudamérica, a recolectores-horticultores de Papúa Nueva Guinea, como el grupo que yo visité, pasando por ganaderos de los altos desiertos de Mongolia, cazadores de ballenas en Indonesia oriental, etc. Algunas, como los Machiguenga, no conocían el comercio —mataban o cosechaban todo lo que comían, y fabricaban todo lo que necesitaban—. En el otro extremo, se encontraban algunas de las personas que formaban parte de las tribus pero que seguían viviendo en áreas vírgenes y desempeñaban algún empleo de manera ocasional para ganar dinero. En el medio, otros grupos que cazaban y cosechaban la mayor parte de lo que consumían, pero que también vendían sus productos agrícolas y de vez en cuando compraban alimentos o artículos industriales.

Resultó que los Shona de Zimbabue, por ejemplo —que cultivan y venden productos de las cosechas, como maíz, fabrican vasijas de barro y cestas tejidas a mano para su venta, y aceptan encargos como herreros o talladores—, hacían ofertas mucho más altas en el Juego del Ultimátum que los Hadza de Tanzania, que subsisten casi enteramente de cazar y recolectar, como hacían sus antepasados hace diez mil años. Esta distinción se aplicaba a cada uno de los quince grupos estudiados.

Tras un proceso estrictamente riguroso de recogida y análisis de datos, los científicos descubrieron una correlación directa entre la conducta generosa y prosocial y el grado en que cada cultura había estado expuesta al mercado. Esta exposición se denomina integración de mercado y se mide como el porcentaje de calorías familiares compradas con relación a las calorías obtenidas directamente de la naturaleza. Cada aumento del 20 por ciento en integración de mercado estaba asociado a un incremento de 2 a 3 puntos por ciento en ofertas en el Juego del Ultimátum.

Pero los investigadores no estaban convencidos del todo. También analizaron otros cien factores demográficos, sociales y económicos que pudieran haber influido en esta conducta. Lo que encontraron fue que solamente eran importantes dos factores: la integración de mercado y la pertenencia a una religión importante, ya fuera el cristianismo o el islam.

En lo esencial, por tanto, el intercambio comercial se parece un poco a reunirse para adorar a una potencia superior, al menos en el sentido de que fomenta un bucle de *feedback* positivo. Un mercado libre y que funcione bien, después de todo, tiene que ver con la reciprocidad, lo cual significa satisfacer las necesidades de los demás para que te recompensen en especie. El intercambio repetido, en lugar de un mercado pasajero basado en el «toma el dinero y corre», exige estar a la altura de la confianza que la otra persona deposita en ti, lo cual significa garantizar el producto pactado, y a un precio que permita beneficiarse a ambas partes.

¿ES BUENA LA CODICIA?

Todas estas buenas noticias sobre los efectos morales del mercado plantean una cuestión: si el comercio es una forma tan beneficiosa de cooperación social, ¿cómo pasamos del estado de naturaleza, en el que el intercambio comercial fomentaba la virtud, al timo del Liquid Trust, el hundimiento de Enron y AIG, la burbuja inmobiliaria y las hipotecas subprime, la estafa piramidal de Bernard Madoff —la mayor de todos los tiempos— y el caso más grave de uso de información privilegiada protagonizado por Raj Rajaratnam?

Dos mil cuatrocientos años antes de estas calamidades, Aristóteles ya había llegado a la conclusión de que el comercio era dañino para la virtud porque se centraba en el dinero en lugar de en la sabiduría o en otras personas. Aparentemente, el gran filósofo estaba dispuesto a pasar por alto el hecho de que el mercado era también el núcleo social de las ciudades, el lugar donde los humanos intercambiaban no sólo mercancías sino también ideas. Incluso en la Atenas de la Edad de Oro, el lugar para las asambleas, discursos políticos y debate filosófico era el ágora, el mercado, el mismo lugar al que se acudía a comprar una gallina para la cena.

Pero Aristóteles no era el único que tenía recelos. Según la doctrina de Confucio, *sheng*, los comerciantes se encontraban sólo una escala por encima de los parásitos sociales porque no creaban nada tangible. La Iglesia prohibía en el Medioevo prestar dinero con interés (la ley del islam todavía lo hace), y aplicaba estrictamente el concepto de precio justo, a diferencia del concepto actual de «lo que el mercado esté dispuesto a pagar».

En el siglo XIX, los marxistas fueron los críticos más duros del mercado, llegando incluso a declarar que toda propiedad era un robo y que los empresarios privados eran enemigos del pueblo. Pero los marxistas siempre han estado atascados en una visión del mundo poco práctica, como si sólo se tratara de distribución (a cada uno, desde cada uno), en lugar de ampliar el pastel para beneficio de todos. (Lo cual, como veremos, deja la responsabilidad en manos de los capitalistas para garantizar que esta fuerza benéfica —el mercado— haga realmente lo que dice que hace, que es beneficiar a todo el mundo y no sólo a unos cuantos empresarios avispados de la cima.)

En los años sesenta, los hippies dejaron de comprar y de vender (al menos hasta que descubrieron las tiendas de marihuana) y trataron de vivir en el espíritu del amor, compartiéndolo todo. Este espíritu sigue vivo en el Festival Burning Man que se celebra cada año en el desierto de Nevada, una fiesta de amor y arte donde no se puede comprar ni vender nada (pero donde casi todo puede ser «regalado» a alguien). Cuando asistí al Burning Man, las únicas tiendas normales eran las que vendían café y hielo (aunque podías comprar de todo de manera clandestina).

«Los mercados son malvados» es también uno de los lemas del movimiento antiglobalización «No Logo», que organiza protestas en las grandes cumbres económicas en todo el mundo. En 2009 hasta el Papa se sumó a la protesta, emitiendo una encíclica precumbre que hacía un llamamiento a establecer una «autoridad política mundial» para regular la economía y garantizar que sirve al bien común y no sólo a los peces gordos. (Al parecer, términos como *globalización* y *externalización* supusieron un duro reto para los escribientes del Vaticano que tuvieron que traducirlos al latín.)

Con más de dos mil cuatrocientos años de oposición continua a la idea de comprar y vender, debe existir alguna base para las afirmaciones de que los negocios pueden corromper la virtud. En mi opinión, el problema surge cuando los individuos pierden de vista lo que debe ser un mercado sostenible. Algunas personas que se dedican a los negocios *adoptan* en realidad la idea de que el comercio es malvado porque piensan que ser fríos y despiadados les otorga cierto cachet de machos, que les hace ser más eficaces.

En las dos películas *Wall Street* de Oliver Stone, Michael Douglas hacía el papel de Gordon Gekko, el «tipo más malvado» que haya gestionado nunca un fondo de riesgo o llevado a cabo una opa hostil. Años después de haber representado el papel por primera vez, Douglas contó a los periodistas lo cansado que estaba de los gestores de fondos borrachos que le seguían fuera de los restaurantes gritando el lema de Gekko —«¡la codicia es buena!», para añadir a continuación algo así como, «¡tú sí que sabes, tío!»

Parece que estos tipos no se han dado cuenta de que Gekko era el malo de la película, que lo de «la codicia es buena» quería ser irónico (o incluso orwelliano, como lo de «guerra es paz»), y que la película se escribió como un cuento aleccionador sobre los peligros de la sordidez de la codicia.

No hay duda de que los estereotipos negativos del mercado se ven reforzados por ejecutivos que persiguen el beneficio a cualquier precio, sin temor a contaminar la comida de los bebés, el agua subterránea, realizar malabarismos contables o dejar a unos cuantos miles de trabajadores en la calle para añadir un dólar al valor bursátil de su empresa. Estoy seguro de que los fabricantes de Liquid Trust serían capaces de justificar lo que están haciendo como el buen capitalismo «a la americana» de toda la vida, aunque se esté haciendo desde Bangalore a Bielorrusia.

Pero en realidad, no hace falta ser un depravado para sostener que las enseñanzas morales y los requisitos para mantenerse en la cima en una economía de mercado son dos categorías muy diferentes. Preguntemos a cualquier licenciado en economía o en dirección de empresas si es verdad que el interés propio es lo que rige los asuntos humanos. Y las operaciones comerciales en especial. Steven Levitt y Sephen Dubner lo decían en su Introducción a *Freakonomics*: la moralidad representa *cómo nos gustaría* que funcionara el mundo; la economía representa *cómo funciona realmente*. Nada que discutir.

Bueno, sí. Yo discuto esas afirmaciones casi cada día.

La moralidad no son puras ilusiones —es biología, y concretamente, como ahora sabemos, la biología de la oxitocina—. Esto significa que el comportamiento prosocial, normalmente llamado conducta moral, no sigue el dictado de la escuela dominical, sino que se trata de estrategias de supervivencia puestas a prueba a lo largo del tiempo, conformadas por la más dura de las realidades: la selección natural.

PINGÜINOS Y PROSPERIDAD

Lo cual nos vuelve a llevar de nuevo hasta Adam Smith, el padrino de la práctica y racional ciencia de la economía. Cuando lees su obra completa, en vez de unos cuantos párrafos seleccionados, descubres que la persecución del propio interés puede de hecho beneficiar a todos, pero sólo mientras tenga en cuenta la simpatía mutua que reduce las fuerzas contrarias casi siempre presentes en nosotros: la codicia y la agresión.

Si han visto el documental *El viaje del pingüino emperador*, entonces ya sabrán que los papás de esta desafortunada especie se pasan todo el invierno soportando temperaturas muy por debajo de los cero grados frente a los vientos huracanados de la Antártida, con un huevo metido entre las patas y la barriga. (En esta etapa del ciclo de cría, las madres se han lanzado a las aguas antárticas —más cálidas pero nada que ver con el Caribe— para recuperarse de sus embarazos engullendo calamares.) Esencial para la supervivencia de los machos y la supervivencia de su descendencia no eclosionada, es la forma en que estos tipos se acurrucan juntos para darse calor. Pero también es fundamental la manera en que *hacen girar* el tropel, para que todo el mundo pase un tiempo en la heladora periferia, todo el mundo pase un tiempo en el confortable y cálido centro, y todo el mundo vaya rotando por todas las posiciones. Cada uno de los pingüinos quiere tener calor y empollar su cría —ésa es la parte que corresponde al interés propio—. Pero para tener calor necesita al grupo al completo, porque sin el calor acumulado de todos esos cuerpos, él y su futuro retoño se congelarían. Para mantener al grupo con vida, y por lo tanto a cada individuo, todo el mundo tiene que jugar limpio y cooperar. En ese caso, a todo el mundo le toca ocupar por un rato su puesto en el cálido centro y todo el mundo pasa tiempo en el borde exterior hasta que las plumas de la cola se quedan congeladas.

En los pingüinos, la conducta prosocial y el interés propio de cada individuo (supervivencia y reproducción) son indistinguibles. Su conducta prosocial, que fusiona el interés individual con el bien común, crea el ciclo virtuoso, reforzándolo luego en un bucle infinito. Ése es el modelo de conducta económica del que hablaba Smith.

En cuanto a los humanos, el estudio de nuestra biología muestra que bailamos, nos conmovemos ante el misterio de un poder más alto e intercambiamos mercancías. Eso es justo lo que hacen los humanos. Cada cultura ha creado mercados a lo largo de la historia, y cuando eran prohibidos, como en el Festival Burning Man, surgían en la clandestinidad como mercados negros.

En los tiempos antiguos se construían ciudades en torno a templos, y todavía en el siglo XVIII los viajeros que transitaban por Europa o Norteamérica sabían que se estaban acercando a una ciudad cuando veían las agujas de las iglesias en el horizonte. Pero poco después, la marca reveladora del paisaje urbano fueron las enhiestas chimeneas y fábricas de ladrillo rojo. Durante la «Edad Dorada», antes de la Primera Guerra Mundial, el historiador Henry Adams observó que el mercado había desbancado a la religión como el principio rector de todas las sociedades modernas. La energía religiosa que una vez motivó la construcción de grandes catedrales, dijo, se había transformado en el impulso de inventar y comprar.

Hoy en día la característica de toda ciudad es una aglomeración de rascacielos empresariales que alojan despachos en los que las mercancías no son necesariamente inventadas, diseñadas o producidas, sino financiadas, compradas y vendidas. Cuando los terroristas del 11-S quisieron golpear en el corazón de la sociedad norteamericana, no atacaron la catedral de Saint Patrick ni el Tabernáculo de los Mormones; atacaron el World Trade Center, el auténtico emblema de la sociedad norteamericana.

Y sin embargo, dejando aparte las pérdidas de vidas humanas, nuestra economía y nuestra sociedad sufrió tantos o más daños como resultado de un desastre muy diferente en 2008, cuando aquellos que veneraban demasiado los mercados desataron sobre el mundo una desmesurada oleada de codicia. Actuando como si su propia codicia personal fuera buena, los mercados fueran perfectamente eficientes y como si el lema «tenga cuidado el comprador» les eximiera de cualquier responsabilidad moral, estos tipos dieron todas las razones posibles a quienes consideran corruptos a los mercados.

Estos empedernidos tramposos que no respetan ninguna regla podrían habernos ahorrado un montón de problemas si simplemente hubieran interiorizado uno de los pasajes más notables de *La teoría de los sentimientos morales* de Adam Smith: «Por muy egoísta que se suponga que es el hombre, es evidente que hay en su naturaleza algunos principios que le hacen interesarse por la suerte de los demás, y hacerle *sentir necesaria su felicidad*, aunque nada derive de ella si no es el placer de verla».

Hay mucho que criticar en la forma de funcionar de los mercados contemporáneos, pero hay una verdad fundamental que destaca: desde que fue inicialmente transformado y turboalimentado por la revolución industrial y los valores individualistas de la Reforma Protestante, el mercado ha demostrado ser un medio sin igual para crear prosperidad. Algunos dirán que el capitalismo industrial sólo ha conducido a un craso materialismo, pero las pruebas demuestran en realidad que, en conjunto, la prosperidad, así como la religión, contribuye de manera importante a la salud y felicidad humanas.

Por ejemplo, en Estados Unidos, de 1600 a 2002, la renta media indexada aumentó el 6.900 por ciento, la esperanza de vida se duplicó de treinta y cinco a setenta y ocho años y la mortalidad infantil cayó de un tercio de todos los niños a menos de cinco muertes por cada mil nacimientos de hoy en día. Mientras tanto, el índice de homicidios cayó el 92 por ciento. Durante el mismo periodo en Francia y Holanda, dos países que experimentaron un aumento comparable en prosperidad, el índice de homicidios cayó el 88 por ciento.

Recientemente he analizado los datos del Estudio de los Valores Mundiales sobre el porcentaje de personas que dicen que es importante enseñar a sus hijos a ser tolerantes, lo dignos de confianza que pensaban que eran otros y la renta media según los países. Quería ver cómo se relacionan con la renta de un país la tolerancia y la confianza (un indicador de moralidad). Como muestra el gráfico de abajo, la tolerancia y la confianza aumentan casi a la vez que las rentas medias. Hay excepciones, pero a medida que más gente se aleja de las rentas de subsistencia, el aumento de la sensación de seguridad les proporciona el lujo de ser más confiados y tolerantes. Los estudios también han demostrado que los países tolerantes son más innovadores, y producen los avances tecnológicos necesarios para mantener la prosperidad.

Aunque podemos ver que el ciclo virtuoso avanza extraordinariamente de la pobreza a la prosperidad, la cuestión para las sociedades desarrolladas es ésta: ¿cómo preservamos la moralidad autorreforzada que es el punto de partida para los mercados con éxito y que producen tales beneficios? En otras palabras, ¿cómo mantenemos la prospe-

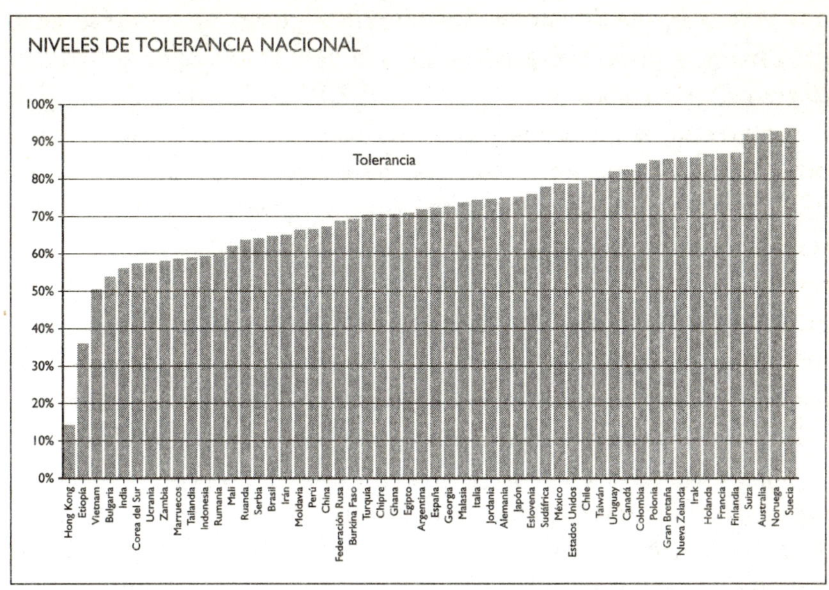

ridad que producirá la mayor felicidad al tiempo que nos protegemos de una sociedad que avanza hacia una república bananera en la que el ganador se lo lleva todo y en la que el nuevo símbolo del estatus son perros de ataque de 200.000 dólares?

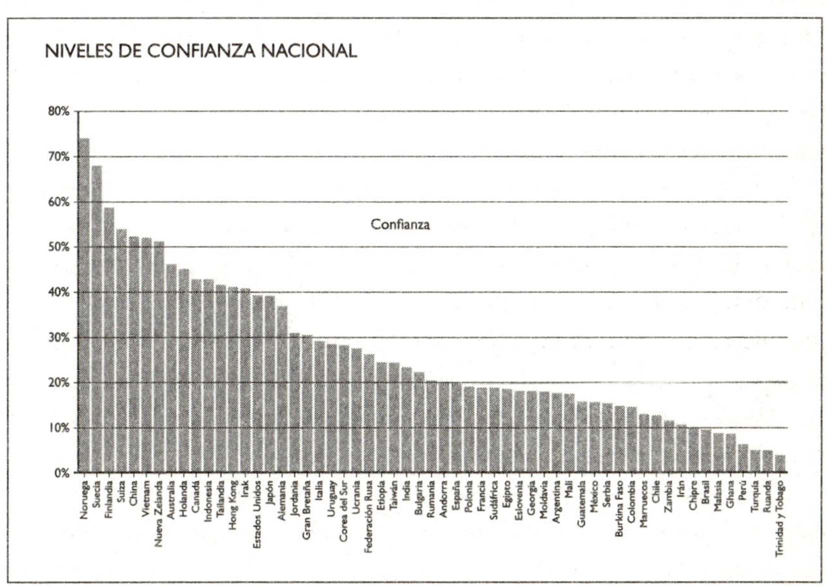

En el caso de la religión, encontramos que el equilibrio se inclinaba hacia lo positivo hasta el punto de que la oxitocina superaba a la testosterona como fuerza motriz. Cuando se trata de la cuestión de si el mercado es moralmente positivo o negativo, la respuesta reside en el grado en que —y no es de sorprender— la conducta de los agentes comerciales esté relacionada con la secreción de oxitocina.

LOS ELEMENTOS DEL ÉXITO ECONÓMICO

En mis estudios he descubierto cuatro elementos que son esenciales para mantener la moralidad de los mercados y para sacar el máximo beneficio económico que los mercados morales proporcionan.

1. Conexión

Una antigua alumna mía de posgrado llamada Sherri Simms trabaja para World Vision International, una organización no gubernamental que atiende a los pobres en más de cien países, y ha sido testigo de cómo la violencia y la desconfianza impiden la acumulación de capital social y moral, bloqueando a los países en una pobreza interminable. Ella quería coger el trabajo que yo había hecho de comparar los efectos de la confianza sobre la prosperidad y probarlos sobre el terreno, en lugar de a través de juegos económicos en el laboratorio.

Sherri sabía que el comercio no trata sólo de bienes y servicios sino también del intercambio de ideas, y la interacción social en general, de modo que para su tesina diseñamos un experimento para ver lo que sucedía cuando se introdujeran cabinas de Internet gratuitas en seis pueblos diferentes de tres continentes.

Cinco de estos pueblos eran agrícolas. El sexto, situado a poco más de un hora de coche de Bangkok, Tailandia, era una mezcla de pueblo agrícola y semiindustrial. Con la introducción de Internet, ¿se quedaría la gente pegada a la pantalla y más aislada de sus vecinos o contribuiría la conectividad al ciclo virtuoso como vimos cuando las sociedades indígenas eran expuestas a los mercados?

Sherri fue capaz de someter a prueba a los habitantes de los pueblos un mes antes y un mes después de que tuvieran acceso a Internet, que utilizaban fundamentalmente para consultar los pronósticos del tiempo e información sobre cosechas. Lo que encontramos fue que, en cada uno de los seis lugares, el intercambio social rudimentario suministrado por el uso de Internet aumentó la confianza así como otras quince medidas de capital social. Al final del experimento, en cada uno de los seis pueblos, había más confianza hacia el prójimo, más orgullo cívico, más disposición a ayudar a los vecinos y más satisfacción general con la vida.

Las pruebas son bastante sintomáticas de que cualquier conexión no abusiva contribuye a un bucle de *feedback* positivo porque la conexión crea confianza. Dado que el sistema HOME está sintonizándose constantemente con los entornos en los que nos encontramos, la conexión en un ámbito nos condiciona a cooperar en otros distintos, lo cual puede conducirnos en última instancia a un aumento de la prosperidad, cosa que aumenta la confianza e incrementa a su vez la disposición a comportarse de manera generosa y cooperativa.

En un estudio muy poco científico realizado para la revista *Fast Company*, hice un experimento con un solo sujeto, el escritor de negocios Adam Penenberg, para probar los efectos de los medios sociales tal y como los viven la mayoría de occidentales. Mientras Adam estaba en Claremont para escribir un artículo sobre mi investigación, tomamos una muestra de su sangre antes y después de que pasara quince minutos en Twitter. Su nivel de oxitocina aumentó un 13 por ciento, y su hormona del estrés ACTH disminuyó el 15 por ciento. Parece que incluso esta manera tan informal de interacción social de mediación tecnológica —lo que la psicóloga Wendi Gardner llama «picoteo social»— puede tener efectos altamente positivos.

Como réplica a este experimento para el Servicio de Radiodifusión de Corea (KBS), tomé muestras de sangre de las personas antes y después de quince minutos de participar en medios sociales privados y no dirigidos y descubrí que la oxitocina aumentó en cada persona sometida a la prueba y que la magnitud del cambio en la oxitocina también estaba correlacionada con el grado de conexión. La oxitocina de un joven participante aumentó un increíble 150 por ciento. En mi informe para el KBS yo especulaba que estaría comunicándose con su madre o con su novia. Ellos lo comprobaron —él estaba dejando mensajes en la página de Facebook de su novia, y su cerebro procesaba la experiencia de conexión como si ella estuviera en la habitación con él.

2. Confianza

Cuando estuve trabajando con el psiquiatra jefe del Tribunal Supremo de San Diego, el doctor Ansar Haroun, una de las internas a las que sometí a prueba, sentada con su mono naranja y sus grilletes, era traficante de metadona. En el Juego del Ultimátum resultó ser escrupulosamente justa, dividiendo el pastel exactamente al 50 por ciento. Cuando se lo comenté ella dijo: «En mi negocio, si engañas mueres».

El ciclo virtuoso no siempre se aplica de forma tan despiadada, pero la regla suele ser: «Si engañas..., te quedas fuera del juego».

Durante los siglos XI y XII, los comerciantes magrebís del Norte de África tenían mucho más éxito que los genoveses porque creaban vínculos de confianza que se extendían más allá de su grupo de parentesco. Ello les permitió contratar a agentes locales en todo el Mediterráneo, y el elemento clave era la tolerancia cero ante el engaño —una infracción y te quedabas fuera de juego para siempre—. De modo que buscar un beneficio a corto plazo mediante chanchullos era una completa locura ya que ello podía poner en peligro los beneficios duraderos de la red comercial magrebí.

Lo que sabían los magrebís por experiencia era que la confianza funciona como un lubricante económico, reduciendo los costes de transacción al eliminar la necesidad de elaborar sistemas de supervisión y estricto cumplimiento de engorrosas reglas. La confianza también proporciona una ventaja tan de peso en el comercio que luego se convierte en un estímulo para la conducta moral en otra parte.

En los mercados de diamantes de Nueva York y Ámsterdam, los judíos ortodoxos funcionan de acuerdo con el mismo principio —ni siquiera comprueban lo que hay dentro de la bolsa cuando entregan grandes sumas de dinero—. Lo mismo se puede decir de los novecientos mayoristas de sushi de alta calidad que operan en el mercado al aire libre de Tsukjii, en Tokio. Se juegan su reputación cada día, con cada lote de pescado que venden, tanto en lo que respecta a la calidad como al precio. Si quieren seguir en el negocio, no se van a dedicar a gandulear ni a escatimar en el precio.

Cuando la gente se queja de que tiene que rellenar formularios por triplicado y estampar doce firmas siempre que tratan con el gobierno, la raíz del problema es la falta de confianza. En el siglo XIX, había tantos sobornos y corrupción —parecía que no se podía confiar en nadie cuando no estaba el «propietario» vigilando la tienda— que para solucionar el problema se instituyeron los agobiantes niveles de supervisión conocidos como burocracia. Afortunadamente, después de más de un siglo de desmañada burocracia, la gente se ha dado cuenta de que ese tipo de controles autoritarios de arriba abajo no funcionan, y creámoslo o no, los gobiernos locales, estatales e incluso federales han hecho grandes esfuerzos por modernizarse mediante planteamientos ascendentes, basados en el mercado.

Los graves efectos de la falta de confianza se vuelven especialmente perturbadores cuando consideramos que en Estados Unidos la confianza está en declive desde la década de 1960, cuando el 58 por ciento de los norteamericanos decía que confiaba en los demás. Hoy la cifra es del 34 por ciento.

La firma de consultoría neoyorquina Edelman, publica un barómetro de confianza que alcanzó en 2009 el nivel más bajo registrado nunca. El sesenta por ciento de los empleados a los que encuestó dijo que necesitaban escuchar de tres a cinco veces la información de un directivo para creerla.

Mientras tanto, entre la población, un sondeo de Associated Press muestra que el 50 por ciento de norteamericanos tiene «poca o ninguna confianza» ni en las corporaciones ni en el Congreso. Las

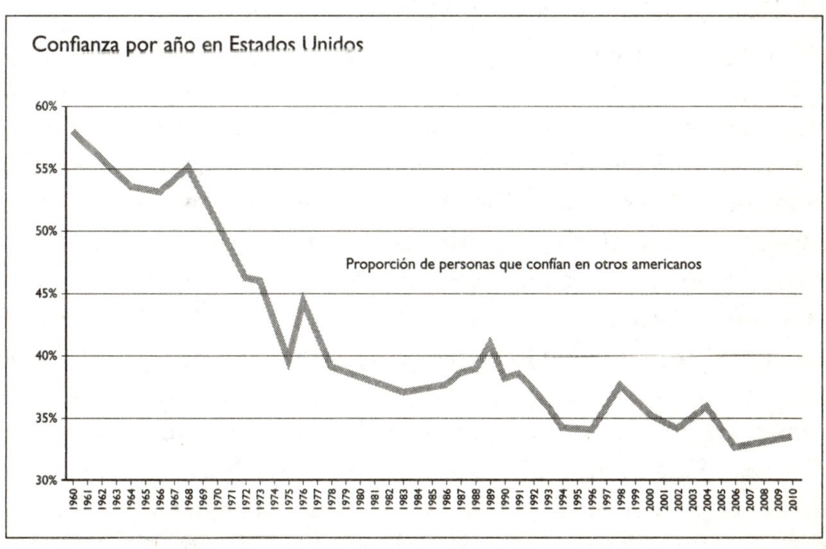

únicas instituciones que inspiran un «alto grado de confianza» son las militares y las pequeñas empresas. Nuestra opinión del gobierno y de las empresas se parecen en que resultan ser inversamente proporcionales a la distancia hasta nuestra casa —es decir, confiamos en el gobierno local más que en el estatal, y en el estatal más que en el federal—. En otras palabras, nos gusta ver un rostro humano, y nos gusta saber con quién estamos haciendo negocios y preferimos que tenga el mismo acento regional y simpatía por el mismo equipo deportivo que nosotros.

3. El foco en el servicio y la calidad, no en el dinero

En la Escuela de Negocios de la Universidad de Minnesota, la psicóloga Kathleen Vohs puso dos grupos diferentes de voluntarios a trabajar con ordenadores. Al cabo de unos minutos, unos mensajes subliminales aparecieron en las pantallas frente a ellos. Cada poco tiempo, uno de los grupos era sometido a imágenes de peces centelleando bajo el agua, y el otro era expuesto a imágenes de dinero centelleante. En psicología a esto se le llama primado, pero en lenguaje corriente lo conocemos como el poder de la sugestión. Aunque los participantes no eran conscientes de las imágenes, esta influencia tan sutil bastó para alterar la conducta del grupo preparado para pensar en dinero. En las tareas que siguieron a continuación, eran menos serviciales, estaban menos inclinados a pedir ayuda y más proclives a trabajar y jugar solos. Cuando se les pidió que colocaran las sillas para una charla, el grupo preparado para pensar en dinero también eligió poner una mayor distancia física entre ellos y otras personas.

El ciclo virtuoso inducido por el comercio puede socavarse en el momento en que el beneficio sustituye a las personas como preocupación principal. En una película de la mafia, cuando escuchas la frase, «no es nada personal, son negocios», sabes que alguien está a punto de palmarla.

Es la razón por la que Frances Frei, profesor experto en el sector de servicios en la Escuela de Negocios de Harvard, recuerda a sus alumnos que la idea básica que subyace a los negocios es «servir a los demás». ¡Vaya concepto! Hace que el comercio suene a precepto religioso, ¿no es verdad? Pero si consideramos el bien que *puede* aportar, no es una mala aspiración. Atender a los demás, como hemos visto, provoca la secreción de oxitocina e inicia el ciclo virtuoso de la conducta moral. Los mercados nos dan la oportunidad de servir a los demás cada día.

Del mismo modo, y dado que se vuelven tan fácilmente abstractos e impersonales, el comercio global y las grandes finanzas se pueden corromper con facilidad. Ésa es una de las razones de que el desequilibrado crecimiento de los servicios financieros se haya convertido en un problema para nuestra economía. Megaempresas como Walmart tratan de contrarrestar esta impresión poniendo «saludadores» en las puertas de sus tiendas.

En vista de estas malas condiciones, incluso los asuntos cara a cara pueden volverse impersonales, y por lo tanto, inhumanos, ya que la gente es considerada un producto más. Lo cual, evidentemente, abre el mercado sobre la competencia en el contacto humano.

Antes de que fuera vendido al Toronto-Dominion, el Commerce Bank era el banco que crecía con más rapidez en Estados Unidos. No daba los mayores intereses y su gama de servicios apenas iba más allá de proporcionar cuentas corrientes. Pero en cierto modo, éste era el acierto. Encontró su nicho en ser simplemente un banco minorista, no una sofisticada institución financiera multiuso, y no hay duda de que se labró una fama por tener el mejor horario y un personal muy amable. Gracias a esta sencillez de su oferta, el banco no necesitaba tener costosos magos de las finanzas para que explicaran todas las complejidades bancarias: no había nada que explicar. De hecho, el principal criterio para encontrar trabajo en el Commerce Bank era, ¿sonríe esta persona cuando no trabaja?

En los dos últimos años he tenido ocasión de conocer a un grupo de empresarios liderados por John Mackey, consejero delegado de Whole Foods, que están tratando de protegerse de lo negativo del comercio practicando lo que llaman «capitalismo consciente». No se trata de rojillos ni de soñadores con la cabeza en las nubes. En los últimos diez años, las empresas que practican el capitalismo consciente han tenido beneficios del 1.026 por ciento, en comparación con el 331 por ciento de las empresas «de lo bueno lo mejor» del gurú de los negocios Jim Collins.

Comienzan por asumir que la primera cuestión a responder es «¿qué es lo que buscas?» Lo que resulta alentador es que simplemente al hacerse esa pregunta, están poniendo en cuestión el supuesto de que la única razón por la que te dedicas a los negocios es hacer dinero —o como se dice en la actual jerga de los consejeros delegados— para maximizar el valor de los accionistas.

Después de que el huracán Katrina devastara Nueva Orleans, a Whole Foods le llevó tres semanas localizar a todos sus empleados. Cuando lo hicieron, Mackey y el consejo de administración decidieron pagar un año de salario a todos sus trabajadores de Nueva Orleans, pudieran reabrirse las tiendas o no.

Este tipo de preocupación por los empleados va totalmente en contra de la corriente universal que considera que la tarea de un consejero delegado empieza y termina en los beneficios trimestrales. El problema con el planteamiento de «maximizar» es que pasa por alto el hecho de que cada empresa no sólo tiene inversores, sino que también tiene partes implicadas que incluyen clientes, trabajadores, la comunidad y la sociedad en la que opera. La idea de que maximizar el valor de los accionistas es todo lo que importa para que funcione una empresa conduce a un pensamiento a corto plazo, hipoteca el futuro y a veces produce colosales meteduras de pata. Es alentador que empresarios como Warren Buffett estén ahora en contra de la idea de suministrar siquiera informes de beneficios trimestrales. Es mucho mejor, dicen, mirar más allá del teletipo de cotizaciones, hacia los próximos cinco, diez o incluso veinte años. ¿Qué va a hacer tu empresa para enfrentarse a un mundo en el que ya no abundan los combustibles fósiles? ¿Cómo te vas a adaptar a la creciente prosperidad que se espera en África? No se hacen este tipo de ajustes a largo plazo sin utilizar tus recursos de una manera un poco diferente, dejando de dedicar todos tus esfuerzos a explotar el presente para explorar el futuro.

El movimiento capitalismo consciente tiene mucho en común con el modelo de líder que presta servicios defendido por mi colega ya fallecido Peter Drucker y el gurú de los negocios Ken Blanchard. La idea es que el ejecutivo tiene que ver a las personas que dirige no como un medio para alcanzar un fin, sino como un fin en sí mismo. Al relacionarse con los empleados de persona a persona, los directivos utilizan el sistema HOME en el que los vínculos humanos, en lugar de la coerción o el miedo, son la fuerza motriz que subyace a la colaboración efectiva y a la auténtica productividad.

La ética empresarial es otro ámbito en el que la oxitocina es sin duda la mejor guía posible, y el ciclo virtuoso, su propia recompensa. Cuando eBay era una empresa de reciente creación y buscaba nuevas formas de expandirse, recibió una gran inversión del Bank of America. A los seis meses, la directiva Meg William se dio cuenta de que este nuevo socio no era viable, de modo que dio marcha atrás y devolvió todo el dinero, aunque ello significara que eBay no sería rentable ese año. Al principio, el banco se quedó perplejo; ya había contabilizado en pérdidas el dinero. En los años siguientes, el Bank of America proporcionó a eBay tanto negocio que ésta obtuvo muchos más beneficios que el dinero voluntariamente devuelto.

Pero Meg Whitman cuenta otra historia aún más de acuerdo con el tema. A medida que eBay crecía, cada vez era más difícil trasladar las normas éticas y las normas de buen gusto a sus dependencias en otros países. La empresa tuvo que trazar la línea en algún lugar para delimitar lo que se podía vender o no en cada sitio. El criterio que estableció fue, «¿te sentirías cómodo diciéndole a tu madre lo que has estado haciendo?» Es algo que se entiende perfectamente en todas las culturas.

4. Todo el mundo sale ganando

El supuesto más importante de una economía de consumo es que existan muchos consumidores, es decir, gente con dinero en el bolsillo y suficiente confianza en el futuro como para gastarlo en todo tipo de productos. Al igual que los pingüinos, los consumidores están predispuestos a participar en interacciones sociales, incluyendo comerciar con artículos. El término *libre comercio* es inapropiado si se emplea para significar libertad de reglas, porque todo comercio depende de reglas. Si los mercados tienen la sensación de que no se dan las circunstancias justas, el negocio se evaporará. El comercio es humano. El comercio somos nosotros.

Decididamente el dinero no da la felicidad, pero el premio Nobel Daniel Kahneman indica que la satisfacción en la vida sigue creciendo a medida que aumenta la renta, y posiblemente incluso más de 160.000 dólares al año. Pero no tienes por qué ser millonario para sentirte mejor. Con el resto de cosas equiparadas, la vida es tan relajada con 50.000 dólares al año como con 15.000.

Y a pesar del hecho de que la sociedad americana presenta enormes diferencias en cuanto a ingresos y en cuanto a nivel de vida, la potencia del motor económico norteamericano ha creado prosperidad suficiente para mitigar muchas de las maneras en las que la desigualdad puede dañar el ciclo virtuoso. La libertad económica (la capacidad de perseguir las propias metas económicas sin excesiva regulación del gobierno) está a su vez fuertemente asociada a la felicidad. El sociólogo Jan Ott ha observado que a pesar de los problemas económicos y las frustraciones que se dan en muchos círculos, la felicidad en Estados Unidos ha estado aumentando, de hecho. No sólo eso, sino que la desigualdad en cuanto a percepción de la felicidad ha estado bajando, lo cual significa que la brecha de felicidad entre los más ricos y los más pobres es menor de lo que solía serlo, gran parte de lo cual tiene que ver con beneficios no económicos obtenidos por diversos grupos. El comentador social Will Wilkinson ha escrito: «Si quieres que haya menos materialistas, pon más cosas materiales a disposición de los demás, hasta que llegue el momento en que la gente deje de preocuparse por ella misma y comience a preocuparse, en cambio, por cosas como la felicidad y el sentido de la vida».

Ésa es la razón por la que una economía de mercado se parece mucho al tropel de pingüinos que he descrito antes. Sólo funciona si circula suficiente calor proporcionado por todos y si ese calor se distribuye de forma lo suficientemente equitativa como para que a nadie se le congele el trasero.

La prosperidad puede verse dañada por el exceso de controles jerárquicos de arriba abajo o por la ausencia de empatía que provocan situaciones en las que el ganador se lo lleva todo, lo cual mina la confianza y el resto de conductas prosociales que la siguen. Cuando las personas están preocupadas por su supervivencia, no sólo se inhibe la secreción de oxitocina, sino también su confianza como consumidores, lo cual a menudo ha sido la primera etapa de la recesión económica.

Para prosperar a largo plazo, un mercado —o empresa o sociedad— necesitan reglas de intercambio claras y aplicables que sostengan el ciclo virtuoso de confianza, secreción de oxitocina y reciprocidad. Ello no sólo hace morales a los mercados, también los hace eficientes; mejores en la producción de prosperidad sostenible, ésa que no se agota en accesorios de oro para el baño de unos pocos sino que conduce a un pastel económico que cada vez se amplía más.

Pero ni siquiera los apaños más adecuados y más discretos en la cima serán suficientes para mantener la clase de confianza social que se puede prolongar para alcanzar una prosperidad sostenible. También necesitamos un planteamiento desde abajo que, mediante la secreción de oxitocina, aproveche al máximo el ciclo virtuoso, y elimine los impedimentos a la confianza que corrompen y obstruyen el ciclo.

Como vimos en las poblaciones indígenas que pasaban de una economía de subsistencia a una economía basada en el intercambio, la cultura es importante. Ha llegado el momento de que miremos cómo podemos cada uno de nosotros actuar desde abajo para cambiar nuestra cultura y hacer que se refleje mejor la sabiduría de la Molécula Moral.

8

Una vida larga y feliz

Los mimos crean democracia de abajo arriba

Bogotá es una hermosa ciudad que actualmente atrae a multitud de turistas. Pero en la década de 1980 y principio de los noventa había que estar loco para ir allí. La capital de Colombia estaba inmersa en el mismo tipo de guerra contra el narcotráfico que actualmente tiene lugar en la frontera de Estados Unidos con México, con batallas campales en las calles entre los propios cárteles y entre los cárteles y la policía. Existen numerosas razones por las que finalmente ganó la policía y disminuyó la violencia, pero en gran parte el mérito de haber devuelto a Bogotá a la vida se debe a Antanas Mockus, el profesor de filosofía convertido en alcalde que, para restaurar el orden civil, adoptó un enfoque de abajo arriba para tomar medidas contundentes.

Entre otras medidas, en su esfuerzo por controlar el mal comportamiento, Mockus hizo algo que a primera vista puede sonar ridículo: poner mimos en las esquinas de las calles. Resulta que a la gente le da más miedo el ridículo público que una citación de la policía, y ése fue el remedio contra la locura. Cuando esos actores se mofaban de los conductores temerarios y los peatones imprudentes, los infractores modificaban su conducta. Para romper el bloqueo de miedo y desconfianza y para empezar a reconstruir el dañado tejido social de Bogotá, Mockus convirtió, asimismo, amplias zonas de la ciudad en enormes fiestas callejeras, cortando el tráfico rodado los viernes y domingos por la noche. Estableció la «Noche de las mujeres», animando a los hombres a quedarse en casa y cuidar de los niños mientras setecientas mil esposas y madres se echaban a la calle para celebrarlo, con mujeres policía para mantener el orden. En busca de atención más mundana, se duchó ante las cámaras de televisión para enseñar a ahorrar agua, y el consumo de agua descendió un cuarenta por ciento. Mediante gestos similares más relacionados con el humor y la creatividad que con los «harás» y «no harás», fomentó la empatía y creó capital social —y moral—. Incluso consiguió que los ciudadanos pagasen voluntariamente un diez por ciento extra en impuestos. Y los días de desarme voluntario ayudaron a disminuir la tasa de crímenes a una cuarta parte del nivel anterior.

Las bromas, en ocasiones tontas, de Mockus como alcalde encerraban la sabiduría de Confucio según la cual «el gran hombre es el que no pierde su corazón de niño». La lección más profunda es que la relación empática humana puede tener éxito donde fallan las normas dictadas por el poder y el miedo al castigo.

En el capítulo anterior examinamos las formas en las que el contacto humano puede elevar la oxitocina y alimentar el ciclo virtuoso dentro del mercado. En éste vamos a examinar las formas de alcanzar el mismo objetivo con mayor amplitud, en la sociedad como un todo. Una vez más, la clave es el compromiso humano, que provoca el aumento de oxitocina, la cual incrementa la empatía que a su vez incrementa el compromiso humano.

Pensé en Mockus y Bogotá la última vez que estuve en Nueva York y vi los progresos logrados en convertir esas «malas calles» en lugares donde los seres humanos puedan desear estar y, quizás, incluso contribuir al bienestar. Extensos tramos de Broadway han sido convertidos en zonas peatonales con terrazas que invitan a la gente a sentarse, mezclarse y disfrutar de una atmósfera festiva. La ciudad entera ha sido acondicionada y la tasa de criminalidad está descendiendo. En Bryant Park y Madison Square Park, que antaño sólo servían para vender y chutarse droga, actualmente se puede comer fuera, hay bombillas colgadas de los árboles y están llenos de gente hasta muy tarde. El antes inhóspito distrito de las empacadoras de carne ahora rebosa de turistas, y se ha inaugurado con muy buenas críticas un parque innovador sobre las vías de ferrocarril abandonadas que corren por el lado oeste.

También pensé en el «corazón de niño» de Mockus cuando vi una fotografía de primera plana de tres policías de aspecto rudo con sus chalecos antibalas sentados en el suelo de un centro de asistencia diurna de Rio de Janeiro acunando bebés en su regazo. Esta escena incongruente tuvo lugar en una de las favelas más pobres y deprimidas de Brasil, el tristemente famoso suburbio conocido como Ciudad de Dios, un distrito tan violento que la policía se había retirado, dejando a la gente a merced de las bandas juveniles que se aniquilaban entre sí con lanzacohetes. El abandono únicamente incrementaba la desconfianza y el resentimiento de los residentes contra la policía, pero lo mismo ocurría ante la increíble brutalidad que aplicaban las autoridades cuando intervenían. Entonces llegó el servicio policial de la comunidad, cuyos agentes no sólo visitaban centros asistenciales para tirarse al suelo con los bebés sino que jugaban al fútbol con los niños mayores y les enseñaban a tocar la guitarra y el piano. Inicialmente, esas «unidades policiales de pacificación» tuvieron que ser reclutadas recién salidas de la academia para asegurarse de que los policías aún no habían sido corrompidos por el dinero de la droga. Pero una vez restaurado el orden básico, los traficantes de drogas perdieron el control. Las máquinas pudieron entrar para remover el suelo y dragar el río estrecho y repleto de aguas residuales, y se inició la recogida de basuras tres veces por semana. La tasa de abandono escolar descendió drásticamente con un ascenso del 90 por ciento de asistencia recogido en uno de los institutos.

La policía comunitaria se remonta a la década de 1970, con los esfuerzos en ciudades como Dallas y San Diego por estimular la cooperación y confianza entre ciudadanos y policía. Ello supuso más patrullas a pie y en moto y más policía de minorías en barrios de minorías. Cuando el concepto llegó a Nueva York incluía una tolerancia cero para las infracciones contra la calidad de vida. La policía aplicó más taxativamente las leyes contra la música alta, saltarse los tornos de acceso al metro, ensuciar las calles y la ebriedad pública —la tesis general era que eliminar las infracciones menores ayuda a crear un sentido comunitario en el que es menos probable que ocurran delitos graves. O sea, que las autoridades se dirigían a ambas fracciones de la ecuación hormonal —cooperación y sanción— que hemos venido argumentando.

De vuelta a casa, me alisté para ayudar a la mayor fuerza de policía del mundo, el Departamento del *sheriff* del Condado de Los Ángeles, con una innovación a la que ellos denominaban mantenimiento del orden basado en la confianza. El *sheriff* Lee Baca y su lugarteniente, Mike Parker, deseaban implantar un sistema de liderazgo compartido en el que se capacitaba a los subinspectores para tomar decisiones fuera de la típica estructura paramilitar de mando y control. Con ello se incrementaba el grado de responsabilidad de los subinspectores por sus actos, pero el sindicato lo aceptó porque las infracciones de oficiales ya no se resolverían con la sanción de una baja sin sueldo sino que requerían asistencia (pagada) a clases específicas para mejorar el rendimiento laboral. La moral subió y bajaron las infracciones, y el *sheriff* reclutó a miembros de la comunidad en un programa de rendición de cuentas y transparencia que está siendo copiado por las fuerzas de policía de todo el mundo.

Sabemos que confiar en el contacto positivo y personal funciona a nivel de comunidad mejor que la intimidación (policías emocionalmente distantes patrullando con gafas de espejo en coches patrulla). Pero la cuestión persiste: ¿cómo podemos adaptar el subyacente concepto del cambio hacia un poco más de oxitocina y un poco menos de testosterona para mejorar el funcionamiento de grandes sociedades?

Durante las primarias presidenciales de 2008 quisimos probar las perspectivas de incrementar el contacto humano, de modo que mi equipo suministró a 130 voluntarios placebo u oxitocina y luego comprobamos sus actitudes ante la confianza. Dados los resultados de nuestros test anteriores, no fue una sorpresa que las personas que recibieron oxitocina mostraran una mayor confianza en los demás. Pero el incremento de oxitocina no hizo aumentar su confianza en la gente que estaba en el laboratorio con ellos sino que aumentó su confianza en la gente en general. A su vez, este cambio de perspectiva hormonalmente inducido dio paso a una mayor confianza en las instituciones cívicas, incluyendo el propio gobierno. No se trataba de que la oxitocina crease más fe en una política o idea política en especial. Pero quienes recibieron la oxitocina mostraron una confianza mayor en otros que creían en el gobierno. Lo cual resulta ser el fundamento de la democracia.

Entonces decidimos dar un paso más. Queríamos saber qué efecto, si lo había, podía tener la oxitocina en las preferencias políticas de la gente. Para este experimento les pedimos a los participantes que se describiesen políticamente, ya fuera como independientes o como miembros de uno de los dos partidos mayoritarios. Después les administramos oxitocina y les presentamos una lista de preguntas y propuestas tales como «puntúe sus sentimientos hacia Hillary Clinton», o «puntúe sus sentimientos hacia Rudy Giuliani». No fue una sorpresa que los demócratas con oxitocina demostrasen un 30 por ciento más de simpatía por Hillary Clinton y un 29 por ciento más de simpatía por el Congreso. Pero los demócratas inoculados con oxitocina también tuvieron sentimientos más positivos hacia los candidatos republicanos. Los demócratas con oxitocina demostraron un 28 por ciento más de simpatía por Rudy Giuliani y un 30 por ciento más de simpatía por John McCain que los demócratas a los que se había administrado placebo. Los independientes con oxitocina se mostraron más favorables a los partidos demócrata y republicano pero por ningún candidato en particular. Para los republicanos, sin embargo —aquellos que se identificaban con el partido para el que la desconfianza en el gobierno es una postura política central— la Molécula Moral no tuvo ningún efecto. La oxitocina no incrementó su confianza en los candidatos republicanos o demócratas, en el Congreso o en las minorías.

Entonces, ¿qué nos dice todo esto? Nos sugiere que, realmente, la oxitocina puede provocar empatía y conexión social a escala individual, que puede entonces hacerla extensiva al conjunto social, pero que la oxitocina se enfrenta a los mismos obstáculos tanto como fuerza social como interpersonal. Uno de los factores que pueden cortocircuitar la oxitocina es una abstracción profundamente enraizada, tanto si esa idea fija es «interés propio racional», «esa gente no sirve para nada» o «el enemigo es el gobierno».

Los observadores sociales, desde Jane Jacobs a principios de la década de 1960 (*The Death and Life of Great American Cities*) hasta Robert Putnam (*Bowling Alone*) en nuestra época, han preconizado la construcción de capital humano creando comunidades interconectadas que operen a escala humana. Jacobs ensalzaba las virtudes del Greenwich Village de Nueva York, donde en lugar de tener aquí un parque empresarial, subdivisiones por allí y centros comerciales un par de salidas más allá de la autopista, la gente puede vivir, trabajar, divertirse, orar y comprar —tal vez incluso ir a la escuela elemental— todo en un radio de dos manzanas. Este batiburrillo de actividades permite a las personas conocerse las unas a las otras —y a sí mismas— no sólo como trabajadores, o vecinos, o como padres, sino como todas esas cosas, seres humanos plenamente adultos con todos los aspectos de sus vidas unificados en un todo integrado.

En las elecciones de 2010, David Cameron hizo campaña con la idea de incrementar en el Reino Unido ese sentimiento «village» —con transparencia, responsabilidad y control propios de un pueblo— como forma de revitalizar el país. Una vez elegido primer ministro, impulsó no sólo la descentralización, el control local y las escuelas autónomas —todas ellas iniciativas conocidas— sino también la idea de que las personas deben arrimar el hombro con los demás para hacer que las cosas se pongan en marcha, no sólo en términos de autosuficiencia financiera y empresarial sino en todas las facetas de la ciudadanía, incluyendo las donaciones de caridad. En esto se hacía referencia a los antiguos griegos, que tenían una palabra para quienes no tomaban parte activa en la vida pública: *idiotes*. Adivine qué palabra castellana deriva de ésta.

Hasta el momento el esfuerzo no ha sido cálidamente recibido por el pueblo británico, y la falta de confianza nacida del sistema de clases, una rápida inmigración y el estrés económico —junto con la falta del tacto humano estilo Mockus para sobrepasar esas barreras— pueden tener algo que ver con ello. Aun así, la teoría detrás del esfuerzo se basa en ciencia sólida. Como hemos visto una y otra vez, mostrar confianza (y pedir a la gente que asuma más responsabilidad personal es un signo de confianza) crea fiabilidad, así como empatía, generosidad y otras formas de comportamiento social que llamamos moral. E igual de importante, la investigación demuestra que en la economía de la información postindustrial y globalizada, la prosperidad se basa en la capacidad para navegar en entornos sociales ampliamente diversos. Para desarrollar esas capacidades, la gente necesita estar en contacto con las redes sociales donde, incluso a una temprana edad, se le requiera ser consciente de lo que posibilita su bienestar, asumir responsabilidad y contribuir directamente a ello.

¿Tendrá éxito con el tiempo el programa de Cameron? Es muy pronto para decirlo. ¿Podría algo así funcionar en Estados Unidos? Bien. Estados Unidos es ciertamente un país mucho mayor, con amplias diferencias regionales e ideológicas, lo cual incrementa el grado de dificultad. Pero esto es lo que sabemos: la prosperidad de una nación está directamente relacionada con la confianza, y la confianza está relacionada con el contacto y el compromiso con los demás. Los primeros trabajos que hice sobre economía, que me llevaron a trabajar con la oxitocina, identificaron impedimentos para crear sociedades de alta confianza. Ésta, y por lo tanto la prosperidad, disminuye siempre que las enormes diferencias de renta crean barreras entre las personas. Lo mismo es cierto también para las diferencias étnicas, religiosas o lingüísticas cuando se permite que permanezcan como obstáculos. La pobreza es, asimismo, un poderoso moderador de la confianza pues el estrés del consumo de subsistencia inhibe las acciones de la oxitocina. En un estudio reciente sobre sesenta y ocho personas de treinta y tres países, se ha visto que las sociedades que se ven amenazas también se vuelven menos tolerantes. O sea que incluso a escala social, cuando de verdad necesitamos agruparnos, el estrés inhibe la liberación de oxitocina y se interpone.

Los efectos sociales coinciden con los obstáculos a la liberación de oxitocina en las personas que ya hemos estudiado: genes, trauma, una excesiva dependencia en la razón con la exclusión de las emociones positivas, y quizá la mayor culpable, la testosterona y su repertorio de comportamientos, la ira, la hostilidad y el castigo.

La neurociencia nos facilita los ingredientes fundamentales que necesitamos para crear una sociedad más rica en oxitocina, confiada y próspera, pero las políticas que adoptamos para lograrlo deben ser desarrolladas dentro del proceso político. Por lo tanto, lo que deseo hacer aquí es ofrecer algunas reflexiones acerca de hacia dónde debemos dirigirnos pero no dictar cómo hacerlo.

Mi investigación puso de manifiesto cuatro ayudas importantes para esta navegación.

1. Mejor comunicación

Para desarrollar, y luego aplicar, la confianza y empatía que mantiene el ciclo virtuoso moviéndose hacia la confianza y la prosperidad, hemos de relacionarnos ampliamente y no sólo con gente que se parece a nosotros y piensa como nosotros. Mi investigación ha demostrado que una vía hacia ese objetivo es: libertad de asociación y unos medios de comunicación sin restricciones.

A este respecto, aquellos que desean fomentar el compromiso cívico en Gran Bretaña tienen la ventaja de que la gran cantidad de gente que interviene en el gobierno, las grandes corporaciones y ONG, así como la mayoría de gente que comenta tales actividades en los medios, no pueden evitar el chocar unos con otros en el «village» extendido (un pueblo de verdad extenso) que es Londres. Ello implica que los adversarios tienen más posibilidades de conocerse que de verse cara a cara más a menudo, y quizás incluso de encontrarse con sus familias un domingo por la tarde.

La clase de interacción informal cara a cara que tiende a humanizar a la gente resulta más difícil de lograr en un país de trescientos millones de personas esparcidas a lo largo de un gran continente y con numerosos centros culturales, políticos y económicos. Desde la fundación de la nación, los americanos han tratado de unificar este vasto país con la última tecnología a mano: canales y barcos fluviales, el telégrafo, el ferrocarril transcontinental, el teléfono, los viajes en avión, la radio, el *pony express*, la televisión, el sistema de autopistas interestatales. Actualmente la unión es virtual y cada vez más global. Cuando estaba en las montañas de Papúa Nueva Guinea sin electricidad, sin servicios de agua ni sanitarios, disponía en cambio del servicio de teléfono móvil suministrado por la empresa jamaicana Digicel. El jefe de la tribu también disponía de móvil.

Cuando llegó la informáticas en redes, la radiofonía como forma de pegamento cultural fue sustituida por la multidifusión, en el sentido de que la comunicación ya no estaba dominada por una fuente que transmitía a todo el mundo, sino que los mensajes podían ser enviados desde cualquiera a todo ese mundo.

Se produjo una explosión de medios sociales y, como hemos visto, incluso el «picoteo social» en Twiter, o entrar en la página de nuestro amor en Facebook puede provocar el incremento de oxitocina que hace aumentar la confianza.

Los nuevos medios son una fuerza increíblemente potente que tiene el potencial de incrementar el entendimiento en nuestra sociedad en sí misma y entre todas las sociedades. Pero esto necesita ser manejado con cuidado y, como en todo, el criterio para el éxito es hasta qué punto lo que ocurre amplía realmente, y no estrecha, el ciclo virtuoso. ¿Está guiado por la oxitocina o por la testosterona? La comunicación, ¿fomenta la relación humana o favorece el anonimato y la abstracción hasta el extremo de cortar la empatía?

Facilitar los medios para que puedan ser escuchadas miles de millones de voces —al menos teóricamente— como parte de una conversación electrónica global permanente parece una gran idea, pero no conduce necesariamente a la Tierra Prometida de una realidad con altos niveles de confianza y oxitocina.

Todo esto tiene un lado problemático, y la primera parte de éste podría ser llamada el Problema Torre de Babel, en la cual las noticias y el espectáculo se han fracturado en cientos si no miles de segmentos que ahogan el mundo con información no filtrada y poco fiable. Luego está el Problema del Silo de la Autoabsorción, que permite a las personas hacerse prácticamente a la medida todo lo que ven y oyen, de forma que toda su experiencia *online*, así como la de la radio y la televisión, ven excluido aquello que de verdad ampliará su perspectiva o cuestionará sus preferencias y prejuicios. Si alguien sigue en exclusiva los comentarios de Keith Olberman o Bill O'Reilly porque le gusta lo que oye, está reforzando aquello en lo que cree, pero difícilmente se va a enterar de lo que pasa. Se puede entrar en relación todos los días con centenares de personas de todo el mundo a través de un chat yihadista o cristiano, o de un chat sobre el asesinato de Kennedy, sin encontrar nunca un pensamiento que permita entrar en contacto con nadie ajeno a esos grupos.

Durante la Gran Depresión sólo existían los noticiarios cinematográficos y la radio, pero pudo existir entonces un mayor sentimiento de compartir una realidad común en Estados Unidos, cuando todo el mundo —familias de granjeros en Alabama, emigrantes recién llegados en el Bronx, magnates del cine en Malibú— se sentaba para escuchar la «charla íntima» del presidente. De la misma forma, recuerdo haber quedado impresionado por la cohesión social que vi en Brasil cuando pasé varios meses viajando tras graduarme. Desde pequeñas aldeas en el Amazonas hasta la capital financiera de Sao Paulo, todo el mundo miraba el mismo partido de fútbol, las noticias o la telenovela, y al día siguiente hablaban de ello. Eso aportaba una experiencia compartida en un país más extenso que Estados Unidos.

Hoy en día los medios hechos a la carta permiten en gran medida a las personas crear su propia realidad, que no se solapa necesariamente con la más amplia realidad de sus conciudadanos. Ni siquiera abarca toda una casa, con diferentes miembros de la familia enchufados a diferentes medios en habitaciones diferentes. Y por descontado que vemos todos los días el emblema de nuestro tiempo, con tres adolescentes juntos pero intercambiando mensajes de texto con alguien que no está presente.

En 2010 la Kaiser Family Foundation informó que los norteamericanos entre los dieciocho y los ochenta años de edad invertían una media de siete horas y media diarias utilizando algún tipo de artilugio electrónico. El mismo año el Pew Research Center advirtió que la mitad de los adolescentes norteamericanos mandaba cincuenta o más mensajes de texto diarios, y que un tercio mandaba diariamente más de cien. Más de la mitad dijo que se comunicaba con sus amigos una vez al día, pero sólo un tercio dijo que hablaban personalmente con sus amigos a diario.

La adolescencia siempre ha sido un periodo de intensa actividad social, pero en lo relativo al desarrollo también es un periodo en el que el «cableado» del cerebro humano todavía está en fase de creación. Ya hemos visto cómo se «sintoniza» el sistema HOME durante las primeras relaciones, y cómo la amistad ayuda a los niños a crear confianza fuera de sus familias, poniendo los cimientos para saludables relaciones de adulto.

Facebook, Geogle+, los blogs, Twitter y los mensajes de texto facilitan a los niños menos desarrollados mezclarse y desarrollar ciertas capacidades sociales, lo cual es fantástico. Y muchos expertos afirman que los teléfonos inteligentes y los ordenadores portátiles, al permitir a los padres pasar más tiempo en casa, pueden dar como resultado relaciones de más calidad entre padres e hijos.

Por otro lado, la comunicación electrónica es lo que los psicólogos llaman interacción de cadena simple, que quiere decir que carece del matizado «toma y daca» que surge de señales sociales tales como las expresiones faciales o el lenguaje corporal. Algunos neurocientíficos temen que los «nativos digitales» ya están teniendo dificultades para leer las señales sociales. (Incluso durante la era de la televisión, recuerdo a maestros de escuela diciendo que ahora debían dirigirse a cada niño individualmente, como por ejemplo: «Jenny, saca tu libro de gramática. Johnny, saca tu libro de gramática», si querían atraer su atención. Si se dirigían a la clase en general se encontraban con miradas en blanco, como si el maestro en la parte delantera de la habitación fuese un mero ruido de fondo, como el programa de televisión que estaban mirando los padres mientras los niños estaban en la habitación.)

Nadie lo ha demostrado, pero también existe el temor de que la falta de un *feedback* inmediato, así como el anonimato, puedan en algunos casos disminuir la empatía, que puede contribuir a la clase de ciberacoso que ya se ha convertido en un serio problema en la cultura *online* adolescente. En mi propia casa la norma no-electrónica rige incluso cuando estamos dando un paseo. Sólo por conseguir hablar unos con otros ya merece la pena.

Dicho de forma sencilla, aunque la tecnología crea nuevas oportunidades para conectar, en ocasiones ofrece nuevas oportunidades para la negligencia.

En su libro *Alone Together*, Sherry Turkle, directora de Tecnología y Ego, del Instituto de Tecnología de Massachusetts, explora el efecto que tiene en los niños la devoción de sus padres por los aparatos electrónicos portátiles. Entrevistó a cientos de niños que fueron muy coherentes al describir su sentimiento de dolor cuando mamá o papá prestaban más atención a sus aparatos electrónicos que a ellos. Incluso citaban las tres circunstancias en las que los artilugios eran particularmente molestos y dolorosos: en las comidas, cuando les iban a recoger después de la escuela o de una actividad extraescolar, y durante los acontecimientos deportivos. Turkle llega incluso a describir el ruego paterno: «Venga, cariño, sólo una llamadita más», comparándolo con el alcohólico suplicando una última copa más.

¿La continua exposición a esta clase de desatención parental puede afectar al desarrollo de los receptores de oxitocina en los niños de hoy? El tiempo lo dirá. Pero una vez más debemos recordar que la calidad del tiempo se puede medir mejor por la cantidad de oxitocina que se libera. Un niño —o un adulto— sabe cuándo se está por él y cuándo uno está físicamente presente pero distraído. Lo fundamental: los nuevos medios pueden unirnos en un nuevo y enriquecedor modo de conversación, o pueden también mandarnos a nuestros mundos privados hablando para nosotros mismos como los locos en las esquinas, o declamando como los auténticos creyentes en las charlas radiofónicas. Para no equivocarnos tenemos que estar seguros de que lo que buscamos es auténtica relación.

2. Contacto positivo con la diversidad

Entrar positivamente en contacto con quienes no pertenecen a nuestra familia o a nuestra «tribu» cultural o geográfica es otro elemento necesario para lograr una sociedad más próspera, prosocial y conducida por la oxitocina. Y es urgente porque hay sólidas razones evolutivas para explicar por qué nuestras especies desarrollaron la tendencia a recelar de quienes se diferencian de nosotros mismos por su aspecto físico o sus modelos de conducta. Después de todo, durante millones de años el mundo social individual estuvo reducido casi enteramente al del poblado y la tribu y los extraños eran considerados, con razón, una amenaza hasta que se demostrase lo contrario.

Mahzarin Banaji, psicóloga de Harvard, ha probado lo profundamente arraigadas que están esas preferencias. En sus estudios, los niños blancos prefieren las caras blancas a las negras desde la edad más temprana en que es posible medirlo. Pero también ha demostrado que los niños blancos en contacto temprano con caras negras pierden ese prejuicio. De hecho, y si están acostumbrados a escuchar inglés, los niños que han estado en contacto con caras negras están más a gusto con un negro angloparlante que con una persona blanca que hable, pongamos por caso, en noruego. En otras palabras, hay una base de autoprotección para desconfiar de la diferencia, pero la sospecha es maleable y desaparece con la proximidad.

Actualmente, las nuevas oleadas de inmigración están añadiendo otros retos a los viejos prejuicios, haciendo que las poblaciones establecidas se sientan abrumadas por los recién llegados y la velocidad del cambio cultural.

En Europa, ser aceptado como parte de la nación tiene más relación con la cultura y la etnicidad que en Estados Unidos. En Francia o Alemania no hay tradición de crisol, y no existen una isla de Ellis o una Estatua de la Libertad en las bahías de Marsella o Hamburgo para recibir a las masas. Y sin embargo, las masas están llegando desde las antiguas colonias y desde otras regiones política o económicamente perjudicadas. Los franceses luchan por integrar su numerosa población árabe y los alemanes por asimilar a los turcos que llegaron como «trabajadores invitados» y se han quedado. No obstante, están ganando terreno poderosos movimientos antiinmigración incluso en la liberal Escandinavia.

Mi investigación demuestra que, a corto plazo, la inmigración hace disminuir la confianza, pero que esa negatividad queda mitigada cuando los recién llegados se integran. El problema es que, si encuentran una gran hostilidad, los emigrantes permanecen apartados, como ha ocurrido en Alemania, donde turcos «alemanes» de tercera generación son más rotundamente «turcos» que sus padres. Las posturas se endurecen y la hostilidad genera hostilidad mientras cada parte se siente amenazada por la otra.

Mis estudios demuestran asimismo que la diversidad incrementa la variedad de ideas y la forma de hacer las cosas que pueden estimular la innovación. Además, la aceptación genera aceptación. Hace setenta años en Estados Unidos se encerraba en campos de internamiento a los japoneses, incluidos los que eran ciudadanos, ¡y también a aquellos cuyos hijos estaban sirviendo a Estados Unidos durante la Segunda Guerra Mundial! Hoy en día tener ascendencia japonesa en la Costa Oeste es tan exótico como ser irlandés o polaco en Chicago, y los japoneses norteamericanos han demostrado ser respetados ciudadanos y contribuyentes a la economía.

De nuevo, es el volumen y las tasas de cambio demográfico lo que determina en gran parte la respuesta de la gente a la diferencia. Para salvar la brecha, necesitamos el corazón de niño de la relación interpersonal no obstaculizada por ideas negativas acerca de la diferencia racial o étnica. Y hay esperanza, incluso en los casos que parecen más difíciles, porque muchas veces las actitudes son más complejas de lo que parece a primera vista. Arizona se ha hecho famosa por su controvertida política de mano dura contra los inmigrantes ilegales. Pero cuando se trata de refugiados internacionales, en los pasados seis años sólo tres estados dieron la bienvenida a más inmigrantes que Arizona. Calculando per cápita, Arizona acogió casi a tanta gente de Somalia, Myanmar, Irak, Bosnia y Sudán como California, y más del doble que Nueva York, Nueva Jersey y Connecticut. La cuestión es el tamaño de cada movimiento demográfico: en 2009 la entrada de refugiados en Arizona sumó cuatrocientas siete personas. Se cree que su población de inmigrantes ilegales se está acercando a los cuatrocientos mil.

Dado el volumen de esos números, no es del todo sorprendente que los anglos de Arizona teman que la franja de desierto en la que viven esté siendo nuevamente anexionada por México, y que ellos vayan a convertirse en los intrusos. Pero la otra cuestión es la de acatar la norma, porque en Arizona ven con malos ojos a quien se considere que «ha saltado la línea». Por lo que, una vez más, el impulso hacia la empatía provocado por la oxitocina —ayudar a los refugiados— queda anulado por el impulso provocado por la testosterona a sancionar a aquellos que transgreden las normas y regulaciones.

Para tomar la dirección correcta es probable que Arizona deba seguir el camino de Antanas Mockus hacia menos miedo y más fiestas.

Incluso cuando hablamos de personas cuyas familias han sido ciudadanos de Estados Unidos desde hace generaciones, quizá siglos, parecería que estemos en un periodo de intensas divisiones regionales, culturales y políticas en el que ayudaría una cierta dosis de oxitocina. Es un problema que americanos de ambas costas que han viajado mucho y que saben moverse en la Toscana y Provenza y puede que incluso en Tailandia, no hayan puesto nunca los pies en el gigantesco territorio que se extiende entre Sierra Nevada y el río Hudson. O cuando viajeros de negocios de altos vuelos hablan de «sobrevolar las ciudades» manifestando un sentimiento de desdén que es sobradamente correspondido por quienes se sienten mirados de arriba abajo por esos viajeros de altos vuelos pasando por encima de sus cabezas. No es de extrañar que el resentimiento contra las «élites» se haya convertido en una cuestión candente en determinados círculos políticos. Los «ciudadanos de a pie» en las ciudades pequeñas y en el campo devuelven el insulto basado en su propio sentido de injuria lanzando la retórica y divisiva batalla sobre quién es, y no es, un auténtico americano.

Del mismo modo, la clase de chicos que durante los veranos asisten a cursos de vela o participan en campamentos de verano y después asisten a universidades de élite, muy a menudo tienen poca o ninguna relación con quienes pasan los veranos empaquetando comestibles en A&P y más adelante se alistan en el ejército para pagarse los estudios. Las familias de ciudades pequeñas que aportan el grueso del personal militar, muchas veces tienen poca o ninguna relación con la cultura cosmopolita y los valores de las grandes ciudades.

Por todas estas razones, se me ocurre que debiera existir un programa nacional de intercambio de estudiantes para facilitar el que niños de preescolar y niños de ciudades pequeñas o del campo se conozcan y convivan unos con otros. Se ve claramente la necesidad de todo esto cuando se piensa en la dificultad de llevarlo a cabo. Sin duda que el hijo o hija de un abogado parisino tendría menos dificultades para estar bien en el Upper East Side de Manhattan de las que tendría el hijo de una familia campesina que viviera en los alrededores de Manhattan, Kansas. La barrera del lenguaje no importa, pero la barrera nacional cultural es enorme. Un modelo para esta clase de intercambio es el campamento de verano Semillas de Paz, en Maine, que reúne a adolescentes palestinos e israelíes. En sólo unas pocas semanas, entre esos jóvenes inicialmente recelosos se crean lazos que contribuyen a un cambio positivo y que puede durar toda una vida.

Hace unos años William Greider resumió el estado de la cuestión demográfica con el título de su libro, *One World, Ready or Not (Un solo mundo, preparado o no)*. Pero hay una frase todavía más antigua que encierra ese espíritu de la oxitocina que necesitamos: »Todos estamos juntos en esto».

3. Equidad de procedimiento

Desde 1789 lo que ha mantenido unida a la sociedad norteamericana ha sido la Constitución, unas pocas normas sencillas que pueden ser adaptadas a las cambiantes circunstancias pero que, más importante aún, aseguran equidad de procedimiento, integridad institucional y transparencia. Únicamente con el acuerdo común de aceptar esos valores hemos podido crear y mantener la clase de confianza que ha permitido prosperar a una nación tan heterogénea. La Constitución estimula la confianza ofreciendo igualdad ante la ley, una justicia imparcial, libertad de prensa y reunión, y la lucidez para moderar las regulaciones económicas que permiten la expansión de la economía en general. De acuerdo con la tradición, todo ello se une para crear la condición sine qua non de una sociedad exitosa basada en el mercado, una tradición de movilidad social ascendente basada en el mérito.

Pero limitarse a soltar discursos felicitándonos por el Sueño Americano no mantendrá el flujo de oxitocina, ni el ciclo virtuoso girará en beneficio de todos. Durante los pasados cuarenta años Estados Unidos se ha dividido en dos sociedades separadas por los ingresos. Ésta es la fórmula para una república bananera, con sus comunidades fortificadas y fuerzas de seguridad privadas, más que para una sociedad en la que la confianza genera prosperidad.

La brecha de los ingresos en Estados Unidos se encarna en el diferencial medio entre la paga de un consejero delegado y la del trabajador medio. Hace cuarenta años era de once a uno. Actualmente es de cuatrocientos a uno. De acuerdo con la Oficina de Estadísticas Laborales, en 2010 el salario medio de los altos ejecutivos subió un 27 por ciento, mientras que el sueldo del trabajador medio subió justo un 2,1 por ciento. Estados Unidos es un lugar en el que el más acomodado 1 por ciento de la población controla el 38 por ciento de los activos privados.

Siempre ha existido un compromiso entre la necesidad de ofrecer oportunidades y crecimiento y la cantidad de desigualdad que podemos tolerar. Mi investigación por todo el país demuestra que ofrecer ayuda económica a corto plazo (una red de seguridad) a los más pobres de la sociedad eleva la confianza y beneficia a todo el mundo. También reduce la criminalidad. Pero una ayuda excesiva podría volver a encadenarnos, generación tras generación a la dependencia de la asistencia social. El enfoque empatético, pienso yo, no consiste sólo en ofrecer ayuda a quienes están muy duramente afectados por la economía sino en ofrecerles una vía de escape de la pobreza, lo cual no significa un trabajo de salario mínimo metiendo patatas fritas en una bolsa. Puede requerir un aprendizaje de la higiene adecuada pero también de conceptos tales como llegar a la hora y presentarse el lunes, aunque el día de pago haya sido el viernes. Para algunos estas medidas pueden significar asesoramiento psicológico o la medicación adecuada.

Esto no se consigue fácilmente y es probable que haya tantas ideas para alcanzar el equilibrio adecuado, como expertos hay en economía y política, pero una forma de mantener viva la confianza manteniendo viva la oportunidad sigue siendo irrefutable, y es centrarse en la cuarta coordinada de nuestro mapa: el éxito en educación.

4. Educación

Mi investigación demuestra que mejorar la calidad de la educación es una forma gratuita de aumentar la prosperidad. Es gratuita porque refuerza tantas de las cosas que necesitamos para que el ciclo virtuoso siga girando que, en último término, el incremento de los beneficios económicos sobrepasa ampliamente lo invertido. La educación sitúa a más gente en la zona de bienestar de los ingresos más altos, lo cual incrementa la confianza y provoca el que más gente pida un gobierno mejor, cosa que a su vez incrementa todavía más la confianza y reduce aún más la desigualdad, con lo cual aumenta el número de personas que recibirán una buena educación.

La promesa de hacer que las escuelas públicas cumplan mejor su función es una de las más persistentes en la política norteamericana. Pero los datos demuestran que el principal determinante de si los niños alcanzan o no su potencial educativo va de abajo arriba; es decir, si en casa tienen o no estabilidad y amor. También es cierto que los padres motivados a invertir de verdad en sus hijos exigen mejores escuelas.

Las reformas educativas recientes se han tomado muy a pecho hacer que el ciclo virtuoso inculque emociones positivas tales como la empatía. Los educadores incluso están experimentando con software que ayuda a reducir el estrés y facilita la relación interpersonal. Pero cuando se trata de incrementar la empatía, existe una tradición que se remonta a dos mil años atrás y que ha tenido mucho éxito en la humanización de la gente. Se llama exposición de alta calidad a las humanidades —literatura, lenguas extranjeras, filosofía, historia, música y arte—, toda la materia (actualmente despreciada a veces como «inútil») que un día fue moneda de curso común de toda persona educada. Mientras que el estudio de las humanidades es rechazado muchas veces por no ser práctico, debemos recordar que nuestro sistema de oxitocina se pone a punto y se potencia cada vez que entramos en la mente de otra persona leyendo una buena novela o escuchando una sonata, o cuando logramos comprender otra cultura u otra época histórica. De manera que, así como necesitamos proporcionar a las personas las herramientas técnicas que les ayudarán a encontrar trabajo, no podemos permitirnos descuidar las capacidades aún más básicas —leer, escribir, pensar, sentir— que las ayuda a convertirse en seres humanos plenamente realizados e interesados en el mundo en el que viven y la gente con la que lo comparten.

En 2011 se dio a conocer un informe que afirmaba que mantener las oportunidades en Norteamérica —y por lo tanto, la esperanza— no es sólo una idea virtuosa para la gente bienintencionada sino que se ha convertido en una necesidad estratégica. Y este análisis no surgía de un grupo de expertos académicos y de buen corazón. Procedía de un coronel de *marines* y un capitán de la Marina, ambos oficiales del estado mayor del almirante Mike Mullen, presidente de la Junta de Jefes de Estado Mayor. Sostenían que Estados Unidos ya no puede permitirse controlar el mundo mediante la fuerza militar únicamente, y que la única forma de mantener nuestra posición dominante en el mundo, según ellos, es mediante la fortaleza de nuestro sistema educativo y nuestra política social. De acuerdo con esos estrategas militares, nuestra prioridad debería ser «capital intelectual e infraestructura sostenible de educación, servicios sociales y de salud para hacer posible el crecimiento continuo de la juventud norteamericana». Mientras tanto el Departamento de Defensa ha empezado a invertir dinero donde indica su análisis: financiando investigación en la neurociencia de capital social y moral, y me siento orgulloso de que mi laboratorio sea uno de los elegidos.

EL LUGAR MÁS FELIZ DEL MUNDO

Hay un país en concreto que nos lleva la delantera en la aplicación de la visión estratégica que le fue recomendada a la Junta de Jefes de Estado Mayor y no son China ni la India —los competidores económicos que habitualmente nos preocupan—. Es Costa Rica. No solemos considerar que este país centroamericano tenga nada que enseñarnos, pero cuando se piensa en lo que ha conseguido, los resultados son muy impresionantes. Hace sesenta años decidió abolir su ejército y dedicar sus recursos a la educación. Desde entonces han disfrutado de una sociedad más estable que la de cualquiera de sus vecinos, y han visto avanzar su desarrollo económico y su esperanza de vida hasta igualar los de Estados Unidos.

Es asimismo verdad que, basándose en las encuestas Gallup y una base de datos recopilados por sociólogos holandeses, «el país más feliz del mundo» es Costa Rica y no Disneylandia. Comparada con otras 148 naciones estudiadas con relación al sentimiento de bienestar, Costa Rica quedó en primer lugar. En una escala de 1 a 10, los costarricenses se puntúan con un 8,5 de promedio y Dinamarca quedó en segundo lugar con una media de 8,3. Estados Unidos quedó en vigésimo lugar con 7,4. Tanzania era la última, con 2,6.

Hace años, la primera vez que me propuse medir la confianza en todo el país, investigué ochenta y cinco variables que yo creía que podían estar relacionadas con la secreción de oxitocina, testosterona y el estrés a escala social. La correlación más poderosa que encontré entre todas esas variables fue la asociación entre felicidad y confianza. Esta estrecha correlación se daba con independencia del nivel de ingresos de un país. Ricos o pobres, vivir en una sociedad que confía hace sencillamente más feliz a la gente.

Más interesante aún: siendo la nuestra una gran nación, ¿tiene que preocuparse de la felicidad? Curiosamente, los Padres Fundadores —difícil tomarlos por unos locos New Age— en la Declaración de Independencia pusieron la «búsqueda de la felicidad» junto con «la vida» y «la libertad» como uno de los «inalienables» Derechos del Hombre. Y la felicidad tiene más importancia de lo que parece.

En ocasiones, los oradores universitarios distinguen entre felicidad y satisfacción, sugiriendo que la primera es sólo un estado de ánimo positivo, o la consecución temporal de un deseo, mientras que la segunda se refiere al placer a más largo plazo, más profundo y positivo. Uno se siente «feliz» cuando encuentra una plaza de aparcamiento. Se siente «satisfacción» cuando se ha trabajado duro y ahorrado, y ha ayudado a sus hijos a convertirse en adultos responsables.

Como de costumbre, los griegos tuvieron una palabra que probablemente es la que mejor define lo que estamos buscando. La palabra es *eudaimonia*, que significa «florecer», y deja claro que esa cosa buena que andamos buscando —y que muchas veces se conoce como felicidad— no es la satisfacción transitoria o superficial de un apetito sino un estado duradero de bienestar, una condición que afecta a toda nuestra fisiología incluyendo mejoras en nuestro sistema inmunológico que pueden dar paso a una vida más larga y saludable, así como a una prosperidad general. *Eudaimonia* es «la buena vida» no como la define Donald Trump sino como lo hicieron los filósofos que pusieron los pilares de la cultura occidental.

Volviendo a la década de 1980 de «Gordon Gekko» había una popular pegatina que decía EL QUE MUERE CON MÁS JUGUETES, GANA.

dudo que actualmente nadie se crea eso, pero por desgracia hay un montón de gente que vive como si lo hiciera. Y ello a pesar de que, como demuestran las encuestas, las actividades cotidianas más frecuentemente asociadas con la felicidad son muy simples. *Eudaimonia* no viene de poseer una cortina de ducha de 6.000 dólares o de beber un vino de 400. Las cosas que más valora la gente son tener una buena relación romántica y muchas amistades, tener un trabajo que les guste, disfrutar del vecindario en el que viven y tener un nivel de ingresos suficiente para reducir el estrés de «ir tirando».

Martin Seligman, un adelantado en la investigación de la felicidad humana, dice que la *eudaimonia* consiste en cinco cosas: emociones positivas, compromiso, relaciones, sentido y realización. Lo cual parece recordar la formulación de Freud, todavía más sencilla, acerca de lo que necesitan las personas: amor y trabajo.

Otro destacado investigador de la felicidad, Arthur C. Brooks, pone más énfasis en lo que él llama «éxito ganado», que una vez más sugiere una propuesta a largo plazo, pero que sigue sin tener necesariamente nada que ver con hacer dinero y hacer ostentación de ello. El éxito del que habla podría ser crear una empresa o graduarse como cirujano torácico. Pero también podría ser cultivar unos tomates enormes en el patio o aprender a tocar el banjo.

Aristóteles, otro tipo que difícilmente puede ser calificado de cabeza hueca, basó todo su sistema ético en la *eudaimonia* afirmando que la razón de nuestra lucha por la virtud se debe a que ser virtuosos nos hace felices.

En 2010 decidí poner a prueba la idea de Aristóteles recurriendo a otra variante del Juego de la Confianza. En ese estudio sobre sesenta mujeres en edad universitaria las participantes eran todas jugadoras B y, sin que lo supieran, todas recibieron la misma cantidad —24 dólares— transferidas por un jugador A que no estaba en el juego. Lo hicimos así porque, en esta ocasión, lo que buscábamos no era calibrar la magnitud de la respuesta en función de la magnitud del estímulo sino ofrecer un estímulo consistente. Así podríamos descubrir en qué se diferencian las mujeres que liberan mucha oxitocina de las que liberan poca o ninguna.

Antes de empezar, sometimos a todas las jugadoras a una serie de encuestas y pruebas que indicarían cómo se sentían respecto a sus vidas. Entonces podríamos poner en relación los resultados del Juego de la Confianza —su oleada de oxitocina y la correspondiente generosidad hacia el desconocido que confió en ellas— con sus respuestas a las preguntas, sus indicadores de referencia para el bienestar y la *eudaimonia*. Descubrimos que las que presentaban la mayor secreción de oxitocina no sólo fueron las que devolvieron más dinero sino las que declaraban mayor satisfacción con la vida, mayor resistencia a los sucesos adversos y menores niveles de síntomas depresivos. Las que más dinero devolvieron —las más generosas y quizá las más virtuosas— salieron del laboratorio sin un céntimo, pero eran con mucho las más felices. Y para esas adeptas a la oxitocina la fraternidad lo era todo. Tenían relaciones sentimentales de mejor calidad (con el resultado de más sexo con menos compañeros), más amistades, relaciones familiares más estrechas y eran más generosas con los extraños.

Por lo tanto, la oxitocina no sólo está vinculada a los mecanismos cerebrales que nos hacen prosociales y morales sino que también está vinculada, asimismo, con los mecanismos que nos hacen felices activando elementos en el circuito HOME: dopamina y serotonina. Las relaciones satisfactorias nos hacen felices. Como han venido demostrando desde hace muchos años los psicólogos y los epidemiólogos, ser felices nos hace también más saludables. La oxitocina reduce el estrés cardiovascular y mejora el sistema inmunitario, un truco ingenioso para una minúscula y vieja molécula que no sólo nos hace vivir felices sino más tiempo.

Loma Linda, California, que es donde vivo, es la única de las llamadas zonas azules de Estados Unidos: un lugar en el que la gente vive normalmente hasta pasados los cien años. Cuando hicimos un estudio con los «viejos más viejos» les poníamos el vídeo de la historia de Ben y luego les extraíamos sangre, y sus niveles de oxitocina llegaban al techo. Esas personas más ancianas —y más sanas— de Estados Unidos son también la gente más amable que uno pueda encontrar. Igual que nuestros hallazgos en mujeres en edad universitaria, los que tenían la mayor secreción de oxitocina después de ver el vídeo también confesaban mayor satisfacción con sus vidas, estaban más agradecidos por lo que tenían, mostraban una mayor preocupación empática por los demás y poseían menos síntomas depresivos. Resultó que la mayoría habían dedicado la vida a trabajar en profesiones en las que ayudaban a otras personas, tales como enseñanza o enfermería. Curiosamente, en esta comunidad casi religiosa de Adventistas del Séptimo Día, aquéllos que segregaban más oxitocina eran, de hecho, los menos religiosos. Parece como si su relación con otras personas hubiese sido tan poderosa que satisfizo el anhelo que muchas veces impulsa a tratar de entablar relación con Dios.

Lo más importante es que su buena salud y su alegría de disfrutar una vida tan larga y saludable debería ser todo lo que se necesita para dejarse guiar por la Molécula Moral.

Cuando estaba escribiendo el presente libro le pregunté a mi amigo y colega Earl Quijada si podía acompañarle en las visitas a sus pacientes. Deseaba saber si vivir una vida plena lleva a una muerte mejor. Lo que vi en aquellos encuentros da para un relato escalofriantemente aleccionador. Earl realiza visitas domiciliarias y coordina un equipo de enfermeras, trabajadores sociales y sacerdotes que se ocupan de proporcionar cuidados integrales a los moribundos. Por desgracia, algunos habían dejado tristemente sin desarrollar las partes que les permitirían conectar y experimentar alegría. Y sus días finales no eran agradables.

Hank, uno de ellos, tenía setenta y dos años y un Parkinson terminal. Había trabajado durante cuarenta como médico. Al principio internista. Pero Hank tenía tan poco don de gentes que sentarse en un laboratorio con un microscopio le satisfacía más que el trato directo con pacientes, por lo que se hizo patólogo. Cuando le conocí, poco antes de morir, mantenía cerradas las manos como si hubiese iniciado un largo retroceso hacia la posición fetal, y pesaba treinta y ocho kilos y medio. Nunca había confiado en los demás, especialmente en los otros médicos, y se había tratado a sí mismo hasta que se vio postrado en la cama. En ese momento se le buscaron enfermeras para que le ayudasen, pero sus estallidos físicos y emocionales las ahuyentaban. Cuando le conocí, pagaba a una vecina y al hijo de ésta de veinte años para que le lavasen la ropa y le trajesen a casa lo necesario para ir tirando.

El interior de su vivienda ayudaba a entender cómo había llegado a ese lamentable final. No se había casado y no tenía hijos. No había fotografías de nadie en ningún sitio. Ni el más leve rastro de una sola relación. Murió al día siguiente de conocerle.

Otro paciente, José, tenía una enfermedad cardíaca terminal y me dijo con un guiño que tenía sorprendido a Earl por seguir vivo todavía. Estaba postrado en cama y muy débil, pero tenía la mente clara y un agudo sentido del humor. Su esposa había plantado una rosaleda al otro lado de la ventana para darle alegría pese a que ya no podía practicar la jardinería, y me la mostró orgulloso. La habitación estaba llena de fotografías de sus hijos y nietos. Mientras estábamos en su casa llegó su hija de visita y José me contó que su hijo pasaba todas las tardes. No era religioso y me explicó llanamente que se sentía lleno de paz ante la muerte y que había vivido y amado mucho. ¿Su única pena? En los últimos meses se había sentido demasiado débil para ir al parque a ver jugar a sus nietos.

BÚSQUEDA DE UNO MISMO

En los siglos XIX y XX la economía trató de alcanzar rigor científico no reconociendo elementos humanos como los motivos, las expectativas y las incertidumbres psicológicas. Por fortuna, la economía conductual, y actualmente la neuroeconomía, nos han puesto de nuevo en lo que yo considero el camino correcto, que es la combinación de rigor y perspectiva moral.

Alfred Marshall, un importante artífice de una realista economía cuantitativa, animaba a sus colegas a «incrementar el número de personas [en] el mundo con la cabeza fría y el corazón caliente que deseen dar al menos una parte de sus mejores capacidades para aliviar el sufrimiento social que hay a su alrededor».

Soy muy afortunado por haber encontrado la forma de estudiar el elemento humano en toda su gloria.

Un dicho asegura que «toda investigación es la búsqueda de uno mismo» y puede ser que el entorno deficitario de empatía en el que pasé tantos años estudiando economía me haya comprometido de este modo con el estudio de la oxitocina, la relación y la moralidad. Ahora estoy recuperando el tiempo perdido.

Abrazo a todo el mundo. Hace unos años empecé a advertir a todos los que visitaban mi laboratorio que antes de marcharse les daría un abrazo. Aunque eso asusta a mucha gente —especialmente a los economistas— he descubierto que este aviso ligeramente excéntrico cambia la intensidad de la conversación, haciéndola más íntima, más atractiva y más valiosa para ambos. La gente empieza a abrirse.

Sospecho que al prever un abrazo yo estoy indicando lo mucho que confío en esa persona, con lo que estoy induciendo la secreción de oxitocina en sus cerebros.

Mi gusto por abrazar a todo el mundo indujo a la revista *Fast Company* a llamarme *Doctor Amor* a raíz de que abrazase a su redactor, Adam Penemberg. Así que permitan al Doctor Amor que les haga una receta: ocho abrazos diarios. Hemos demostrado que dando ocho abrazos diarios se es más feliz, y que el mundo será un lugar mejor porque se estará provocando que otros cerebros segreguen oxitocina. Éstos, a su vez, se relacionarán mejor con otros y los tratarán más generosamente provocando la secreción de oxitocina... por lo que el ciclo virtuoso empieza con un abrazo. Otra cosa que hago cuando viene gente a verme es preguntar qué puedo hacer yo para que su visita sea más provechosa y satisfactoria. Esto forma parte de estar totalmente a disposición, que es otra lección que he aprendido de la Molécula Moral.

Trato de alcanzar la misma sabiduría en mi vida cotidiana, y pienso que ello me ha ayudado a ser mejor profesor, mejor jefe de equipo, esposo y padre. Y por descontado que me ha hecho una persona mucho más feliz. Muchos de los cambios son pequeñas cosas; como por ejemplo, regalarles un perro a mis hijas o pasar mucho más tiempo con ellas.

No puedo jurar que este cambio haya estimulado mis receptores de oxitocina, pero sé que, como antiguo deportista de un metro noventa y pico, amante de la mecánica y un zote con las mates, ahora lo único que quiero es tumbarme en el sofá con mi esposa y mis dos hijas y llorar con películas sobre niñas y conejos que hablan. Algo que nunca hubiera imaginado de adolescente cuando jugaba al rugby y arreglaba coches.

La devoción religiosa de los mandamientos que mi madre trató de inculcarme se ha desvanecido hace tiempo aunque, irónicamente, ha permanecido algo de lo esencial. La oxitocina —una hormona reproductora— nos hace morales, luego en último término podría decirse que somos morales por nuestros orígenes como criaturas sexuales. Lo cual nos retrotrae a la muy cristiana idea de que Dios es amor, o quizá que el amor es Dios. Pero como vimos, eros —sexo— es sólo una forma de amor, y la oxitocina ocupa todos los espacios. La oxitocina nos hace sentir el amor hacia los demás conocido como *philia*, el nombre familiar de *storge* y también *agape*; es decir, el amor por lo divino que buscamos mediante la autotranscendencia, y que puede ser liberado durante la danza, la meditación y la magia.

La fe de mi madre también incluía que «el reino de Dios está dentro de ti», que en su raíz, es un tipo de idea. Dios es amor. Dios está en ti. La oxitocina es amor. La oxitocina está dentro de ti.

De manera que en realidad los sabios antiguos acertaron de lleno. La relación humana empática, gobernada por la oxitocina, es la llave hacia la confianza, el amor y la prosperidad. Es la sustancia del bien que buscamos.

Notas

Introducción
Geddes, L. (13 de febrero, 2010). «With this test tube I thee wed.» *New Scientist.*

Capítulo 1: El Juego de la Confianza
Zak, P. J. (Junio 2008). «The neurobiology of trust.» *Scientific American*, 88-95.
Zak, P. J. (2011). «The physiology of moral sentiments.» *Journal of Economic Behavior & Organization* 77, 53-65.
Zak, P. J., Kurzban, R., & Matzner, W. T. (2004). «The neurobiology of trust.» *Annals of the New York Academy of Sciences* 1032, 224-27.
Zak, P. J., Kurzban, R., & Matzner, W. T. (2005). «Oxytocin is associated with human trustworthiness. *Hormones and Behavior.*» 48, 522-27.
Smith, V. L. (1998). «The two faces of Adam Smith.» *Southern Economic Journal* 65, 1-19.
Fisher, H. (1994). *Anatomy of Love: A Natural History of Mating, Marriage, and Why We Stray.* (New York: Ballantine Books.)

Capítulo 2: Langostas enamoradas
Donaldson, Z. R., & Young, L. J. (2008). «Oxytocin, vasopressin, and the neurogenetics of sociality.» *Science* 322, 900-904.
Zahavi, A., & Zahavi, A. (Junio 3, 1999). *The Handicap Principle: A Missing Piece of Darwin's Puzzle.* (New York: Oxford University Press.)
Carter, C. S., & Getz, L. L. (1993). «Monogamy and the prairie vole.» *Scientific American* 268, 100-106.
Ross, H. E., et al. (2009). «Variation in oxytocin receptor density in the nucleus accumbens has differential effects on affiliative behaviors in monogamous and polygamous voles.» *Journal of Neuroscience* 29(5), 1312-18.

Pitkow, L. J., et al. (2001). «Facilitation of affiliation and pair-bond formation by vasopressin receptor gene transfer into the ventral forebrain of a monogamous vole.» *Journal of Neuroscience* 21(18), 7392-96.

Kosfeld, M., et al. (2005). «Oxytocin increases trust in humans.» *Nature* 435(2), 673-76.

Zak, P. J., Stanton, A. A., & Ahmadi, S. (2007). «Oxytocin increases generosity in humans.» *Public Library of Science* ONE 2(11), e1128. doi:10. 1371/journal.pone.0001128.

Morhenn, V. B., et al. (2008). «Monetary sacrifice among strangers is mediated by endogenous oxytocin release after physical contact.» *Evolution and Human Behavior* 29, 375-83.

Capítulo 3: Sentir la oxitocina

Barraza, J. A., & Zak, P. J. (2009). «Empathy toward strangers triggers oxytocin release and subsequent generosity.» *Annals of the New York Academy of Sciences* 1167, 182-89.

Smith, A. (1759/1982). *The Theory of Moral Sentiments* (*Vol. I of the Glasgow Edition of the Works and Correspondence of Adam Smith*). (Indianapolis: Liberty Fund.)

Pellegrino, G. d., et al. (1992). «Understanding motor events: a neurophysiological study.» *Experimental Brain Research* 91(1), 176-80.

Umiltà, M. A., et al. (2001). «I know what you are doing: a neurophysiological Study.» *Neuron* 31, 155-65.

Rizzolatti, G., & Craighero, L. (2004). «The mirror-neuron system.» *Annual Review of Neuroscience* 27, 169-92.

Taylor, C. E., & McGuire, M. T. (1988). «Reciprocal altruism: fifteen years Later.» *Ethology and Sociobiology* 9, 67-72.

Preston, S. D., & de Waal, F. B. M. (2002). «Empathy: its ultimate and proximate Bases.» *Behavioral and Brain Sciences* 25, 1-72.

Humphrey, N. K. (1992). *A History of the Mind: Evolution and the Birth of Consciousness.* (New York: Simon and Schuster.)

Hrdy, S. B. (1999). *Mother Nature: A History of Mothers, Infants, and Natural Selection.* (New York: Pantheon.)

Meltzoff, A. N., & Moore, M. K. (1977). «Imitation of facial and manual gestures by human neonates.» *Science* 198, 75-78; Myowa-Yamakoski, M., Tomonaga, M., Tanaka, M., & Matsuzawa, T. (2004). «Imitation in neonatal Chimpanzees.» *Development Science* 7, 437-42.

Preston, S. D., & de Waal, F. B. M. (2002). «Empathy: its ultimate and proximate Bases.» *Behavioral and Brain Sciences* 25, 1-72.

Hatfi eld, E., Cacioppo, J. T., & Rapson, R. L. (1994). *Emotional Contagion.* (New York: Cambridge University Press.)

Buccino, G., et al. (2001). «Action observation activates premotor and parietal areas in a somatotopic manner: an fMRI study.» *European Journal of Neuroscience* 13, 400-404.

France, M. L., & Broadbent, M. (1976). «Group rapport: posture sharing as a nonverbal indicator.» *Group and Organization Studies* 1, 328-33.

Byrne, D. (1971). *The Attraction Paradigm.* (New York: Academic Press.)

Maurer, R. E., & Tindall, J. H. (1983). «Eff ect of postural congruence on client's perception of counselor empathy.» *Journal of Counseling Psychology* 30, 158-63; Lakin, J. L., & Chartrand, T. L. (2003). «Using nonconscious behavioral mimicry to create affi liation and rapport.» *Psychological Science* 14, 334-39.

Bernieri, F. J. (1988). «Coordinated movement and rapport in teacher-student Interactions.» *Journal of Nonverbal Behavior* 12(2), 120-38.

Capítulo 4: Chicos malos

De Waal, F. (2005). *Our Inner Ape.* (New York: Riverhead Books.)

Zak, P. J., et al. (2005). «The neuroeconomics of distrust: sex differences in behavior and physiology.» *American Economic Review Papers and Proceedings* 95(2), 360-63.

De Quervain, et al. (2004). «The neural basis of altruistic punishment.» *Science* 305(5688), 1254-58.

Singer, T., et al. (2006). «Empathic neural responses are modulated by the perceived fairness of others.» *Nature* 439(7075), 466-69.

Rockenbach, B., & Milinski, M. (2006). «The efficient interaction of indirect reciprocity and costly punishment.» *Nature* 444, 718-23.

Dabbs, J. M., & Dabbs, M. G. (2000). *Heroes, Rogues, and Lovers: Testosterone and Behavior.* (New York: McGraw-Hill); Mehta, H., & Josephs, R. A. (2006). «Testosterone change after losing predicts the decision to compete again.» *Hormones and Behavior* 50(5), 684-92.

Johnson, R. T., & Breedlove, S. M. (2010). «Human trust: testosterone raises Suspicion.» *Proceedings of the National Academy of* Sciences 107(25), 11149-50.

Lehrer, J. (May 18, 2011). «How power corrupts.» *The Frontal Cortex, Wired Blogs,* www. wired.com/wiredscience/2011/05/how-power-corrupts.

Burnham, T., McCabe, K., & Smith, V. L. (2000). «Friend-or-foe intentionality priming in an extensive form trust game.» *Journal of Economic Behavior & Organization* 43(1), 57-73.

Klucharev, V., et al. (2009). «Reinforcement learning signal predicts social conformity.» *Neuron* 61(1), 140-51.

Eisenberger, N. I., Lieberman, M. D., & Williams, K. D. (2003). «Does rejection hurt? an fMRI study of social exclusion.» *Science* 302(5643), 290-92.

Wagner, J. D., Flinn, M. V., & England, B. G. (2002). «Hormonal response to competition among male coalitions.» *Evolution and Human Behavior* 23(6), 437-42.

Capítulo 5: Los desconectados

Zak, P. J. (2005). «Trust: a temporary human attachment facilitated by oxytocin.» *Behavioral and Brain Sciences* 28(3), 368-69.

Harlow, H. F., & Zimmermann, R. R. (1959). «Affectional responses in the infant monkey.» *Science* 130, 421-32.

Wismer Fries, A. B., et al. (2005). «Early experience in humans is associated with changes in neuropeptides critical for regulating social behavior.» *Proceedings of the National Academy of Sciences* 102, 17237-40.

«Autism-repetitive behaviors like rocking and flapping» (2007). Retrieved from www.*youtube.com/watch?v=f15JexiQt4U*.

Sally, D., & Hill, E. (2006). «The development of interpersonal strategy: autism, theory-of-mind, cooperation and fairness.» *Journal of Economic Psychology* 27(1), 73-97.

Hamilton, John (23 agosto, 2010). «Autism gives woman an "alien view" of social brains. *All Things Considered*.», National Public Radio, www.wbur.org/npr/129379866/autism-gives-woman-an-alien-view-of-social-brains.

Hoge, E. A., et al. (2008). «Oxytocin levels in social anxiety disorder.» *CNS Neuroscience & Therapeutics* 14(3), 165-70, and additional unpublished data.

Uvnäs-Moberg, K., et al. (1999). «Oxytocin as a possible mediator of S.S.R.I.-induced antidepressant effects.» *Psychopharmacology* 142(1), 95-101.

Adolphs, R., Tranel, D., & Damasio, A. R. (1998). «The human amygdala in social judgment.» *Nature* 393, 470-74.

Greene, J. D., et al. (14 septiembre, 2001). «An fMRI investigation of emotional engagement in moral judgment.» *Science* 293, 2105-08.

Lee, Henry K. Hans Reiser case: 19 noviembre, 2008. *Local News Blog, San Francisco Chronicle* Online Edition, retrieved 17 diciembre, 2009, www.sfgate.com/cgi-bin/blogs/localnews/detail?entry_id=32797.

Salter, A. (2004). *Predators: Pedophiles, Rapists, and Other Sex Offenders*. (New York: Basic Books).

Capítulo 6: Donde el sexo roza la religión

Harris, S. (2005). *The End of Faith*. (New York: W. W. Norton.)

Dawkins, R. (2008). *The God Delusion*. (Boston: Mariner Books.)

Dumont, G. J., et al. (2009). «Increased oxytocin concentrations and prosocial feelings in humans after ecstasy (3,4-methylenedioxymethamphetamine) administration.» *Social Neuroscience* 4(4), 359-66.

Wade, N. (2009). *The Faith Instinct: How Religion Evolved and Why It Endures*. (New York: Penguin Press HC.)

Capítulo 7: Mercados morales

Zak, P. J., editor. (2008). *Moral Markets: The Critical Role of Values in the Economy*. (Princeton, NJ: Princeton University Press.)

Zak, P. J. (2011). «Moral markets.» *Journal of Economic Behavior & Organization* 77(2), 212-33.

Hill, K. R., et al. (2011). «Co-residence patterns in hunter-gatherer societies show unique human social structure.» *Science* 331(6022), 1286-89.

Henrich, J., et al. (2005). «"Economic man" in cross-cultural perspective: ethnography and experiments from 15 small-scale societies.» *Behavioral and Brain Sciences* 28, 795-855.

Henrich, J., et al. (2010). «Markets, religion, community size, and the evolution of fairness and punishment.» *Science* 327, 1480-84.

Greif, A. (2006). *Institutions and the Path to the Modern Economy: Lessons from Medieval Trade*. (New York: Cambridge University Press.)

Osborne, D., & Gaebler, T. (1993). *Reinventing Government: How the Entrepreneurial Spirit Is Transforming the Public Sector*. (New York: Plume.)

Ott, J. (2005). «Level and inequality of happiness in nations: does greater happiness of a greater number imply greater inequality in happiness?» *Journal of Happiness Studies* 6(4), 397-420; Wilkinson, W. (11 abril, 2007). «In pursuit of happiness research: is it reliable? what does it imply for policy?» *Cato Institute Policy Analysis Series* 590.

Capítulo 8: Una vida larga y feliz

Montgomery, C. (2012). *Happy City*. (New York: Farrar, Straus and Giroux.)

Barrionuevo, A. (11 octubre, 2010). «In rough slum, Brazil's police try soft touch.» *New York Times*.

Haederle, M. (9 agosto, 2010). *The best fiscal stimulus: trust*. (Miller-McCune.)

Zak, P. J., & Knack, S. (2001). «Trust and growth.» *The Economic Journal* 111, 295-321.

Gelfand, M. J., et al. (2011). «Differences between tight and loose cultures: a 33-nation study.» *Science* 332(6033), 1100-104.

Knack, S., & Zak, P. J. (2002). «Building trust: public policy, interpersonal trust, and economic development.» *Supreme Court Economic Review* 10, 91-107.

Stout, H. (2 mayo, 2010). «Antisocial networking?» *New York Times*.

Penenberg, A. (julio-agosto 2010). *Dr. Love. Fast Company*, 801-08.

DeParle, J. (9 octubre, 2010). «Arizona is a haven for refugees.» *New York Times*.

Greider, William. (1997). *One World, Ready or Not: The Manic Logic of Global Capitalism.* (New York: Simon & Schuster.)

Knack, S., & Zak, P. J. (2002). «Building trust: public policy, interpersonal trust, and economic development.» *Supreme Court Economic Review* 10, 91-107.

Kristof, N. D. (7 enero, 2010). «The happiest people.» *New York Times*.

Zak, P. J., & Fakhar, A. (2006). «Neuroactive hormones and interpersonal trust: international evidence.» *Economics & Human Biology* 4, 412-29.

Brooks, Arthur C. (2008). *Gross National Happiness: Why Happiness Matters for America-and How We Can Get More of It.* (New York: Basic Books.)

Seligman, Martin E. P. (2004). *Authentic Happiness: Using the New Positive Psychology to Realize Your Potential for Lasting Fulfillment.* (New York: Free Press.)

Lay abstract: Merlin, R., Grosberg, D., & Zak, P. J. «Oxytocin and happiness. Center for Neuroeconomics Studies», Claremont Graduate University.

Agradecimientos

Innumerables personas generosas contribuyeron a hacer posible este libro y las investigaciones sobre las que se sustenta. En primer lugar, mi esposa Lori, quien muchos días se privó de mi presencia mientras yo recorría diversos países en busca de información. En ningún momento dejó de animarme a continuar mi misión, a pesar de las privaciones que representaba para ella. Mis hijas, Alex y Elke, siempre aguardaban con impaciencia mi regreso, pero perseveraron en mi ausencia y siempre me estaban esperando en la puerta. Mis padres, Donald y Dorothy Zak, infundieron en mí el don de la curiosidad que posibilitó mi viaje, y con su amor me prepararon para afrontar las dificultades que me esperaban.

El incomparable William Patrick fue mi socio en la escritura, crítico, motivador y ahora amigo. Este libro no sería ni un décimo de bueno sin él. Esencial en grado superlativo para este cometido fueron mi brillante agente Linda Loewenthal y mi increíble abogado, Jeff Silberman, quien nos puso a Bill y a mí en contacto, y nos asesoró con tino mientras el proyecto se desarrollaba. Mi editor en Dutton, Stephem Morrow, me animó y me concedió la libertad para escribir una improbable historia con ribetes científicos sobre encontrar una nueva parte de la naturaleza humana y mostró su entusiasmo por el libro desde nuestro primer encuentro. Stephen y Brian Tart, presidente de Dutton, nunca flaquearon en creer en mí y en este proyecto, y han sido fabulosos en todos los aspectos del proceso de escritura y de edición. Muchas personas e instituciones generosas aportaron fondos para la investigación que he llevado a cabo. Entre éstas se incluyen: los doctores Jack Templeton, Barnaby Marsh, Kimon Sargeant, Paul Wason, y el señor Chris Stawski de la John Templeton Foundation; la doctora Margaret Gruter y la señora Monika Gruter Cheney del Gruter Institute for Law and Behavioral Research; el señor Gordon Getty de la Ann and Gordon Getty Foundation; la señora Victoria Seaver Dean del Seaver Institute; el doctor Lis Nielsen del National Institute on Aging; los señores Gerry Ohrstrom, Skip Stein, y cinco presidentes del Claremont Graduate University, quienes directamente posibilitaron mi trabajo, el doctor Steadman Upham, el señor William Everhart, y los doctores Robert Klitgaard, Joseph Hough Jr. y Deborah Freund.

Quienes asumieron los riesgos mayores por trabajar conmigo y a quienes les tocó la parte del león en la investigación fueron mis intrépidos colaboradores, los doctores Robert Kurzban, William Matzner, Stephen Knack, Jorge Barraza, Karla Morgan, Jang-Woo Park, Moana Vercoe, Vera Morhenn, la señora Laura Beavin, el doctor Ahlam Fakhar, la señoras Beth Terris y Veronika Alexander, los doctores Sheila Ahmadi, Ronald Swerdloff, Walter Johnson, Cameron Johnson, Markus Heinrichs, Michael Kosfeld, Ernst Fehr, Urs Fischbacher, Bill Casebeer, Jeff Schloss, Michael McCullough y Elizabeth Hoge.

Entre los asesores inapreciables que guiaron mi investigación —y, a menudo participaron con sus ideas en ella— se cuentan los doctores Yannis Venieris, el finado Jack Hirshleifer, C. Sue Carter, Cort Pedersen, David Levine, la señora Estela Hopenhayn, el doctor Herb Gintis, el señor Edward Tama, la señora Linda Geddes, el señor Nic Fleming, los doctores Helen Fisher, Michael McGuire, Lionel Tiger, la señora Mary Jaras, el señor Andrew Mayne, el teniente coronel William Fitch, el profesor Adam Penenberg, los doctores Michael Shermer y Matt Ridley, los señores Kenshi Fukuhara, Itay Heled, Karl Jason, la señora Stephanie Castagnier y el profesor Oliver Goodenough. De sus labios nunca salió la palabra «imposible», y gracias a su gentil sabiduría mejoraron todo lo que yo pensaba hacer.

Finalmente, todos aquellos queridos amigos y colegas que sufrieron durante cuatro años leyendo y escuchando hablar interminablemente de este libro me concedieron el extraordinario don de su tiempo, energía y conocimientos. Mejoraron las ideas aquí expuestas y contribuyeron a que desarrollara mi forma de pensar. Cito a unos cuantos: los doctores Cameron Johnson y Vance Johnson, la señora

Joana Johnson, los doctores Walter Johnson, Sana Quijada y Earl Quijada, el señor Paul Wheeler, el juez Thomas Hollenhorst, el señor Tim Brayton, la señora Luzma Brayton, los doctores Thomas Borcherding, Thomas Willett, Arthur Denzau, Joshua Tasoff, Cyril Morong, Jeff Schloss, Paul Ingmundson, Michael Uhlmann, Jean Schroedel, Jacek Kugler, Gerald Winslow, Brian Bull, Carla Gober, y los señores Bruno Giussani y Chris Anderson.

Todas las personas aquí mencionadas, y muchas otras, compartieron su amor conmigo. Les estoy agradecido más allá de lo imaginable.

13.99.